夢街 POP DAYS

Rutles Pop Culture Series Vol.1

音楽とショップのカタチ

「記録屋」プロジェクト No.1

編・著：土橋一夫＆鷲尾 剛

Rutles

まえがき

2011年夏、東日本大震災のショックが色濃く毎日の生活に、また私たちの考え方に対して大きく暗い影を落としていた頃、私はフラッと立ち寄った行きつけの書店で1冊の本に出会いました。それは中村文孝さんの著書である『リブロが本屋であったころ―出版人に聞く4』（論創社）でした。西武グループの華やかなりし「セゾン文化」に対して一種の憧れを頂き、また系列のレコード・ショップ「WAVE」に足繁く通った経験を持つ私は、同じように書店「リブロ」の独創性とユニークさにも昔から惹かれていました。しかし実際にこの本を読んでみると、そこには長年「リブロ」をはじめ、書籍販売において責任ある立場で仕事をされてきた中村さんによるリアルな体験談が記されており、私はかなりのショックを受けました。と同時に、書籍と音楽の世界では如何に共通項が多いか、その事実に気付くこととなりました。

私はレコード会社を振り出しにして、音楽制作やデザイン、編集の仕事をメインに活動して参りました。その中で特に大きな位置を占めていたのが、過去にリリースされた作品を現代の技術で甦らせ復刻する、いわゆるリイシューと呼ばれる仕事でした。その作品を手がけたミュージシャンなど当事者への取材に始まり、音源（マスター）のリサーチと精査、デジタル・リマスタリング、アートワークの再現、調査したデータや証言を基にしたライナーノーツの執筆などをしながら、徐々に「記録すること」の大切さに目覚めていきました。

そこへさらに追い打ちをかけたのが、2013年末の大瀧詠一さんのご逝去でした。音楽家のみならず、例えば映画、歴史をはじめ、野球、落語、古典娯楽など様々な事に精通し、しかもあくまでも発表を前提としたものではなく、個人的な立場で研究に挑み、その成果を遺された大瀧さんの活動は、頭ではそのアウトラインを知っているつもりでしたが、改めて調べてみると想像を絶するほどの情報量でした。私は縁あって、2014年1月6日にニッポン放送系で放送された追悼特別番組「オールナイトニッポンGOLD スペシャル〜ありがとう大滝詠一さん、NIAGARA Forever」の番組構成と選曲を担当することになり、その基礎資料を作りながら、元日から徹夜して大瀧さんの仕事のほんの一部ではありますが、その研究記録を紐解いていました。その時に、改めて「記録すること」の大切さを身をもって学びました。

このように中村さんの著書から受けた影響と、日頃の活動から気付いた「記録すること」の重要性、さらに大瀧詠一さんのことを思い返しながら、これらを基にして今度は私たちが経験してきた事実を基にした「音楽」の世界に関する記録書を作ろう、というアイディアが生まれました。今までを振り返ってみると、例えば名プロデューサーやレコード会社の経営者などから見たヒットの秘密を著したような書籍は、国内外共に色々と出版されていますが、実際に音楽流通の最先端にあり、リスナーに最も近い位置にあるディーラー（レコード店）やレコード会社の営業部門から見た音楽の記録といった趣の書籍はほとんど見あたりませんでした。そこで本書では、こういった視点をメインにして記録するよう心がけました。

このサブ・タイトルに付した「記録屋」という言葉は、あくまでもプロとしての目を通して「記録として残す」役割（ログ）と、それをそのままヨコモジ化した際の「レコード・ショップ」という裏の意味合いのダブル・ミーニングです。つまりある物事に関わる当事者が、自らの言葉で発した事実を正しく記録し、残すことを目的としたプロジェクトです。

本書では、レコード・ショップにおいて独自の活動をしたことで知られる名バイヤーや店主、マーチャンダイザーなどにお話を伺い、それぞれの経験と活動、キャリアなどと共に、具体的に音楽業界の問題点、そして今までほとんど語られることのなかったディーラー側から発信してきたヴィジョン、実績、その活動史などをエピソードと共にご紹介することによって、本来レコード・ショップが考え志したものは何だったのか？というテーマを今改めて掘り下げていきます。あなたのレコ屋体験と照らし合わせながらお読み頂けたら幸いです。そして今回、取り上げられなかった方々に取材した続編を、いつの日か出版できたらと願っております。

2016年9月29日　土橋一夫

目 次

レコード屋…それは私達にとってまさに夢の街だ。

イントロダクション

それは「縁」と「夢の街」から始まった

対談

鷲尾 剛（元すみや本社 チーフMD ／元すみや静岡本店 店長）

＋

土橋一夫（元テイチク／現 FLY HIGH RECORDS 代表）

2016 年 3 月 5 日 @ 渋谷／シャイグランスにて

●音楽を聴く、その切っ掛け

土橋：今日はまずこの本のイントロダクションとして、お互いがどうして音楽の仕事をするに至ったのかを話してみようと思います。まずは学生時代の話からですかね。

鷲尾：そうだね。よく学生の頃に言われたのは「自分の一番好きなことを仕事にするのは良くない」っていうことだったね。

土橋：それは僕も言われましたね。

鷲尾：そう。だけど結果として、自分は一番好きなレコード屋になってしまったんだけど、入社して10年ぐらい経ったときに、その時の上司だった（「すみや」の）漆畑（壽）部長に言われたのが「自分の一番好きなことを仕事にしてはいけない、ってよく言われるけど、鷲尾君、それは違うぞ」っていうことだったんだ。「10年前の人気企業が10年後に姿を消してしまっている、なんていうことは多々ある。でも自分の好きなことを生業にしていれば、良い時は良い時で頑張れるし、駄目な時も頑張れる。だからそれで良いんだ」って言われたことがあるんだよ。

土橋：でもそれは、一理ありますよね。

鷲尾：なるほどね、って僕はその時に思ったんだよね。確かにそうだったんだよね。その時に僕は仕事でも大変な思いをしていた時期だったから、余計にそういう風に言ってくれたのかもしれないけど。だからそういう意味では自分は好きなことを仕事にしてしまったんだけど、小売業が好きだったわけではなくて、あくまでも音楽が好きだったんだよね。しかも自分で楽器を演奏したり歌ったりするわけではなくてね。

土橋：自分で例えばバンドをやろうと思ったり、そういうのはなかったんですか？

鷲尾：一切なかった。周りでやっている人はいたけど、僕はひたすら聴くっていうことに注力してたね。

土橋：子供の頃から、ずっと？

鷲尾：そう。いわゆる洋楽を聴き始めた中学生ぐらいからは、本当にそうだね。

土橋：一番最初に音楽を能動的に聴こうとしたその切っ掛けは、何だったんですか？

鷲尾：そうだね、友達の西山（靖人）（※）に聴かせてもらったレコード。CCRとゾンビーズとフィフス・ディメンション。そしてそのレコードについての情報源は？って考えるとラジオ。それもFEN。あとは深夜放送。それから『ミュージック・ライフ』や『ニューミュージック・マガジン』。これが自分が音楽の世界に引きずり込まれた要因だね。

土橋：それは年齢で言うといくつぐらいの時ですか？

※西山靖人：鷲尾 剛とは幼なじみで、鷲尾は西山氏から特にソウル・ミュージックなど多くの影響を受けた。西山氏は後にオリコンに入社し、副社長などを歴任。

鷲尾:15歳、中学3年生の夏(1969年)だね。ちょうど夏休みだったから時間がいっぱいあって、しかも勉強もあまりしなくて良くて、その夏休みの1ヶ月で一気に(音楽の世界に)行っちゃったね。

土橋:西山さんとはいつからの友達だったんでしたっけ?

鷲尾:小学校4年生から。彼とは家も近くて、いつも同じようなことをやっていて兄弟みたいな感じだったからね。彼には兄貴がいて、兄貴が音楽が好きで、その影響で西山も聴き始めて、その影響を僕がモロに受けたっていう感じだね。徒然草じゃないけど「先達はあらまほしき事なり」っていうやつで、必ず近くにそういう風な自分よりも年齢が上の人達、特にあの頃はそういう人がいてね。とくにそのお兄さんは美大に通っていて、着るモノからして全然違うんだよね。そういう意味では。

土橋:そういう人が周りに一人でもいると、影響の受け方が変わってきますよね。

鷲尾:そうだね。だからその頃は洋楽を聴くには、レコードとラジオ。

土橋:まずはラジオを聴いてチェックして、それで気に入ったものは今度はレコードを買って聴くっていうことですよね。

鷲尾:そう、買って聴く。それに例えば西山が買うものは僕は買わない、僕が買うものは西山は買わないっていう感じで、お互いに補完しあっていたね。そこで初めてレコード屋さんに一緒に行くようになるんだよね。でも買えるのは、中学生じゃせいぜいシングル盤ぐらいで、高校生になって小遣いを貯めたりすると、月にLPを1枚買えるか買えないかぐらいだったんだよ。だから昼飯を抜いたりしながら貯めてね。その頃になると情報源としてはもちろんラジオもあるけど、まずは現物(レコード)を見に行くっていうのがあって、それでレコード屋にほぼ毎日通ってたね。

●当時のレコード店の記憶

土橋:当時通っていたレコード屋さんはどこですか?

鷲尾:僕は横浜なんだけど、最初に通っていたのは近所の商店街にあったレコード屋さん。弘明寺に「ミナト」っていう店があってね。商店街の中にその同じ系列のお店が2軒あって。そこと、高校に入ってからは「すみや」がたまたま上大岡にあったわけよ。そこに入り浸ってたね。それでしばらく経ったら横浜に「すみや」が出来たんだよね。岡田屋(※)の中に。そうなると学校の帰りに京浜急行に乗って横浜まで行って、「すみや」でレコードを見て…買うんじゃなくて見るんだよね(笑)。

土橋:確認する作業ですね(笑)。

鷲尾:そう、確認作業(笑)。高校時代はそんな感じだよね。だからレコード屋さんにはほぼ毎日顔を出してた。地元のレコード屋さん、そして横浜駅まで行くか上大岡か。

※岡田屋:横浜駅西口のショッピング・センター。元々は1890年に岡田宗直氏が川崎堀之内にて質屋を開業したことに始まり、1910年には岡田屋呉服店を創設。1951年には株式会社岡田屋に商号を変更し、1968年11月に横浜おかだやを開店。この地における老舗デパートとして営業を続け、1982年11月には横浜岡田屋モアーズとして新装オープン。2008年10月にはリニューアルを機に横浜モアーズと名称が変わったが、現在も株式会社横浜岡田屋が運営している。「すみや横浜店」は1972年3月に横浜おかだや内にオープンし、輸入盤セールなどで人気を集めた。

土橋：その当時、横浜駅の近辺にはレコード屋さんはどのくらいの数があったんですか？

鷲尾：たくさんあったね。東口は今みたいに賑わっていなかったんで主に西口と、あとは伊勢佐木町だけど…僕は高校時代には伊勢佐木町のレコード屋さんにもよく通ってたな。僕が高校～大学の頃にあったのは、まず伊勢佐木町に「ハマ楽器」っていう店があってね、そのレコード売り場がそこそこ大きかったんだよ。

土橋：僕も「ハマ楽器」は知ってますよ。まずまず広かったですね。

鷲尾：そう。それから「アトム」。あと「美音堂」…伊勢佐木町の商店街にあった。「美音堂」はLP100円引きだったから（笑）。それと「ヨコチク」。それで横浜駅の西口の方へ行くと「マリユス」と「すみや」があって「キクイチ」があって、「ヨコチク」もあった。あと「ヤマハ」。ここにもよく通ってた。

土橋：その頃はまだ「新星堂」は無かったんですか？

鷲尾：「新星堂」は上大岡にはあった気がするけど、横浜にはまだ無かった気がするな。それから伊勢佐木町に今でもある「有隣堂」（老舗書店）の地下にもレコード売場があって、ここは図書券でレコードが買えたんだよ。進学する時期になると親戚の叔父さんとかが「これで参考書でも買いなさい」って図書券をくれるでしょ（笑）。だからそれでレコードを買ってたよ（笑）。重点的に通っていたのは、輸入盤を置いていた「すみや」と「ハマ楽器」。「ハマ楽器」の輸入盤はどちらかと言えば新譜メインなんだよ。エア・メールで入ってきて、だから国内盤が出る前に2,800円とかで売ってるわけ。国内盤が1,800円とか2,000円の時代に。国内盤発売まで3ヶ月ぐらいのインターバルがあるから、だから早く欲しい連中は「ハマ楽器」で買ってた。でも僕はお金がないから、そこでは買わないで見るだけで、後で「すみや」で安いカット・アウト（※）とかを買うわけ。初めて買った輸入盤はカット・アウトだったんだよ。上大岡の「すみや」で。何で980円なんだろう？ってビックリしたけどね。

土橋：後に鷲尾さんは「すみや」に入社されるんで、その辺りの事情は分かるようになるわけですけど。

鷲尾：そうだね。

土橋：そう考えると、当時は例えばメガ・ストアみたいな店はなくて、個人商店と地元なんかのチェーン店ですよね、メインは。

鷲尾：そうだね。「ヨコチク」とか「マリユス」なんかはせいぜい30坪ぐらいの店なんだよね。それでかなり大きいと思った「ハマ楽器」でも、楽器との併売だからやはりレコード売場は30坪ぐらいだったんじゃないかな？

土橋：「ハマ楽器」で僕が思い出すのは、僕がテイチクに入社して最初は東京営業所にいたんで、例えば横浜地区でのライヴの即売で会場に行くと、よく「ハマ楽器」が入ってたんですよね。「ハマ楽器」とか「ヨコチク」の印象がありますね。即売と言えば。

※カット・アウト：主に返品制度のない海外において、売れ残った新品レコードや過剰在庫などをメーカーやディストリビューターなどがバーゲン価格で放出する際に、一目見て新品と区別出来るようにジャケットなどの一部に切り込みを入れるなどの処理を施したもの。ジャケット本体のどこかに細長い切り込みを入れる、ドリルでジャケットの一部に穴を開ける（ドリル・ホール）、ジャケットの隅を三角形にカットするなど、カットアウトの仕方にもいくつかのタイプがある。なおCDの時代になっても、特に初期の頃はプラスチック・ケースの外からドリル・ホールを開けるなどしたカットアウト盤が存在した。“Cut Out”という言葉そのものに「不要なものを取り除く」という意味もあるようだ。

★SUMIYA WEEK-END SALE

"あの頃"をお捜しの方へ……

60年代POP GROUP特集

年代的には、1964〜65、そして66年を中心に
アメリカでは、フォークロックのちょっとまえ。
イギリスでは、そうあのリバプール・サウンズの vs
甘さのあるライト タッチのグループ中心です。

★品切れの折は、ご容赦ください。

McCOYS
"HANG ON SLOOPY"
¥1,280 廃盤

STRANGELOVES
"I WANT CANDY"
¥1,280 廃盤

SHANGRI-LAS
"LEADER OF THE PACK"
¥1,280 廃盤

DINO, DESI & BILLY
"I'M A FOOL"
¥1,280 廃盤

アメリカ
- ゲーリールイス＆プレイボーイズ各種
- ビーチ・ボーイズ 全種
- サム・ザ・シャム＆ファラオス 他

イギリス
- トロッグス (1st)
- ディ ブ・ディー・グループ (2nd)
- グレープ・フルーツ
- ハード 他

SPECIAL BUY ¥1,280〜¥1,780

6/6(金) - 6/7(土) - 6/8(日)

レコードの専門店
すみや 横浜店
横浜駅西口、おかだや7F (TEL.045-312-2261)
土・日曜は7時まで営業しています。平日夜6時まで。

"熱情のロック……

ニュー・ロック初期 特集

ニューヨーク派
- バリー・ゴールドバーグ・リユニオン各種
- アル・クーパー 各種
- マイク・ブルームフィールド 各種
- ブルース・プロジェクト 各種

シスコ・サウンド派
- ボー・ブランメルス (1st, 2nd, 4th)
- ブルース・マグス 各種
- モビー・グレープ 各種

SPECIAL BUY ¥1,280〜¥1,780

◉日本未発売
ビル・グラハムのフィルモア〜サンフランシスコ・レーベル
各種 揃えました。(エルビン・ビショップ・グループなど)

"サザン・ロック"のメッカ……

キャプリコーン・レーベル特集

キャプリコーンレーベル
全種 揃えました。日本未発売で特におすすめしたいものは ●HYDRA ●GRINDERSWITCH ●JAMES MONTGOMERY BAND などです。
← 日本未発売
GRINDERSWITCH
HONEST TO GOODNESS
オールマン・マーシャルタッカー、エルビン・ビショップなど豪華メンバーがゲスト出演。

¥2,100

6/13(金) - 6/14(土) - 6/15(日)

シンガー＝ソングライター 特集

アトランティック
- エリック・カズ
- ラスティ・カーショウ
- ジョナサン・エドワーズ 他

エレクトラ
- キャロル・ホール
- ケーシー・ケリー
- ダナ・クーパー 他

アサイラム
- ジャクソン・ブラウン
- トム・ウェイツ
- ボニー・レイット 他

JOHN SIMON
"JOHN SIMON ALBUM"
¥2,100 廃盤

¥1,480〜¥2,100

アトコ、アトランティック、A&M、ワーナー、リプリーズ
エレクトラ、アサイラム系 シンガー＝ソングライターを取り揃えました。

6/20(金) - 6/21(土) - 6/22(日)

すみや横浜店で1975年初夏に行われたウィークエンド・セールのチラシ。興味深いタイトルが、しかも低価格で並ぶ（資料提供：永井良昌氏）

鷲尾：そうなんだね。

●輸入盤店の出現

土橋：その頃、輸入盤の専門店みたいなものは無かったんですか？

鷲尾：まだ無かった。それで大学に入った頃に、横浜に「L.A.」(※1) っていう店が出来たんだよ。

土橋：「L.A.」はどこにあったんですか？

鷲尾：横浜西口のダイヤモンド地下街。ダイヤモンド地下街は当時、延伸したんだよ。最初に出来た地下街をさらに延ばした時に、最初は壁面を使って特設ショップみたいな形で出来たんだよね。広さは２坪とか３坪ぐらいでね、通路沿いの壁にへばりついたようなところに什器が並んでいてっていう感じの店だったんだよ。ただ輸入盤の店っていうと、横浜ではこの「L.A.」と、あと元町商店街を入るところを右に行ったところにもう一つ店があって、なんていう店だったかな？忘れちゃったけど、ここの店長も後に「すみや」に入るんだけどね。ここにも輸入盤屋があった。専門店っていうとこの２店ぐらいかな。「L.A.」にはよく通っていた。それで声を掛けられて、ここでバイトを始めたんだよね。

土橋：「L.A.」はいつ頃からあったんですか？

鷲尾：1974 年の末ぐらいにはあった気がするんだけど。ここは国内盤よりも安かったんだよね。それまでは輸入盤っていうのは、国内盤よりも高かったんだよ。

土橋：舶来品だから、高かったんですよね。

鷲尾：そう。それがこの頃から安くなった。しかもジャケットとかは色が綺麗だったから。

土橋：オリジナル盤ですからね。

鷲尾：だからやはりアメリカン・ロックはアメリカ盤で聴かなくちゃ駄目だろう、みたいな感じでね（笑）。

土橋：その当時、輸入盤屋さんに通っていた客層は？

鷲尾：やはり大学生とかだろうね。若い人が多かったよね。あまり歳がいった人はいなかったね。後に「L.A.」でバイトするようになってもお客さんは同世代の男が多くて、たまに山手のフェリス（女学院）とか横浜雙葉の女子高生でちょっと変わった子とか、あとは僕らよりちょっと年上ぐらいの人達だね。まあそういう洋楽を聴いていたのは団塊の世代あたりから始まっているから、そんなに歳の離れた人はいるわけがないっていうことなんだろうね。

土橋：ビートルズなんかの洗礼を受けた世代がメインですよね。

※ 1「L.A.」：横浜西口のダイヤモンド地下街にかつて存在した輸入レコード店で、印刷会社「金羊社」が始めた「オーヴァー・パシフィック・エージェンシー（OPA）」というインポーターのパイロット・ショップとしてオープン。「金羊社」と繋がりがあり、同じく横浜の老舗レコード店「キクイチ」を経営していた井上喜久夫氏が、この店の社長は務めていた。特に 1970 年代の『ニューミュージック・マガジン』などを見ると、この店の広告が掲載されている。鷲尾 剛はここでアルバイトしていた。

※ 2『エレキの若大将』：1965 年に公開された、加山雄三氏主演の青春映画（東宝作品）。ベンチャーズやビートルズの影響でエレキ・ブームとなった時期に製作され、「君といつまでも」「夜空の星」「ブラック・サンド・ビーチ」など加山雄三氏の代表曲が登場する。

※ 3『愛と死の記録』：1966 年に公開された、渡哲也氏と吉永小百合氏主演の純愛映画（日活作品）。渡哲也氏はこの作品で、第 17 回ブルーリボン新人賞を受賞。

鷲尾：そうだよね。それにジャズとかはそれほど置いてなかったから、どうしてもそういう若い人が多く通っていたんだよね。

土橋：あくまで当時、新譜として出ていたものがメインということですよね。

鷲尾：そうだね。それに、それ以外にカット・アウトを…そうだね500枚ぐらい置いてあったかな。その中に今思えば変なものが…例えばキング・ハーヴェストとか、があったりしてね。

土橋：その当時、他の個人商店とかの品揃えはどうだったんですか？

鷲尾：今思うとすごくアヴェレージな品揃えだね。洋楽なんかも例えば『ニューミュージック・マガジン』なんかに載っているようなものは客注しないと入っていない、っていう感じだよね。

土橋：まだその程度だったと。

鷲尾：そう。だからある程度の坪数があって、その店の人達がそういう洋楽のことを分かっているお店は置いていたけど。例えば「すみや」の上大岡店なんかは30坪ぐらいしかなかったけど、それなりにそういったものもあったわけ。ましてや横浜の岡田屋の「すみや」なんかに行くと、かなりなレベルでものがあって。それで輸入盤もカット・アウトもあって、それにプログレッシヴ・ロックとか、ウエストコースト・ロックとかカテゴライズの仕方も洒落てて、店員がよく音楽のことを知っていて。それこそ、後に「すみや渋谷店」の店長になる井上修一さんが大学生でバイトしていたんだから厚みが違う。今は「タワーレコード」とか「ディスクユニオン」なんかのイメージが強いから、ああいうのがレコード屋さんの店員だろうって思うだろうけど、僕らの時代って一番端的なのは、映画を見ると一番よく分かるんだよ。加山雄三の『エレキの若大将』（※2）で星由里子が演じる澄ちゃんがレコード屋の店員なんだよね。それでその時のレコード屋さんと澄ちゃんの雰囲気…これはモダンなんだけど、それと同じ時期に作られた日活の映画で吉永小百合と渡哲也が主演の『愛と死の記録』（※3）っていう広島を舞台にしたものがあって、そこでは吉永小百合が広島のレコード屋の店員役なんだよ。そこでレコード屋の店内が何回も出てくるんだよね。その広島のレコード屋のドメスティックさと澄ちゃんの勤めている店を比べると、やはり若大将は東京舞台のトレンド映画だから、全然違うんだよね。

土橋：広島のレコード屋はどこで撮影したんでしょうね？

鷲尾：本当にあった広島のレコード屋さんみたいだね。だから昔のレコード屋を見たくなると僕は『エレキの若大将』か『愛と死の記録』のどちらかを見るんだけど（笑）。あとちょっと時代が下がると、村上春樹の『風の歌を聴け』の映画で真行寺君枝が勤めているのが（神戸・元町の）「ヤマハ」のレコード売り場なんだよね。大体この３つだよね。

土橋：昔、よく刑事ドラマなんかのシーンに出てくるものがありますよね。例えば『太陽にほえろ』に出てくる「新宿レコード」とか。「パイドパイパーハウス」も『なんとなくクリスタル』（※4）の映画に出てきますね。僕らの世代になると『波の数だけ抱きしめて』（※5）に出てくる「タワーレコード」ですね。

※4『なんとなくクリスタル』：田中康夫氏の原作による同名小説（1980年）を翌年松竹が映画化したもの。主演はかとうかずこ氏。田中康夫氏は「パイドパイパーハウス」の常連だったことで知られ、2015年に横浜の赤レンガ倉庫で行われた『70's バイブレーション！』では、長門芳郎氏と田中康夫氏のトーク・イヴェントも実現している。この映画には「パイドパイパーハウス」が登場するが、残念ながら未ソフト化。

※5『波の数だけ抱きしめて』：湘南を舞台にミニFM局を運営する若者たちの姿を描いた、中山美穂氏、織田裕二氏主演の青春映画。全編に松任谷由実氏や、J.D. サウザー氏やTOTOなどいわゆる洋楽のAORなどが配され、大人気を集めた。レコードの買い付けに行く場面で、「タワーレコード」が登場する。

鷲尾：そう、思い出した。うちの近所にあった「銀座十字屋」のフランチャイズ店の店主がジャズに詳しくて、その人にもお世話になったね。

土橋：それはどこにあったんですか？

鷲尾：弘明寺の駅の近くで、観音様や商店街とは反対側の方にね。小さかったけど、音楽全般をよく知っていて面倒見の良い店主と会話が出来るお店。

土橋：そういうお店は大事ですよね。それが周りにあるか無いかが、音楽にのめり込むっていうことにとって大きな影響を与えますよね。

鷲尾：そうだね。

土橋：ここに簡単な資料があるんですけど、これによると1966年11月に渋谷の道玄坂に「ヤマハ」がオープンしています。ここは輸入盤の取り扱いがあったことで知られる店で、近くの百軒店には「BYG」と「ブラック・ホーク」が1969年に出来て、近辺のお店もみんな「ヤマハ」にレコードを買いに行っていたんですよね。「すみや」は岡田屋の中に横浜店がオープンしたのが1972年3月。

鷲尾：僕は高校3年になる年だな。

土橋：「パイドパイパーハウス」が南青山に出来たのは1975年11月、「すみや渋谷店」がオープンするのが1977年5月ですから、今までのはこの辺の時代の話ですよね。

鷲尾：そうだね。自分の中で純粋に（レコード店の）客だった時代は、1974年ぐらいまでなんだよね。それ以降はレコード屋でバイトを始めちゃうから、純粋な客という感じではなくなって、もう売り手の目線になってる感じなんだけど。

土橋：ちなみに外資系が出てくるのは1980年代に入ってからで、色々な事情があって「タワーレコード」の日本1号店は札幌で。「タワーレコード渋谷店」は1981年3月、横浜の元町にあった「タワーレコード」は1981年12月だから、意外と早い時期に出店しているんですよね。

鷲尾：そういえば1970年代の後半に横浜の元町に「フライング・ソーサー」っていう輸入レコード店があったね。良いお店で、僕はここで（ビーチ・ボーイズの）『カール＆ザ・パッションズ - ソー・タフ』を買ったんだよ。それから「タワーレコード」で思い出したけど、1983年ぐらいに初めて金沢にお城を見に行った時に、金沢の「山蓄」が「タワーレコード」と提携して輸入盤専門店をやってたんだよ。香林坊で。そこも見に行った。店の中はだからタワー的だった。

土橋：「タワーレコード」は渋谷店より前の1980年4月に札幌店が最初に出ているんですけど、何でそうなったかと言うと、聞いた話ですけど、元々ロックやジャズが好きでアメリカの「タワーレコード」に憧れた日本人が何らかの手段を講じて「タワーレコード」を名乗って店を出していたんだそうですね。札幌以外にも九州や神戸、四国とかにもいくつか同じような店があったと聞いているんですけど、その中で一番有名だったのが札幌の「タワーレコード五番街」という店で。ジャズや洋楽が好きな地元の方が店長をやって、上の階には同系列のジャズ喫茶もあったみたいなんですけど、その後にアメリカの「タワーレコード」が日本に本格進出することになった時に、調べたら既にその店があったと。そこで「タワーレコード」が札幌のこのお店の経営者と掛け合って、それを買い取って日本第1号店としたみたいですね。

鷲尾：なるほどね。面白い話だね。

土橋：1980年代に入ってそういう話があったところをみると、まさにアメリカ文化に対する憧れの強さが1970年代からこの時期にまで続いていたことが分かりますよね。でもこの頃はまだ外資系は少なく、一般的にはレコード屋は個人商店か、それまで続いてきた日本資本のチェーン店ですよね。

鷲尾：そう。でもチェーンって言ってもメガ・チェーンみたいなものはないからね。「新星堂」は確かに店数は多かったけど、あとは「山野楽器」と「すみや」とか。例えば北陸に行くと「山蓄」とかあるけど、それでもせいぜい10店とかそういう感じだよね。横浜辺りだと「キクイチ」でも12～13店ぐらい。僕は「キクイチ」でもバイトしていたことがあるんだけど、ただ規模はみんな小さいんだよ。大体20坪ぐらいの店ばかり。だから…。

土橋：すると、他の店と同じことをやっていても、ってなりますからね。そういう意味では「すみや横浜店」はかなり個性の強い店だったんですよね。何と言っても大瀧詠一さんがセールで並んだっていう伝説もある店ですから。

鷲尾：輸入盤や洋楽っていう色が特に強い店だったよね。もちろん邦楽もきちんと揃えてあって、(本社のあった）静岡絡みで歌手のイヴェントなんかもやったりするわけ。もちろん岡田屋からの要請とかもあったのかも知れないけど、普通に歌謡曲とかも。そういうのを日曜日とかにやるでしょ。するとその脇でみんな輸入盤を掘ってたりするんだよね(笑)。だから面白かったよ。

土橋：それ、かなりカオスな状態ですね（笑)。

鷲尾：僕は主に横浜の「すみや」と、大学に入ってからは渋谷だったから渋谷の「すみや」。でも最初は「すみや青山店」っていうのがあったんだよ。「すみや」東京事務所（※）の中にね。その辺りをメインに見てた。あとは「すみや鎌倉店」。ここにも輸入盤があったから。

土橋：小町通りの路面の店ですよね。

鷲尾：だから（輸入盤を扱っていない「すみや」の）他の店に行った時は、ビックリしたよね。あまりにも普通の店で。

土橋：「すみや」のイメージって色々あって、静岡の人にとっては普通の地元のレコード屋さんだし、有名なところでは『ちびまる子ちゃん』に清水店が出てきて、あそこで西城秀樹や山口百恵のレコードを買った話がありますけど、渋谷店しか知らない人にとってはサウンドトラックの店だと思っているし、郊外店しか知らない人には全く別のイメージだし。あの頃、ある程度の広い地域で展開していたチェーンと言えば「新星堂」「すみや」「山野楽器」ぐらいですかね？

※「すみや」の東京事務所：主に関東ブロックの「すみや」の店舗を統括し、また後には店舗での商品展開や売上げアップのための施策などを指導するSV（スーパーヴァイザー）が籍を置いた事務所。渋谷から青山学院方面へ国道246号を進み、青山学院大学手前の右手に現存するスガハラビルの3階にあった。「すみや」本社は静岡市にあったため、関東への出店を機に出先機関として設置されたが、後にサウンドトラックの輸入盤に目を付け、この事務所の一角に「すみや青山店」が設置され、それが1977年5月の「すみや渋谷店」オープンへと繋がっていく。

鷲尾：地方には地方のチェーンがあるけどね。

土橋：さっき出てきた「山蓄」とか、北海道の「玉光堂」とか、関東の「帝都無線」とか「ヤンレイ」、広島の「ダイイチ」とか。あと千葉の「ギンセイ」とか、関西の「十字屋」や「ミヤコ」とか「上新電機（ディスクピア）」「星電社」とか。よく JR の駅に入っていた「ヤンレイ」は化粧品の販売部門もあって、レコードを併売していたんじゃなかったかと思うんですが。

鷲尾：確か国鉄〜 JR の資本が入っているんだよね。

土橋：そうですね。だから駅の構内や駅ビルに出店していたんですよね。こう考えると地方は地方で独自のチェーンと色合いがあって、今考えると面白いですよね。

●好きなものと売るべきもの

鷲尾：そう、さっきの売り方の話で思い出したんだけど、僕は最初に横浜の「L.A.」でバイトしてて、この「L.A.」は「キクイチ」や「金羊社」と関係があったんだよ。元々は「金羊社」が始めた「オーヴァー・パシフィック・エージェンシー（OPA）」っていうインポーター（※）があって、「L.A.」はそこのパイロット・ショップだったんだよ。

土橋：そうなんですね。「金羊社」と言えば、一般的には印刷会社ですよね。僕らも紙ジャケの制作などでお世話になっていますが。

鷲尾：だからその「OPA」の人が出向で来ていてね。ただ色々とあって「キクイチ」社長の井上喜久夫さんが名義上では「L.A.」の社長を務めていたんだよね。その関係で「キクイチ」とは付き合いがあって、人が足りない時とかには僕も「キクイチ」に手伝いに行ったりしてたんだよ。そんなことがあって、気がついたら「キクイチ」での仕事の比重が大きくなっていて、「キクイチ」メインで「L.A.」との掛け持ちになっててね。当時、横浜の駅ビルにあった「キクイチ」の店長は平井（重夫）さんっていう人で…今は豊橋の「名豊ミュージック」の社長さんだけど。平井さんは大学へ行くはずだったんだけどドロップ・アウトして、五木寛之の世界じゃないけどナホトカ航路で大陸に渡りヨーロッパを放浪したような人でね。元々は豊橋の出身なんだけど、その旅から戻ってきて横浜に居着いて、レコード屋の店員になっちゃったような人でね。洋楽がすごく好きな人なんだけど、でも当時は洋楽はあまり売れないから、それで色々と切り口を変えて、その頃に出てきたニュー・ミュージックのブレイク前のアーティストを青田買いして推す、みたいなことをすごくやってたんだよ。「キクイチ」は駅ビルにあって、隣が女の子向けのファッションとかの店だった。だから店の前を若い女の子とかがいっぱい歩いているわけ。でも平井さん以前の品揃えは、それまでの平均的なものだったんだよね。それを平井さんが店長になって、当時で言うフォーク、ニュー・ミュージックへ品揃えをシフトして、その中でもまだ新人だった小椋佳なんかをガンガン店頭でかけて死ぬほど売ったわけ。チューリップとかオフ・コースとかもブレイク前にすごい数の予約を獲っていたよ。

土橋：まさにシーンの先取りですよね。

鷲尾：そう。だから、ソロになったばかりの頃のさだまさしとかすごい数を売ってた。発売日

※インポーター：輸入業者のこと。この場合、海外からレコードなどを買い付けてきて、それをディストリビューター（流通業者）を通じてレコード店などに卸す役割を担っていた。

なんか、朝から晩までさだまさししか売れないんだもん（笑）。予約してた女の子がずーっと列を作ってね。

土橋：すごいですね。でもそういう独自性を持ったお店でないと残れないんですよね。

鷲尾：それを見てて「そうか。この人はこんなに洋楽が好きなのに、でも売るっていうことに関しては好き嫌いじゃなくて別の視点で商品を見つけてきて、実績を残すってすごいな」って思ってたね。

土橋：確かにそうですね。今と違ってバイヤー（※1）なんていう言葉は無い頃ですけど、その担当者がいかに売れるものを知っていて見分けられるか…それは仕入れも含めてですけどね…それがイコール売上げに繋がっていく、っていうのが今以上に顕著な時代ですよね。

鷲尾：しかも今と違ってパソコンがあるわけじゃないから、普通のお店はほとんどがメーカーの言いなりになって品揃えしてたよね。これが基準在庫（※2）です、みたいな形でね。それを仕入れて、ただ黙って言われた通りに売って、っていう店が結構多くて。それで時期が来ると、「これは廃盤ですよ」とかってメーカーのセールスが来て抜いていって返品するっていう。

土橋：それでまた在庫を入れ替える。

鷲尾：でもその「キクイチ駅ビル店」を見ていると全然違っていて、その人の持っている商品知識とか、その店の売上げカードを見ながらここではどんな商品が売れているのか？とかを学びながら、トライ＆エラーじゃないけどそういったことをしながら店を作っていったんだよね、多分。

土橋：その頃はまだ、例えばレコード・メーカーの営業の人間もお店と密にやりとりしていて、そういった情報を共有してたし、ある程度店の中に入り込んでいましたからね。だからこの店ではこれは売れる、これは売れないっていうのを掴んでいないと営業も出来ないですから。あとこの頃は（商品は）コンピューター管理ではなくて単品のカード管理（※3）でしたから、バイヤーはその上がってきたカードを見て、売れるものと売れないものを見分けて、頭の中でデータを構築していたんですよね。

鷲尾：それが出来るようになったのは、それから何年かして自分が店長になってからだけど、それが出来るようになったことが一番面白かったね。

土橋：レコード会社の営業経験者である僕からするとそれは全く同じで、メーカーとしてはあなたが担当している地域の店で、今月はこの新譜をこれだけの枚数を売りなさいっていう一種のノルマがあるわけですよ。強力新譜と呼ばれるものが毎月何タイトルも。それは当然、売らなくてはいけないんですけど、でもそんなものを売っていてもハッキリ言って面白くないわけですよ。ストレスが溜まってくるんです。音楽が好きなら好きであるほどね。ただ上から言われたことをやって、店に卸すだけですから。そしてそのうちに仕事に慣れてくると、もしかしたらこれは売れ筋ではないけど、上手く展開すれば売れるんじゃないかな？っていうタイトルがあることに気付き始めて。ここに気づくかどうかがすごく大きいんですけど、そこでお店の

※1バイヤー：各レコード店で主に仕入れをする担当者のこと。もちろん1970年代当時にはこの言葉はほとんど使われておらず、一般的に広まったのは外資系ショップが日本に上陸してからのこと。

※2基準在庫：各店舗で売上げのベースとなる商品在庫のこと。売れ筋のもの、ロング・セラーの商品、絶対に置いておきたい名盤などを中心に、これまでの売上げデータに基づいて店またはメーカーがセレクトし、リスト化して、品切れさせないようにフォローしていた。

※3カード管理：POS（バーコードによるコンピューター管理）システムが導入される以前は、商品（単品）毎に小さなカードを付け、そのアイテムがいつ売れたのかを記入し、それを基に発注するという、極めてアナログな在庫管理方法がなされていた。

人と仲良くなって、こういうものを展開してみませんか？っていう提案が出来るようになったりして、そうすると営業の仕方が全然変わってくるんですよ。

鷲尾：お店から見ると、営業の人って圧倒的にベタなセールスが多いんだけど、たまにそうじゃない人が来て、そこで上手く噛み合うと新しい商売が出来るんだよね。

土橋：それが出来るかどうかで営業のモチベーションが変わるんですよね。

鷲尾：そうだね。でも1990年代の半ば過ぎになると、どの店でもPOS管理（※）になって、そうなると「この商品はいけるかも知れないから乗ってみよう」っていうのを考えない現場が多くなったよね。でも1980年代はレコードの売上げも伸びていたし、景気も良かったから、そういうことが当たり前にあったよね。レコードは返品も出来るし融通も利いていたから、何とかなっていたのかも知れないけど。

土橋：鷲尾さんと僕が最初に会ったのは1990年4月に「すみや相模原千代田店」ででしたけど、あの時に僕はテイチクの新人営業マンとして初めて店まわりを経験して。当時驚いたのは、他の「新星堂」とか「山野楽器」とかも回るじゃないですか。でも鷲尾さんの店と全然店頭の品揃えが違うんですよ。他の「すみや」も何店も担当してましたけど、鷲尾さんの店だけ全く違うんです。まずクリスマス・コーナーが一年中ある。ビーチ・ボーイズの在庫が異常に多い。ナイアガラ系やビートルズもしっかり置いてある。それで「あれ？チェーン店でもこういう品揃えをしていいんだ？」っていうのが最初の印象だったんです。

鷲尾：(笑)。売上げ予算を達成できていれば、何とかなるっていうのがあるんだけど。ヒットものもそれなりに売っていたから、その陰で好きなものを売って色を出すっていうのも出来たんだよね。しかも売れればデッド・ストックにはならないから。その原点は1980年代初めに高須（幸夫）君と一緒にやっていた「すみや高崎店」で、近くに大きな「新星堂」がカルチェ5にあって洋楽が全然売れなかったから、それで学生時代に見てきた、平井さんがやっていたニュー・ミュージックの青田買いみたいな手法を僕がやればいいんだっていうことでね。ちょうどその頃は大滝さんの『A LONG VACATION』が売れて、（山下）達郎さんや杉（真理）さんや村田（和人）さんが出てきた頃だったから、ナイアガラとそのフォロワーたちをまとめて展開したのね。それで何が良かったかって言うと、店からすればアイドルを展開するよりも楽なんだよ。何故かというとアイドルは特典合戦で、すごく大変なわけ。生写真が付くとか、ポスターだとか。でも僕らの店ではちょっと違う切り口で展開するんだよね。例えば松田聖子でも、アイドルの切り口じゃなくて…。

土橋：はっぴいえんどの大瀧詠一だ、松本隆だ、細野晴臣が書いてる、みたいな切り口ですよね。

鷲尾：そう。うちの店のお客さんはアイドルのファンと言うより、音楽を聴きに来る、買いに来る人達だから、ポスター云々ではないんだよね。だから意外と手間を掛けずに楽しい商売が出来たんだよ。だからニュー・ミュージックの新人を売るっていうのは面白かったね。その後に「すみや横浜店」に移ったんだけど、横浜はすごい激戦区だったから苦戦して。パイの限られた中で展開して、しかも大きな「新星堂」とかがあってその時は何をやってもヒットものが売れないから、そうなると（競合しない）輸入盤とか色々なことをやって、お客さんを巻き込

※POS管理：主にバーコードを読み取ることで、単品毎の売上げや返品などのデータを蓄積し在庫を管理する、コンピューター・システム。1990年代になるとアナログなカード管理に代わって一般的となった。現在ではこのシステムを利用したデータを基にしてマーケティングに利用する一方、ユーザーがバーコードをかざすとCDの内容を試聴出来るシステムなども生まれている。

んで今でいうフリー・ペーパーを作ったり、大変だけど楽しかったんだよね。

土橋：そういう店があると、お客さんとしても楽しくなりますよね。

鷲尾：必ずそういう店には、その品揃えに反応してくれるお客さんがいて、そういう人とは仲良くなれたよね。

土橋：僕と鷲尾さんはその「すみや相模原千代田店」でのたった３ヶ月ほどしか、店長とレコード会社の営業としての仕事はしてないんですけど、その当時の印象がすごく強く残ってますね。

鷲尾：そうだね。本当にそうだよね。相模原の店も、その前にちょっと売上げが落ち込んだ時期があって、それが少しずつ持ち直して順調になりかけた時期に出会ったから良かったよね。あの店には 1986 年に異動してきて、試行錯誤を経て良い具合に回っていた時期だったね。

土橋：チェーン店でありながら少し変わった品揃えだったことと鷲尾さんのキャラクターや人柄、それが強烈に印象に残っていますね。あと店内で試聴させてもらったり。それが楽しかったんですよね。

鷲尾：そういえば「すみや」って、あらゆるレコード屋さんの中で一番、試聴がし易いお店だったんだよ。僕らが学生の頃はね。買わなくてもレコードをガンガン聴かせてくれた。昔は買わないと聴かせてくれなかった。だから聴くっていうことは買わなきゃならないっていうことだから、本当に勇気がいったんだよね。しかも３枚までとか試聴出来る枚数が決められていて、その中に１枚も引っかかるものがないとどうしようかな？って思ったものだけど。「すみや」に行くとそれがなかったから良かったんだよ。それもあって横浜や神奈川じゃ「すみや」は人気があったんだと思うな。高校生とかにとってはやはり大きいから。割と気楽に試聴させてくれたんだよね。

土橋：そういう店独自のやり方が、大きかったんですよね。

鷲尾：まあ、関東ブロックの「すみや」と静岡では多少の違いがあるのかもしれないけど、試聴はみんなさせてくれたみたいだね。でも少しノリに違いがあったね。

土橋：それはありましたね。

鷲尾：話は飛ぶけど、当時のレコード屋さんの店員はみんな制服を着てたよね。

土橋：そうでしたね。

鷲尾：でも関東の「すみや」はあまり制服のイメージがなくてね。

土橋：確か男性はネクタイを締めていれば OK だったんですよね？

鷲尾：後半はね。最初の頃はそれもなくてね。ラフな感じで、そのスクエアではないところが良かったんだろうな。輸入盤屋の店員に近い匂いがしたというか。

土橋：「山野楽器」にしても「新星堂」にしてもみんな制服でしたよね。

鷲尾：そうそう。町の小さなレコード屋さんにしても、女の人は銀行の事務員さんみたいな格好をしていたり。男の店員さんってあまりいなくて、社長さんと女性の店員さんが２～３人、っていう店が多かったね。

土橋：確かにそう考えると、チェーン店の中で「すみや」はちょっと異質でしたね。

鷲尾：当時はね。ただそれはもしかすると関東の店だけだったのかも知れないな。

土橋：でもそれもひとつの独自色ですよね。

鷲尾：そうだね。

● 1970 年代～の東京近郊のレコード店

土橋：ちなみに 1970 年代から 80 年代にかけて、都内近郊のその他のお店はどんな感じだったんですかね？

鷲尾：大学に入って渋谷に来てから通い出したのは、やはり「ディスクユニオン」だよね。渋谷の「ディスクユニオン」にはよく通ってたな。その頃、レコードは（買うだけじゃなく）売る事が出来るんだっていうことに気づいて、友達に元々プログレを聴いていた倉田君っていう人がいて、彼はその後フランク・ザッパに行って、最後はジャズに辿り着いたんだよ。それで、遂にはハード・バップしか聴かなくなって、彼の家に行って聴かせてもらっているうちにジャズも良いなって思い始めて、その頃持っていたロックのレコードを「ディスクユニオン」に売って、そのお金でジャズをバサッと買ったりしてね。だから中古の買い取りっていうシステムが画期的だったんだよね。

土橋：確かに新譜しか買わないと、そういうことに気づかないかも知れないですね。

鷲尾：それで中古盤屋さんにレコードを売ることと、中古盤屋さんで買うことを覚えて、そうすると欲しかったレコードがこんな値段で？っていうことがあるじゃない。あとは「メロディハウス」にも行ったな。

土橋：原宿の「メロディハウス」ですね。

鷲尾：ちょっと敷居が高かったけど、新譜が何処よりも早く並んでたから。本当にここに行かないとお目にかかれないレコードっていうのがあってね。「こんなものも、あんなものもあるんだ！」っていう感じで。あとは「CISCO」だね。大学に入った頃、渋谷西武 B 館の地下に Be-in っていうのがあってね。そこに「CISCO」とか洒落たアパレルのショップとかがいっぱいあったんだよ。だから「CISCO」と「ディスクユニオン」にはよく行ってた。あと「ディスクロード」

なんかもあったけど、あそこにはあまり行かなかった。ちょっと離れたところにあったからね。新宿はどうも苦手な街で、「新宿レコード」とかはたまに行ってたけど。壁のレコードに手を伸ばして、触らないでって厳しく怒られたりしてね（笑）。

土橋：あと他には？例えば渋谷の「ヤマハ」とかですよね？

鷲尾：「ヤマハ」もたまに。あと「モーニング・サン」や就職してからは「ハンター」にもよく通ってたね。

土橋：「ハンター」！銀座ですか？渋谷ですか？

鷲尾：都立大。

土橋：ああ！都立大学のハンターですね。

鷲尾：1979年に就職したんだけど、それまでは渋谷に来ると「すみや渋谷店」で、「パイドパイパーハウス」には出来た頃に何回か行ったね。

土橋：「パイドパイパーハウス」は1975年オープンですね。

鷲尾：大学3年の時で、オープンした時に『ニューミュージック・マガジン』に載ってた広告で知ったんだよね。最初は店内に珈琲を飲めるスペースがあって、面白そうだなと思って何回か行ったんだけど、如何せん渋谷からはちょっと遠いわけよ。だからあまり足繁く通ったというわけではなかったね。

土橋：渋谷のレコード店っていうと、他には「山野楽器」とかですよね。

鷲尾：あと西口の駅前にあった東急プラザに「コタニ」が入っていて、隣が「紀伊國屋書店」だったから、本屋さんとセットで時々覗いたな。それから自由が丘の「東光ソハラ楽器」。ここにも少しだけど輸入盤があった。東横の「山野楽器」って今でもあるの？

土橋：もう無くなりましたね。昔は渋谷では東急東横店と東急本店に「山野楽器」がありましたね。

鷲尾：東横店の「山野楽器」ではたまに、輸入盤のセールをやってたんだよ。渋谷駅のコンコースみたいな所に特設会場を作ってね。そこで買ったりもしてたね。

土橋：東横店の「山野楽器」は本当によく売れる店でしたね。何しろ銀座線を下りると直結ですから、いつ行っても人がいっぱいで。僕は主に1990年代しか知らないですけど、発売日なんかはOLさんやサラリーマンでとにかくいっぱいでね。

鷲尾：都内の普通のお店では、自分がそこに時間を割かなかったっていうのもあるんだろうけど、店員さんとあまり話をすることはなかったね。例外は渋谷の「すみや」ぐらいだね。

土橋：渋谷の「タワーレコード」はどうでした？

鷲尾：「タワーレコード」はもう僕がレコード屋の店員になってからだからね。そういう目で見に行ったよ。だから買おうという感じではなかった。輸入盤は「すみや」でも扱っていたから、特別手に入らないものじゃない限りはね。

土橋：ちなみにバイト時代、鷲尾さんは最初はどこに勤めたんですか？

鷲尾：横浜の「L.A.」だね。それと並行して「キクイチ」でも働いてて、それで大学を卒業した時に就職が決まってなくて、それで横浜の「すみや」でバイトするようになって、そのまま契約社員になって、準社員になって、社員になった。

土橋：「すみや横浜店」の次は？

鷲尾：その次は溝の口。

土橋：溝の口の「すみや」ってどの辺にあったんですか？

鷲尾：長崎屋の５階にあった。30 坪弱ぐらいのお店で。

土橋：あの辺りだと、普通の歌謡曲・演歌店ですよね？

鷲尾：そう、本当に普通の店。ただ「キクイチ」で日本のものには慣れていたんだけど、もっとドメスティックって言うかな、ピンク・レディーとかが死ぬほど売れる、そんな店だった。そしてその後が上大岡店。ヨーカドーの中にあった。そしてその後、店長になって溝の口に出戻りして。そう言えば新人店長時代に、溝の口店で原めぐみの「歌とサイン会」をやった（笑）。それから新店の高崎店をやって、横浜店に行って、相模原千代田。そこからまた新店の浦和三室店に行って、これも新店の西那須野店に行って、関東ブロックの SV（スーパーヴァイザー）になって、静岡の本部に行って MD（※）になって、最後は静岡本店。

土橋：その他、例えば関東の他の地域で行っていたレコード屋ってありますか？以前話に聞いた下北沢のお店…あれ？何というお店でしたっけ？ビーチ・ボーイズみたいな椰子の木のロゴの…。

鷲尾：あっ、「カリフォルニア・ミュージック」ね。やはりビーチ・ボーイズ関連のレコードを買いに行ってた。

土橋：「レコファン」は本店が下北沢にありましたけど。

鷲尾：「レコファン」には、当時は全然行ってないね。

土橋：「レコファン本店」は、あまり広くないビルの２階にあったんですよ。北口商店街の先にあって。フロアは狭いんですけど、あそこは昔から新しく出たものが早く入荷する、それに安いん

※ MD：マーチャンダイザーの略称。通常は、レコード・チェーン本部などに籍を置き、チェーン全体の仕入れや、メーカーとの折衝（仕入れ、販促、宣伝、返品など）、店舗販促展開の立案、セールの企画などを行う。まさに各店舗をとりまとめ、ハンドリングする役割を担う役職。

すみや青山店／東京事務所がかつて３階に入居していたスガハラビル

すみや渋谷店がかつて２階に入居していた旧東邦生命ビル
（現：渋谷クロスタワー）

すみや静岡本店２階の洋楽フロア。当時は同じフロアに中古盤やアナログを扱うサウンド・キッチンがあった（2004年10月10日撮影）

で商品の回転が速くて、そこでフィル・スペクターのボックスなんかが安く売られていたりとか。

鷲尾：そうなんだ。僕は途中から東京というよりはその周りのちょっと地方の店に勤めるようになったんで、例えば浦和三室にいるときは大宮の「ミスズレコード」とか、そういうところを覗きに行くぐらいでね。

土橋：浦和三室店も郊外店でしたからね。

鷲尾：だから都内のレコード屋さんにはあまり行かなくなっちゃって、時々池袋パルコの「ON STAGE YAMANO」に行くぐらいだったから。あそこは良かったね。

土橋：本当に良いレコード屋さんでしたね。

鷲尾：最高の店だったね。

土橋：中央線の沿線とかには行ってないんですか？

鷲尾：全然行かなかったね。中央線の沿線に行くようになったのは、40歳を過ぎてからだよ。三鷹の「パレード」にはまって、今はよく行くけど。

土橋：まあそのぐらいですよね。もちろんこれ以外にも個人経営の店で面白いところはたくさんありましたけど。

鷲尾：大体ちょっとした商店街があれば、その中に1軒はレコード屋さんがあって、静岡の清水にある「清水銀座商店街」には3店もレコード屋さんがあったそうだから。せいぜい500mぐらいの長さのところに3店もあってそれぞれが成立していたんだから。

土橋:それもすごいですよね。『ちびまる子ちゃん』に出てくる「すみや清水店」もそこですよね。

鷲尾：そうそう。ビックリだよね。僕の地元、横浜の弘明寺商店街にも2店あったし。上大岡にも地元のレコード屋さんが1店と「キクイチ」があって、あと家電の「エル商会」がやっていた店と「新星堂」と、「すみや」が2店あったんだから。

土橋：それで成立してたんだから、すごいですよね。

鷲尾：そうだね。1店あたりの売上げが、大きい店で1,000万円にいかないくらい、大体月商300万円とか500万円の店として、それでこの店数があったわけだからね。

土橋：ということはある程度、店毎の色分けが出来ていたんでしょうね。

鷲尾：そうだろうね。

土橋：当時のことで強烈に覚えているのは、まず演歌店みたいなショップがあって。歌謡曲や演歌にはめっぽう強いよく売れる店っていうのが各地にあったんですよね。そういう店には洋楽は国内盤の売れ筋しか置いてない。そういう店はどこの街にもありましたからね。例えば僕の地元の大宮で言うと、駅前に「やすな」があって、この店は駅の東口を出てすぐ左にあるという立地もあってヒットもののお店で、その先の西武百貨店の中に「ヤマギワ」があったんですよ。ここはデパートの1フロアの2/3ぐらいを占める大きな店で、何でもあるんです。だから僕はほとんどの新譜はここで買ってました。

鷺尾：横浜の「ヤマギワ」にもレコード・フロアがあってね。伊勢佐木町とか関内の近くにね。そこも広かったよ。

土橋：「ヤマギワ」とか「石丸電気」とかいわゆる電気屋さんはフロアが広くて。まあ電器売り場併設っていうところもありましたけど。話はちょっと逸れますけど、レコード会社の営業をやって初めて気づいたんですけど、電気屋さんの仕入れって他のショップとはちょっと感覚的に違うんですね。大雑把なんです。新譜として出るタイトルはとりあえず各1でオーダーを入れておいて、っていう感じなんです。もちろん再販商品で返品制度（※）があるから、っていうのが裏にあるから出来ることなんですけど。だからとりあえず何でも入るっていうのが、「ヤマギワ」とか「ラオックス」なんかの印象ですね。大宮の「ヤマギワ」はとにかく品揃えが良くて、客注も応じてくれて、あと少しだけ輸入盤もあったから、よく通いましたね。あとは大宮高島屋の前に「ハナマタ楽器」があって、ここは完全な演歌と歌謡曲中心のお店。

鷺尾：今ではそういう個人商店で残っているところは少なくなったよね。この前、浅草に行ったんだけど、残っているのは「ヨーロー堂」とかああいう完全に演歌に特化した店だよね。それで僕は城好きで、城巡りで地方の中堅都市に行くでしょ。人口10万とか20万とかの。そういうところに残っているレコード屋さんっていうと、大体そういう演歌・歌謡曲の店だよね。

土橋：地元密着型で、しっかり顧客が付いている店ですよね。営業で町田を担当していた時に思ったんですけど、町田は商圏も、乗降人数もすごく大きい街なんですけど、1990年代初めには駅ビルの小田急百貨店に「山野楽器」があって、その隣の東急百貨店にも「山野楽器」があって。それから地元のお店で言うと、駅を出てすぐのところに「鈴木楽器本店」があって、ここは演歌とヒットものが売れるお店。それから東急百貨店の裏に「鈴木楽器町田中央店」っていうのがあって、ここも演歌店。その先にもう1店、商店街の出口の左側に「町田楽器」があって、手前のアドホックの中にも「町田楽器」の支店があって。さらにバス・ターミナルの近くに「新星堂パリオ町田店」っていうのがあって、そこもそれなりに売れる。それから商店街の出口の左側に「レコファン」があって、東急百貨店の近くのジョルナにはこの地域で一番売れてた「タハラ町田店」があって、駅寄りのところには「ディスクユニオン町田店」があって。そんな感じでしたけど、どこもそれなりに成り立っていたところを見ると、ある程度の棲み分けが出来ていたんでしょうね。本厚木も同じで、駅ビルのミロードの中に「レスポック」っていう「新星堂」のフランチャイズ店があった。これは個人商店で川松さんっていう社長がいて、社員は新星堂から恐らく出向みたいな形だったんじゃないかな？しかもそこから歩いてすぐのところにあるイトーヨーカドーにも「新星堂」があってね。後にその「レスポック」は川松さんが勇退されて「新星堂」になるんですけど、それに加えて「すみや」が駅前と厚木文化会館前に2店あって、商店街には一番大きい「タハラ本店」があって、その近くに星光堂の傘下店だった「ほていや」があって、後には「ディスクユニオン」も出来ましたし、「HMV」や「WAVE」も

※再販商品で返品制度：再販制度とは、メーカー（この場合はレコード会社）が自由に商品価格を決め、規定の掛け率（通常、例えばCDアルバムの場合は税抜価格の75％程度）でディーラー（レコード店）や卸（「星光堂」など）に出荷し、その見返りとして一定額の返品を受け入れる、という制度。交渉によって売る側が自由に価格設定できる一般商品と違って、メーカー側の裁量で価格をコントロール出来るという大きな特徴がある。これは返品制度があるから出来ることであり、書籍などにおいてもこの制度は現存している。しかし海外では掛け率の交渉や価格設定は自由であり、その替わりに商品は買い取りで返品は出来ない。よって売れ残ったものは低価格のカット・アウト盤となって再流通させるか、処分することとなる。日本と海外の考え方のギャップが、昔から音楽業界内でも問題視されてきたが、一方で再販制度を外してしまうと売れる物しかディーラーは好まなくなり、その結果例えば実績のない新人の作品や、大ヒットは望めないリイシュー盤などのリリースに影響を与えるという考え方もあり、これからますますの議論や検討が望まれる。

1990年代前半には出店しましたけど。他にもあったから10店舗ぐらいが本厚木にあったわけですけど、それでも何とか成り立っていたんですよね。

鷲尾：そういう意味じゃ、すごいよね。

土橋：それだけの需要もあったんでしょうけど。

鷲尾：1980年代末から90年代にかけては、バブルの影響もあって急に何でも伸びたよね。レコード屋さんもあの時代に色々なものを得た反面、それを越えて色々なものを失ったと言うかね。21世紀に入る前からワン・トゥー・ワン・マーケティング（※）みたいなことを急に言い始めたけど、でも考えてみればレコード屋さんなんて昔はワン・トゥー・ワンな商売だったじゃない。それが段々と希薄になってしまって、いつからかそういうことをやらずにPOS頼み、システム依存の大雑把な商売になっちゃったんだよね。

土橋：それに何と言ってもバブル景気がありましたから。1990年代の前半ぐらいまではそれに乗じて、レコード屋さんも各地にこぞって出店してましたよね。その影響で新たな出店と、元々そこにあった個人商店や日本資本のチェーン店、それに外資や「TSUTAYA」などもセルに加わって増え過ぎたから、その後一気に撤退するようなことになるんですけど。

鷲尾：やはりCDラジカセが出来て聴き方が変わって、元々音楽が好きでレコードを聴いていた人達とは違った種類のユーザーが増えたんだろうね。昔から音楽が嫌いな人は少なくて、ステレオ環境が無くてレコードは高いから買わないっていう人はいたけど、CDラジカセなんかによって簡単に聴けるようになって飛躍的に売上げは伸びたけど、買う方も希薄な買い方だし、売る方もそういう人達が大人になって店員になってくるわけだから、音楽とりあえず好きです、みたいな、知識無くても恥ずかしくないです、みたいな人が増えて、どんどん衰退していったんだろうね。専門店というのが少なくなった、っていうのもそれが大きいんじゃないかな。

土橋：何でも普通にあるコンビニみたいな店が増えましたからね。

鷲尾：アパレルもそうだけど、よく通っていると向こうも自分の事を覚えてくれていて、その関係がアドヴァイスとかにも繋がったりして、っていうのがあったけど、そういう関係が無くなってきちゃったよね。無くなってくればくるほど、そういう人達は大事になるんだけど、でもそういう人達をどうやって育て繋ぎ止めるかが難しい時代になってきちゃったね。

土橋：やはり衰退するにはその原因があるわけで、その辺りが一番大きな理由なのかも知れないですね。

鷲尾：そうだね。

土橋：今は「Amazon」でも何でも1クリックで買えてしまう時代で、一方ではすごく便利ではあるんですけど、人と人との繋がりは全く無くなりますよね。武蔵小山の「ペット・サウンズ・レコード」みたいなお店が今も人気を集めているっていうのは、その辺りがあるからでしょうね。それを求めている人達が少なからずいるっていうことですから。

※ワン・トゥー・ワン・マーケティング：ディーラーやレコード会社が顧客のレコードやCDなどの購入情報を集める際に、一人一人の趣味や志向などを理解した上で、個別に行っていくマーケティング方法のこと。通常のマーケティングと言えば、不特定多数をターゲットに行うものだが、ワン・トゥー・ワン・マーケティングではこれまでの客の購入履歴や傾向などのデータを基に行われるため、個人情報との兼ね合いも危惧されることがある。

鷲尾：そうだね。それから、この店は品揃えに関してはともかく、店員が苦手だから行かないっていう店もあったね。店員個々の魅力っていうのはかなり大きいよね。

土橋：そうですね。僕が子供の頃、大宮の「ヤマギワ」で買っていたのはそれですね。店員さんが親切でロックや洋楽好きな方もいたから、話しかけると色々と教えてくれたり。うちの近くに「新星堂」も２店あって、特に大宮駅東口の大宮カルチャーセンターっていうビルにあった店は上に関東ブロックの事務所があって、１階ではレコードの他に楽器も併売していたんですけど、よく通いましたね。キーボードもそこで買ったし。もう１店はちょっと離れた、今でいうさいたま新都心のヨーカドーの中にあって、あと多い時は大宮駅西口の丸井の中にも「新星堂」があったんですね。そして西口の駅前のそごうには今でもありますけど「山野楽器」があって、駅ビルには「ヤンレイ」が入っていて。あと本当に子供の頃には、大宮高島屋の中にもレコード売り場がありましたね。

鷲尾：高校生や大学生の頃は、映画を観ることと本を読むこと、レコードを聴くことは３本の柱だったから。そういう意味ではレコード屋さんって文化の匂いがしたよね。

土橋：そうですね。あと僕がちょうど中学から高校の時期にいわゆる貸しレコード屋っていうのが地元にも出来はじめて、うちの近所で有名だったのが、大宮駅東口から大宮市民会館へ向かう途中にハタプラザっていうボウリング場と映画館とスーパーとかの複合施設があって、その斜め前に貸しレコード屋があったんですよ。「ボトムライン」っていう店なんですけど、それを始めた経営者の１人が後のソフマップの社長（鈴木慶氏／現シュッピン株式会社代表取締役会長）なんですよ。レンタル屋さんのノウハウをそこで掴んで、そこからコンピューター・ソフトのレンタル、そしてパソコンの小売りとかを始めて大きくしていったそうですね。

鷲尾：へえ、そうなんだ。

土橋：音楽ライターの金澤（寿和）さんは「ボトムライン」でお手伝いをしていたそうですよ。

鷲尾：貸しレコードって僕は全然行ったことが無かったね。

土橋：僕もほとんど無かったです。むしろ友達との貸し借りの方が多かったですね。高校の放送部に友人とか出来ると、彼は昼の校内放送とかでレコードをかけなくてはいけないから、学校にレコードを持ってきていて、それで僕の持っている大滝詠一さんや杉真理さんのレコードと彼が持っていた佐野元春さんのLPを交換したりして。それから高校時代で覚えているのが、大滝さんの『NIAGARA BLACK VOX』っていう箱物のLPが出た時に、これが限定盤だったんですね。

鷲尾：あれはかなり数が少なかったよね。

土橋：だから当時、うちの近所のレコード屋さんの店頭にはほとんど並ばなかったんです。恐らくほぼ予約分でイニシャル（※）が完売しちゃったのと、あと高額だったから店もあまり取れなかったんですよね。高校生では手が出ないアイテムでしたね。それで僕も買い逃していて、どこに行っても手に入らないっていう感じになっていた時に、たまたま学校帰りに大宮駅ビル

※イニシャル：初回発注数のこと。ディーラーでは各店別やディーラー全体での初回発注数を、またレコード会社では全国の合計初回オーダー数のことを指す。使用例としては「今回、うちの店ではこの新譜のCDは５枚しかイニシャルを入れなかったけど、予約が８枚入っちゃったんで、イニシャル分は予約で全部ハケちゃった。だから店頭在庫も含めて、バックであと５枚発注しておきました」など。ちなみにバックとはバック・オーダーの略で、追加オーダー（それも確実に入荷させたいもの）のことを指す。

の「ヤンレイ」に寄ったんです。そうしたら店頭に1セットだけ出ていたんです。それですぐにお店の人に訊いたら「予約分にキャンセルが出たんで、さっき店頭に出したんです」って言うんで、その場で持ち合わせがなかったから取り置きをお願いして、数日後に買いに行きました。

鷲尾：そういうこと、当時はあったよね。あと廃盤の返し忘れとかを店頭に並べたりね。

●ショップの裏話…返品と廃盤、そしてイニシャル

土橋：さっき話に出た電気屋さんなんかは、そういう廃盤の返品し忘れとかがよくあって、だから未だにそうですけど、生産中止（※1）や廃盤（※2）になっていたことに気づいて、買い忘れていたタイトルを真っ先に探しに行くのは電気屋さんの店ですね。昔だったら「ラオックス」とか「ヤマギワ」とか「石丸電気」とかですね。そういう店で見つければ、プレミア価格じゃなく定価で買えますからね。

鷲尾：そうだよね。

土橋：でもメーカー的には返し忘れが出てくるとちょっと困るんですよね。廃盤の返品は受け入れ期間が決まっていて、それを過ぎると数ヶ月間は低い掛け率でのカット価格（※3）で受け入れて、さらにそれを過ぎると返品不可になりますから。昔はメーカーから廃盤リストが上がってきて、それを見ながらメーカーの営業は店頭で在庫チェックする時に廃盤商品があると抜いていくんですけどね。昔は電気屋さんとか個人商店なんかは、年に2回は大きな棚卸しがあって、そういう時によくメーカーの営業は駆り出されたんです。僕は町田の「鈴木楽器」とか本厚木の「ラオックス」の棚卸しをしたことがありますけど、そういう時に在庫チェックをすると返し忘れが出てくるんです。それから受託商品（※4）なんかも、営業を受けるメーカーが変わるとそのたびに廃盤になるから、返品しなくちゃならないし。在庫チェックで一番よく覚えているのは「タハラ」で、この店は当時、本厚木と町田に大きな店があって、それもまだ1990年代初めはPOSを導入前だったから大量の在庫をカードで管理していて。何月何日にこの商品が売れましたっていうのをカードに記入して商品に付けていてね。それで「タハラ」は輸入盤も扱っていて、当時相模大野店から本店に行ってその後で本店の上にある営業本部のMD統括部に移った大村（哲彦）さんっていう元「ディスクユニオン新宿店」にいた方がバイヤーでおられたんです。その大村さんが洋楽の責任者をやっていて、ロックからフィル・スペクターまで詳しい人だったから、当時は手に入りにくいものも含めて相当広範囲な仕入れをしてましたね。他の店に並んでいないものとか、カット盤とかもあって、しかもかなり安めの価格で店に出していましたから。どういうルートを使って仕入れていたんでしょうね？よく商談に行くとバック・ルームに通してくれて、そこでABKCOから出たフィル・スペクターの『Back To MONO（1958-1969）』っていうボックス・セットが大量に並んでいたのを覚えてますね。値段を聞いたらすごく安かったんで、それで友達に頼まれた分まで5セットぐらい購入した覚えがありますね。

鷲尾：多分、僕の持っているボックスは土橋君に頼んでそこで買ってもらったんじゃなかったかな？

土橋：そうでしたね。恐らく輸入盤は、例えばインポーターから直接まとめて買い取ることで

※1生産中止：作ったレコードやCDなどの商品が全て売れてしまって在庫がなく、なおかつ今後の生産予定が立っていない状態のもの。

※2廃盤：原盤元との契約切れなどによって、商品をそのレコード会社の販売リストから外す行為、または外された商品のこと。レコード会社はその後、通常は全国から集めた当該商品を廃棄、償却するため、その商品は入手困難となる。

※3カット価格：廃盤に該当する商品をショップなどが返品し忘れた場合、一定期間低い掛け率で返品を受け入れる、その際の受け入れ価格のこと。

※4受託商品：営業部門を持つレコード会社が、営業部門を持たないレコード会社やレーベルなどから販売手数料を受け取って、代わりに販売する商品のこと。

掛け率が安くなったりとか、色々あるんだと思うんですけどね。

鷲尾：お客さんの顔が見えている時代に一番面白かったのは、例えばヒットものは「このレコードはあの人に買ってもらおう」とか思わないわけよ。メーカーが大体のシェアを計算して、トータルなイニシャルが例えば30万枚だとした時に、仮に「すみや」のヒットもののシェアが2%だとしたら全体で6,000枚になるじゃない。それでうちの店が「すみや」全体の中で3%のシェアだとすれば、イニシャルは180枚だよね。でもこの180枚っていうのは、上にぶれても下にぶれてもそうは変わらないんだよね。でもヒットものじゃないタイトルは、お客さんの顔を知ってるか知らないかで、全然違ってくるわけ。メーカーは全国イニシャルで割って、例えば全国でこの商品は3,000枚だから「すみや」全体で60枚ってなった時に、うちの店は1枚ですよって提案してくるんだけど、その場合は1枚だけ店に並べて売ってそれ以降は客注（※1）でもない限りカットしちゃうんだよね。

土橋：そう、売り切りですよね。

鷲尾：でもお客さんの顔が分かっていれば、あの人とあの人とあの人は買うだろう、っていうのが見えてるから最低でも5枚は入れておこうってなって、それで発売日にヒットものじゃない5枚の在庫が店に並んでるっていうのは意外とインパクトが大きいんだよね。それにそういうものを買ってくれるお客さんって浮気しないんだよね。ほぼ買ってくれる。

土橋：そうなんですよね。それはレコード会社の営業から見ても同じで、例えばテイチクにいた頃の話をすると、キンクスのアルバムが再発されますってなった時に、このタイトルは全国で3,000枚のイニシャルを付けます、だから東京営業所では全体でこのぐらいの枚数です、っていう割り当ての数字が出てくるんです。それを受けて今度は営業所で販売会議をして、各テリトリーのセールスが10数名いて、それぞれの地域の特性や商圏の大きさによってクオータ（※2）っていうのがあって、それに即して各テリトリー毎の割り当て数字が出てきます。例えば僕の担当地域全体でイニシャル100枚が割り当てられたとしたら、今度は自分の担当しているレコード店…当時は55店ぐらい持っていたんですけど、その中でどの店に何枚のイニシャルを提案するかっていうのを自分で決めるんです。でも例えば本厚木の「タハラ本店」だったら店別にクオータ割をしたら8枚なんだけど、このタイトルに関しては15枚とか20枚売れるかも知れない、逆にこの店は3枚なんだけど0枚でもいいのかな？って考えるんです。この調整を営業マンが実情やデータをちゃんと掴んでいて出来るかどうか、それが実は日々積み重なると大きいんですよね。

鷲尾：そうだよね。お店も同じでヒットものなんかは極端なことを言えば、店員にやる気さえあればそれなりに売ることが出来るんだけど、そうじゃないタイトルはなかなか難しくてね。でもその辺が商売の醍醐味でもあるんだけどね。それを面白いと思うか思わないかで、レコード屋の店員でいられるかどうかが決まってくる気がするよね。この商品をこの人に売る、っていうのをシミュレーション出来るかどうかが大きいんだよね。売上げがどうのっていうこと以前に、自分がレコード屋の店員で良かったって思えるかどうか、自分自身のモチベーションに繋がることと言うかね。店から「すみや」の本部に移ってMD（マーチャンダイザー）をやっていた時に、ヒットものの全店イニシャルをつけるのなんかはどうにでもなるんだけど、面白いのは例えばザ・バンドとか、ライノ関係とか、細野（晴臣）さんとか色々とボックスが出る時。

※1客注：客からのオーダーで取り寄せる商品のこと。通常、店頭に在庫が無く、客からの依頼を受けてから発注する。

※2クオータ：この場合はレコード会社の営業における、販売枚数に関する割当（率）のこと。営業マンが担当する地域の特性や商圏の大きさ、担当しているショップの販売力や規模などによって、また扱う商品のジャンルや傾向によって、複数のクオータが設定されることもある。以前は通常の場合、商品単体（主に新譜）毎に各営業所別のクオータがあり、さらにその中で営業マン毎のクオータが設定され、細かく毎月の販売ノルマが決められていたが、最近はチェーン店などでは本部一括のセントラル・バイイング・システムが導入され、さらにレコード会社の営業部門縮小の影響もあって、以前のようなクオータ割によるノルマの設定は、かなり緩くなってきた感がある。

うちはPOS管理をやってて、この人が何を買ったっていうデータを持っていて、その時に3つのキー・ワード（タグ）を付けられたのよ。それで例えばこれとこれとこれを3タイトル過去に買った人に新譜のボックスのDMを打ちましょう、っていうのが面白くてね。それでDMを送ると、すごい高いヒット率になるわけ。例えばザ・バンドのボックスが出るとすると、最近リイシューされた他のタイトルの中で、これとこれとこれを買った人ならザ・バンドの『ラスト・ワルツ』のボックスも買うんじゃないか？って…例えばボビー・チャールズとか、名盤探検隊のシリーズの中でも泥臭いロック系とか。それがイメージ出来るかどうかで、ヒット率が変わってくるんだよね。それでメーカーにDM代の協賛をお願いする時にも、他のディーラーなら1,000枚とか2,000通になるところを、うちは160通出します、っていうような感じで(笑)。

土橋：それはデータの絞り込みが出来ていて、決め打ちが出来るからですよね。

鷲尾：そうそう。実際にそれでイニシャルがかなり上がっていって、あれは面白かったね。

土橋：それはマーケティング・リサーチが出来ているからですよね。

鷲尾：それをお店でやっていた時は、POSとかじゃなくて単にお客さんの顔で覚えていくわけ。それを本部ではコンピューターの手を借りてやっただけの話なんだけど、でもその辺りが繋がっていない人も多かったかも知れないね。

土橋：商品知識も含めてのデータ・ベースが頭の中に出来ているかどうか、これが大きいですよね。僕はテイチクの洋楽販推にいるとき、最初に新譜と並行して再発ものとかも担当したんですけど、再発ものは過去の実績とか、そういう販売データしか頼りになるものはないんですよ。だからまず過去の類似作品も含めたデータを洗い直して行くんですけど、その時に時々、あるタイトルだけ突出して多く売っている店とか見つかるんです。こっちではその理由が分からないんで、そんなときはその店を担当している営業所のセールスに直接電話して訊いてみると、ちゃんとその理由があるんです。例えば鷲尾さんみたいなロック好きなバイヤーがいるとかね(笑)。あとこの地域だけは昔からロカビリーが売れるとか。そういう理由が必ずあるんで、まずはそれを調べるところが第一歩でしたね。それを続けて頭の中に入れていきながら、これは各レコード会社がみんなやっていたと思うんですけど、ジャンル毎の拠点店（※）っていうのをリストアップするんですよ。特に洋楽の再発ものなんかは予算もあまり取れないですし、広く浅く全店展開をしても効率が悪いんで、それで全国からそういうものをよく売っている店を100～200店ぐらい選ぶんです。各営業所の担当セールスから挙げてもらってそれを本部の販推でまとめて拠点店リストを作るんですね。それで次のリリースが決まると、今度はその拠点店を中心に商談を進めて店頭プロモーションをしていくと、広く浅く展開していた時より良い数字が出てくることが多くて。もちろん定期的に拠点店の見直しをして、中には急に売れなくなった店があったりして理由を聞くと、名物バイヤーさんが転勤になってしまった、とかそういうのもあってね（笑）。そういうことを続けて行くと、かなり濃い拡売拠点が出来上がっていくんです。そうなったら次はその店に集中投下で、例えば特典を付けるとか、販促物を提供するとか、新譜やアーティスト情報を逐次送るとか、店頭イヴェントをやるとか、っていうことを続けると、どんどんそのお店にお客さんが付いてくるんです。イニシャルも前作で20枚だったのが30枚になるとか、目に見えて増えてきて。それが販推の面白さですよね。

※拠点店：ある商品やジャンルに関して、他の店よりも販売力がありよく売れる店をリスト・アップし、その商品やジャンルの重点販売拠点として設定することがある。これが拠点店である。ヒットもの以外の商品は広く浅く多くの店に並べても販売効果が薄まるため、拠点店を中心にして大きく店頭展開することで効率的なセールスが期待できるという利点がある。また特典やインストア・イヴェントの実施など、拠点店を中心とした展開を図ることで他の店との差別化を図り、拠点店へのユーザーの集約と情報発信をし易くするという利点がある。

鷲尾：そう考えると、レコード会社がやっていることとディーラーがやっていることは、ほとんど視点は同じだよね。僕らもそうだったから。例えば新店が出るとして、それが足腰の強い店だったら商圏が段々と広がってきてそれを押さえられるようになると、ある日ガツンと売上げが伸びるんだよ。「すみや」だと例えば伊勢崎のショッピング・モールにあった店なんかは、最初は認知度が低いからヒットものが売れないわけ。だけど店長の小島（康久）君がベーシックな品揃えをきちっとしていて、郊外店でありながらお客さんとのコミュニケーションやフォロー・アップがしっかり取れてたから、ある日、ベーシックなものや新譜でも変なものが売れ始めたわけ。ソニーの洋楽秘宝館シリーズで、パチェコ＆アレキサンダーが出た時なんか、リリース後に毎週コンスタントに売れてるわけよ。これはあり得ない（笑）。もちろん同じ売上げ規模の店じゃこういうものは全然売れないし、３～４倍の規模の店でもせいぜい１～２枚で動かなくなって、こんなには売れない。それでこの店では他の渋い商品もどのくらい売ってるんだろう？って思って調べてみると、ダントツの売上げなんだよね。それでそのうちに認知されて加えてヒットものが動き出すと、急に売上げが伸びてくるんだ。ベースがきちんと出来てるからね。

土橋：それはその商圏に住んでいる人が、あの店に行けばちょっと変なものをプッシュしてるぞっていうのを認知して来るようになって、そのうちについでに新譜も買おうってなるからですよね。

鷲尾：そう。それでわざわざ車で買いに来るようになるわけ。

土橋：そういうことが出来るかどうかが、レコード屋さんにとっても面白いかどうかを左右しますよね。

鷲尾：そうだね。それが分からないと自分がレコード屋で働いている理由が無くなっちゃうからね。

土橋：僕が営業所から本社の洋楽販推に異動になった切っ掛けもまさにそんなことで。アンダース＆ポンシアの CD を売ったんですよ。テイチクに入社して、ある程度会社のカタログに何があるのかも分かってきた時に最初にやったのは、僕は大瀧さんや達郎さんの音楽が大好きだったから、何か彼らに関連した洋楽の商品が自社にないかな？っていうのを探すことだったんです。ある日、在庫チェック用のリストや年鑑を引っ張り出してきて、徹底的に見ていたんです。そうしたら例えばブッダやカーマストラ・レーベルとか、イミディエイトとか、シフォンズやエヴァリー・ブラザーズとかコーデッツのケイデンスとか面白いカタログがかなりあって。その中でブッダやカーマストラのタイトルを見ていたら、ラヴィン・スプーンフルなんかに混じってアンダース＆ポンシアの『イノセンス VS トレイドウインズ』や『アンダース＆ポンシア・レアリティーズ』っていうものがあったんです。達郎さんのラジオは学生時代から聴いてたから、これがあの達郎さんと長門芳郎さんが貸し借りしたアンダース＆ポンシアものか！って気づいて。

鷲尾：あった！懐かしいね。

土橋：それでその後に達郎さんが『アルチザン』っていうアルバムを出されて。その中にトレイドウインズの「New York's A Lonely Town」を「Tokyo's A Lonely Town」としたカヴァーが収録されていて、これはいける！と思って急遽、営業所のコンピューター端末で在庫を調べてみたんです。その時、東京のNRC（※1）のセンターには10枚ぐらいしか『イノセンス VS トレイドウインズ』の在庫がなくて、でも地方には若干残っていて、それですぐ商品管理部に電話して「これ、僕が売りますから東京のセンターに回して下さい」ってお願いして、B在庫（※2）にあったものも全部転送してもらって200枚ぐらいをかき集めたんです。それから自分でワープロでチラシを作って「このアルバムには達郎さんがカヴァーした「Tokyo's A Lonely Town」のオリジナルが収録されています」っていう簡単な解説を書いて、営業所でコピーして、それを持って、「すみや」だと鷲尾さんとか、当時厚木文化会館前店の店長だった池田（雅弥）さんとか、相模原相模台店の八木（顕太郎）君とか、「新星堂相模原店」の店長で元「ROCK INN」におられた菊地（正俊）さんとか、「タハラ本店」の大村さんとか、洋楽や達郎さん、ナイアガラなんかが好きそうなお店の店長さん、バイヤーさんにプロモーションして回ったんです。そうしたら面白がって達郎さんと一緒に並べてみようか？っていうお店が意外と多く現れて、それで完売したんです。あんなタイトルは何もやらなかったら、店頭在庫はほとんど無いので当然動かないですけど、でも展開さえ考えたら売れることもある、っていうのを学びましたね。その後、商品管理部（※3）と洋楽部から僕の上司のところに「このアルバム、売れてるけど何かあったの？」って連絡があったみたいで。それからもう1つよく覚えているのはラヴィン・スプーンフルの『カーマストラ・BOX』。あれは9,800円もする高額商品だったんですけど、絶対に売れると思ったんで「タハラ本店」には25セットお願いして入れてもらって、でも速攻で完売で。

鷲尾：あれは誰がライナーノーツとか書いてたの？

土橋：長門芳郎さんとマーク・セバスチャンですね。当時、洋楽の宣伝に岩渕（悟）さんっていう、レコード・コレクターとしても有名な方がいて、岩渕さんにお願いしてサンプルを回してもらって、僕の地区ではクオータ以上の数をもらって完売しましたね。そういう成功体験が出来ると、営業も面白くなるんですよね。そんなことを何回かしていたらある日、洋楽販推に異動になったんです。

●異常値と独自性、そして売れ筋と売り筋

鷲尾：そういえば当時、ブロック長の辻（明彦）さんに言われたのは、小さな規模の店とかそのエリアに大きな競合店があって3番手とか5番手とかの店だったら、例えばヒットものの松田聖子を一番店より多く売ろうなんて思っても絶対にそうはいかないと。そうした時に異常値を出せって言われたんだよね。異常値を作ることが商売の面白さだし、先に繋がるって。例えば他の店で1枚も売っていないものを10枚売るとか。1ヶ月の売上げが2,000万円の店で1枚も売れてないものが、なぜか月商400万円の店で20枚売れたら、それは凄いことだぞって。そうなるとメーカーも注目してくれるしね。そういうことを考えながら一生懸命やってたね。

土橋：そうですね。僕も営業をやってみて分かったのは、例えば月商2,000万円の店と500万円の店があったとして、2,000万の店は何を入れてもそれなりに動くんですけど、500万の店は売れるものが決まってるんですよね。そこで売れない店に売れないものを突っ込んでも、結局は不良在庫（※4）にしかならない。だったらそれをお店に持たせておく意味が無いわけですよ。でもきちんとした展開を考えて仕掛けを作って店頭販促をすれば、売上げゼロだったも

※1 NRC：日本レコードセンターの略称。音楽や映像などのパッケージ・ソフトなどの物流会社として日本ビクターなどの出資により、1978年に設立。同様の物流会社としてはソニーなどが出資して作ったジャレードなどがある。

※2 B在庫：通常、新品として生産された商品（レコードやCDなど）は、NRCなどの物流会社、「星光堂」などの倉庫ではA在庫として区分・保管され、ディーラーからのオーダーに応じて出荷される。そしてそれが店頭に並ぶわけだが、反対に返品されてきた商品は一旦、B在庫と呼ばれる棚で保管され、その後検品などの結果、新品として流通させても問題ない商品はA在庫に移され再出荷される。

※3 商品管理部：各レコード会社の中で、在庫や新規プレス分などの数量、またはそれに関わる品質やコストなどを管理、調整する部署。

のが1枚になり、3枚になるっていうことがあるんですよね。

鷲尾：そうなんだよね。

土橋：だからもしそういう不良在庫があったら、大きな新譜が出た時に返品を受けて、売れそうなものに入れ替える。それを徹底的にやりましたね。

鷲尾：音楽って日用品と違って代替性がないじゃない。例えばA社のトイレット・ペーパーは仕切り値(※5)が高いからB社に替えて全面的にB社の商品を推そう、っていうことが音楽じゃ出来ないよね。このメーカーからしか取れないアーティスト、商品だからね。だからよそのメーカーの商品がすごく売れてるからっていって、同じ商品を作れないからね。お店にとってもヒットものは限られてるから、それ以外のもので売上げをどれだけ作れるか、特に景気が悪くなってくるとそういうものが大切になってくるんだ。ある時期からやたらベース（の売上げ）が、って言い始めたよね。でもそういうものはなかなか急に作れるものじゃないんだ。普段からやってないとね。

土橋：そこなんですよね。あと今だったら、例えばレコード会社の壁を越えて一緒に何かやりましょう、っていうのも普通になりましたけど、僕が入社した1990年代初めにはまだそういう動きは少なくて。

鷲尾：そうだったよね。

土橋：当時、例えば本厚木の「タハラ本店」なんかに行くと、同業他社のセールスが来ていて、会っているうちに親しくなると「一緒に何かやらない？」ってなるんですよ。なかなかそれは実現できないんですけど、ある時に「タハラ本店」のバイヤーさんが男性シンガー・ソングライターもののセールをやりたいって言ってて、それで僕とポニーキャニオンの仲良かったセールスで組んで、それぞれがイチ推しのものと、これから期待して欲しいタイトルを集めて合同展開をして。平台を貸してもらって、看板代は2社で折半してコーナー展開したんですね。そうするとテイチク1社でやっていた時よりもやはり売れるんですよ。そういうやり方を掴んでから、仕事が面白くなりましたね。

鷲尾：お店からしてもそうすることで売上げが伸びるから、キャンペーン企画みたいなことはかなりやるようになったね。

土橋：あの辺からですよね。1社じゃなくて、メーカーがまとまって合同セールやキャンペーンを組むようになったのは。特に外資系の店が出てきてからは流れが大きく変わったし。外資系でも徐々に邦楽を扱うようになって、それまでの例えば「新星堂」や「すみや」や「山野楽器」、或いは卸の「星光堂」なんかのやり方で何が良くて何が悪いのか？を分かるようになって、それまでのやり方を何とかして変えたいって躍起になっていた時だったから、色々なことが起きてましたね。だから例えばリベート体系（※6）のこととかも含めて、1990年代前半には日々問題提起が行われていましたね。チェーン店もそうですけど、個人商店なんかでも年末年始になると拡売リベートがあったりとかして、中でも一番顕著だったのはカラオケ（の販売）ですよね。当時はレーザー・カラオケとかね。各メーカーが秋頃、各ディーラーの本部に商談に行

※4不良在庫：店頭に並んでいても売れないため、その店の売上げを圧迫してしまう可能性の高い商品のこと。また店頭のスペースを売れる商品のために空けるため、バック・ルームなどに保管され店頭に並んでいない商品や、ケース割れなどの破損品（不良品）も含まれる。これら不良在庫は、CDなどの場合は一部を除き再販商品であり、安売りすることが出来ないため、通常は返品の対象となる。

※5仕切り値：仕入れ価格のこと。通常の場合、メジャー・レコード会社のCDは多くの場合、税抜価格の75％程度が仕切り値となる。

※6リベート体系：販売助成の一環で、レコード会社が主にディーラーや卸店に対して付す特別販売補助金のこと。通常リベート（トータル取引額の何％という設定）に加え、特別リベート…例えば単品に対するもの、年末年始のセールなど季節限定のもの、あるジャンルに特化したキャンペーンなど、拡売リベートにも様々なものがある。

くと、条件闘争ですから。

鷲尾：カラオケは利益率が良かったの？

土橋：そうですね。レーザー・カラオケは再販商品じゃないですし、あと二次利用、三次利用で入ってくるお金もありますから。だから当時、カラオケの強かったテイチクとか、キングとかクラウン、ビクター、コロムビアなんかはかなりの主力商品でしたね。レーザー・カラオケの年末拡売キャンペーンっていうのが毎年あるんですよ。お正月の需要を見越してね。すると秋になると、営業にすごい数の提示が来るわけ。カラオケも拠点店があって、メーカーによってはハードとセット販売したり、20枚とか30枚のセットもののボックスとか高額商品が出てくるんです。単価も十数万円とかなんで、それをいかに売るかなんですけど。だから担当地区にそういうカラオケが売れる店をどれだけ持っているかで、数字が変わってくるんですね。僕が担当してた地域では圧倒的に町田の「鈴木楽器」、それと「すみや」だったら小田原なるだ店がよく売れた。「すみや」の場合はある程度、本社からのイニシャルは割り振りになってましたけど、個人商店や地域ごとの小さなチェーンでは毎年条件闘争になって、例えばこの期間にこれだけの数を仕入れます、それに対して何％の拡売特別リベートを付けて、さらに現物10対1支給（※1）とか、販促物のキャリング・ケースをいくつ提供しますとか、そんな感じでしたね。すると今度は他社が、それより少しだけ良い条件を出してくる。それを受けてさらにうちも条件を上積みする、っていう感じでね。

鷲尾：車の値引き合戦みたいで、大変だね。

土橋：そうなんですよ。でもそれで決まれば、うちの会社の商品だけがその期間は独占的にプッシュしてもらえるんで、売上げに直結するんです。負ければ一切入らない。これは大きいですよ。だから各社みんな必死でしたね。

鷲尾：店長になったばかりの頃、ある日突然メーカーから山のように商品が届いたりすることがあるわけよ。年末になると2枚組のベスト盤とか。こんなの売れるのかな？なんて思いながら店頭に出すんだけど、それでも半分ぐらいは売れたね。でもそういう商品は半分でも売れればそれで何とかなるのかも知れないね。在りものだしね。

土橋：年末や夏になると毎年、ベスト盤を編成してましたからね。演歌の全曲集とか。

鷲尾：でもこれが意外と売れるんだから。

土橋：僕が営業にいたころ、例えば石原裕次郎さんの全曲集なんて、毎年ちょっとだけ収録曲を替えて出しているんですけど、それでも返品率（※2）は5％とかなんですよね。あれは商品としては優秀ですよ。だからメーカー的にはそういうものはキッチリ出して売上げのベースにする商品ではあるんですけど。

鷲尾：そういうもの、色々あったね。ビクターだとエクセルワン・シリーズとか。リチャード・クレイダーマンからロネッツまで（笑）。今思うとビックリだよね。

※1現物10対1支給：これも拡売リベートの1つ。金額で相殺するのではなく、10枚のオーダーにつき1枚をタダで現物を支給すること。店側にとってはこれを売ることで、結果的にリベートと同じような効果を得られる。特に繁忙期などには発注する手間が省けるため、これが好まれる場合もある。

※2返品率：通常、CDなどの音楽ソフト（映像を除く）は再販商品であるため、ディーラーが自由に価格設定をして販売することが出来ない。しかしその見返りとして返品制度があり、通常はメーカーや卸店がショップとの総取引額の何％かを返品枠として設定し、その範囲内で返品を受け入れる。大体、そういった定期返品率は10～15％が規準とされてきたが、最近はメーカーが初めから再販商品に指定しない商品（つまり買い取り商品）やインディーズ商品の増加もあり、再販や返品を取り巻く慣例も変わりつつある。

土橋：でもメーカー的にはそういうものを売ってベースを作っておかないと、例えば新譜のリリースとか、新人開発とかにも影響するんです。新譜って出してみなければ売れるか売れないか分からない、っていう部分がありますからね。当然、新譜には制作費がかなりかかるんで。今はあまり制作費をかけられなくなりましたけど、昔はアルバム１枚作るのに 2,000 万円とか、最低でも 600 万円ぐらいはかけてましたよね。僕も若い頃に、シングル CD の制作に 450 万円使って上司から怒られたことがありましたけど（笑）。ただお金をかけたからって言っても、それが売れるかどうかは別の話で。特に 1990 年代はタイアップが花盛りで、タイアップが絡むとその関係で宣伝費も含めてお金が飛んで行ったり、あとその作品の原盤権や出版権を外部の事務所やメディアが持っていたりすると、当然レコード会社の利益は少なくなるんで、いくらヒットが出ても回収するのは大変だったりするんです。それに強力商品になると予め原盤元からイニシャルの要請があったりして、売れても売れなくても何十万枚を市場に撒かなくてはいけなくなるんですね。例えばイニシャルが 50 万枚として、原盤や出版を持っている会社は一旦商品が 50 万枚出庫されればそれに対して何％という印税が入ってくるからいいんですけど、権利を持っていない販売請負に近いメーカーは、例え 50 万枚を営業して市場に撒いても、結果的に返品が 45 万枚で、販売手数料をもらっても大赤字ということもあるんです。だからそれを補完するためにも、ある程度返品率の低い基準在庫になるようなベスト盤なんかを出さざるを得ないんです。よく一般の人がレコード会社批判をするでしょう。確かに安易な商品編成は僕もいけないと思いますけど、でも経験者から言うと一概にそうは言えない部分もあるんですね。ベースの売上げがあってはじめて、新譜や新人開発の費用も賄えるわけですから。よく牧村（憲一）さんが「ポリスターは谷村新司のヒットがあったから WINK を売り出せたし、WINK の大ヒットがあったからフリッパーズ・ギターやトラットリア・レーベルも作れたんだよ」っていう話をされてますけど、まさにそれと同じ構図ですよね。僕がここ数年メジャーでやっている仕事もそうですけど、ハッキリ言って他に大ヒットしたカタログがあったからこそ、ニック・デカロのコンピなんかをメジャーから出せる、っていう部分もありますよね。

鷲尾：そうだね。それはレコード屋さんも同じだね。avex のヒットものがあったからこそ、好きな再発ものを仕入れられるっていうのがあったからね。お店としても絶対に在庫しておかなくちゃいけないタイトルってあるじゃない。ジャズがあまり売れない店でも、マイルス・デイヴィスが１枚もないっていうのはまずいよね。例え年に１回転しかしなくても、持ってなくちゃまずいっていう商品もあるでしょ。でもそういうものは、一方では年に何十回転もするヒットものに支えられているんだよね。だからどちらかだけでも駄目なんだよね。そのバランスが悪いと、お客さんの目から見たら「ヒットものしか置いてない店だよね」とか「いつ行っても欲しいものが無い店」ってなっちゃうんだよね。そこが難しいところだよね。だから大きな店で在庫をたくさん持てるようになると、そういう機会ロスは少なくなるんだよね。でも在庫が増えると、気がつくとバランスが悪くなっていたりするものなんだよね。

土橋：お店から見ても、本来売りたいものと売れるものは違うじゃないですか。

鷲尾：売れ筋と売り筋というか。店としての格を維持するために持っていなければいけないものとかね。分析すると、売れるもの上位 1,000 タイトルぐらいで売上げを作っちゃってるから。でもそれだけ持っていれば良いかっていうと、そうじゃないからね。

土橋：今はネットで何でも探して買えますけど、お店の場合はそこに行って目的のものが無かったら、もう来ないですからね。

鷲尾：ちょっと前の郊外型の本屋さんなんかは、売上げの大半をコミックが支えているわけよ。週刊誌なんかはコンビニに取られちゃってるから、コミックのシェアがすごく高いんだよね。ハード・カバーなんかは全然売れないし、文庫もそんなには売れない。だからって全部コミックにすればいいのかって言うと、そういうお店もあるけど、そうしたら本屋さんとしてはどうなのか？ってことになるよね。

土橋：一般の人は行かなくなりますよね。

鷲尾：そう、何か違ったお店になっちゃうよね。

土橋：だから総合店っていうのは、見せ方が難しいですよね。品揃えも在庫もそうだし、バイヤーさんの力量とか、商品知識とか、接客とか、色々ありますけど、そこのバランスが取れていないとお客さんは集まって来ないと思うんですよね。でも平均点だとつまらないって言われるし。

鷲尾：通ってたお客さんがいつか来なくなるっていう店じゃ、つまらないよね。初めて中学生の時に買いに行ったお店が、大学生になっても大人になってもずっとそこにある、欲しいものがあるっていう状態なのが、一番いいよね。最初は月に500円しか使えなかった子が、今では月に1万円買ってくれるお客さんになりましたっていうのがあり得るんだけど、でもそういうお客さんを育てられるかどうかっていうのは、やはり品揃えなんだよな。近くにもう1軒お店が出た時に、その店の真価が問われるよね。

土橋：そうですね。僕はこの仕事は本来、音楽が好きじゃない人はやってはいけないものだと思ってるんですけど。

鷲尾：そう。好きでなおかつセグメントして考えない方が良いと思うんだよね。商売として考えると、自分が好きな音楽を売るのはもちろん楽しかったけど、自分があまり興味のない音楽を展開してそれが売れた時の嬉しさっていうのもあるんだよね。例えばヒーリングとか演歌とかね。でもこれを売るぞって決めた時に色々と段取りを組んで、店頭を作って、ヒットもの以外を売るっていうのも楽しかったね。

土橋：僕にとっては、テイチク時代のヘヴィ・メタルとか、まさにそうでしたね。専門外なんだけど、ノウハウを掴んできて売れると嬉しい。

鷲尾：それが楽しみなんだよね。例えばさっきも話した横浜弘明寺にあった、本当はジャズが好きな十字屋のフランチャイズ店の店主さんのお店も、色々なジャンルにアンテナを張っていて、ナイアガラなんかもきちんと置いてた。10何坪の店だから在庫の量からしたらナイアガラのカタログをきちんと揃える必要はないはずなんだけど、でも見事にそこで島村（文彦）君（現アイランド・ムーン・ミュージック主宰）とか川崎（太郎）君（※）とかコアなファンが買ってたわけじゃない（笑）。その辺を見越して仕入れをしているんだよ。個人商店ってそういう顔を思い出しながら仕入れて、売上げを積み上げていって作るんだよね、きっと。黙ってても売れるものはプラス・アルファに考える。いつも顧客の顔を見ながら考えているんだよね。

※島村（文彦）君とか川崎（太郎）君：共に「すみや横浜店」に学生時代から通っていた常連。島村文彦氏は後にワーナーミュージック・ジャパンやスマイル・カンパニー勤務を経て、現在はアイランド・ムーン・ミュージックを主宰し、村田和人氏の『P-CAN』やスインギング・ドアーズの『スインギング・ドアーズ』、ザ・フロント・ロウの『出会えてよかった』などのアルバムをリリース。川崎太郎氏はザ・フロント・ロウのリーダーであり、アルバム『出会えてよかった』には村田和人氏がアレンジで参加している。

土橋：そういう細かい顧客の分析が出来てるっていうことですよね。好みとかも含めてね。

鷲尾：そうそう。その店では僕の弟なんかもずっと買ってたけど、最初はアイドルから始まって、そのうちにジャズとかワールド・ミュージックまで聴いて、つまり育ててもらってね。スタンプ・カードはないんだけど、店長さんがお客さんをきちんと見てて、ある程度の購入金額になると「今日は１枚、持って行っていいですよ」ってサーヴィスしてくれるんだよ。恐らくノートとかにきちんと記録してるんだろうけどね。そんなことがあったみたい。

土橋：そういうサーヴィスとか、特典がもらえるとか、そういうちょっとしたことが嬉しいんですよね。

鷲尾：ちょっとしたことなんだけどね。それと例えば自分があまり詳しくないジャンルに関しては、逆にお客さんに教えてもらうっていうのもあるよね。今度クラシックでこういう新譜が出るんですけど、どうですかね？って店員が訊けば、ちょっと詳しくて好きなお客さんだったら喜んで教えてくれるよ。その話を基にしてイニシャルを決めたりね。そうなるとお客さんも自分の店みたいな意識を持ち出して協力してくれる。よく永井（良昌）さん（元すみや本社業態開発担当部長／現「人と音楽」研究所代表）も言ってたけど、きちんとやればお客さんって売上げに貢献してくれて、なおかつ店をサポートしてくれるんだよ、って。話は逸れるけど、永井さんは商品課長だった1970年代半ば頃に「すみや」全店でアメリカン・ロック・キャンペーンとか散々仕掛けた人で、僕も大学時代に、永井さんの企画にまんまとはまったクチだったんだなあ。

土橋：そういうコアなお客さんが何人、その店についているかですよね。

鷲尾：そういう存在はすごく大きい。

土橋：あと当時は各チェーン毎にその道のエキスパートの方がおられて、例えば「すみや」でクラシックだったら静岡本店の佐藤（文典）さんとか。するとメーカーの担当も、新譜の企画編成会議にかける前に、そういう方に連絡して事前に売れるかどうかを相談したり情報を集めたりするんですよ。そうすると、うちの店なら何枚ぐらい売れるかなって教えてくれて。そういう情報を積み重ねていって、最終的に営業から制作に提示するイニシャル案と販売目標の数を決めるんですけどね。特に地方のある程度の大きさの都市にあって、しかもちょっと変わったものをよく売るお店のバイヤーさんは面白い意見とか持ってたりして、参考になりましたね。東京にいると商圏が大きすぎるし、色々な専門店もあるから分かりにくいんですけど、地方都市のお店の実績や意見はよく取り入れてましたね。

鷲尾：僕もそうだったけど、チェーンの本部にいればメーカーの人と直接会って、毎日新しい情報がたくさん入ってくるけど、店って新譜注文書しか来なくて、なおかつ本部から店毎のイニシャルの提案が来て、それありきで動いている部分があるじゃない。そうすると思考停止になる店員も多いんだよね。３月１日に５月新譜のイニシャル・リストが送られてきて、それを端末で見ながら５枚で提案されているものを３枚にするのか、７枚にするのか、10枚にするのかっていう作業をやるんだけど、例えばその締め切りが３月10日だったとすると、その他のルーティンの仕事とかもあって忙しいとそのままで訂正しないで戻しちゃう人も多いんだよね。そうするとある程度思った通りには売れるんだけど、さっきの異常値の話じゃないけどこの店ではなぜかこのアルバムがかなり売れてるっていうことがどんどん無くなっちゃうんだよね。するとお店が、仕掛けのない受け身なものになってしまう。僕が本店でジャズの担当をした時に思ったんだけど、ジャズは過去の名盤を価格を変えて出し直すとか、或いはイチ推しの新人にお金をかけて新譜を出すとか、それぐらいだよね。そうすると購買頻度の高いユーザーも分かってるから、面白く感じるものが少なくなっちゃうんだよ。だって「ブルー・ノートなら全部持ってるよ」っていうような人達だからさ。例え1,000円で再発されたとしてもそれを今から全部揃えるようなお客さんじゃないからね。そんな時に、インディペンデントなレーベルの営業とかが回ってくると、そういう人は全国のお店を回っているから情報を持ってて、大手のメーカーみたいに何百タイトルのキャンペーンは組めないから、例えば「山野楽器」で以前キャンペーンを組んだ時にこの辺りのタイトルはよく売れたから、この中からこれだけの数でセールを組みませんか？とかいう感じで提案してくれたりして、そういうのが凄く助かったね。それからキングインターナショナルに元「ディスクユニオン」の人がいて、電話で「このアルバムならこれぐらいは売れますよ」とか「このタイトルは大きく取り上げてますけど、鷲尾さんのところじゃあまり売れませんよ」なんていう感じで相談に乗ってくれてね。そういう情報を得られると、自分は詳しくなくてもジャズのお客さんには満足してもらえるようになるんだよね。

土橋：そういう情報は、表には出てきませんからね。

鷲尾：昔、僕らが20代や30代の若い店長になりたてだった頃には、そういう情報を得ようとしたら、レコード・メーカーのセールスからしか情報源が無かったんだよね。新譜注文書とメーカーのセールスしかいなかったから。

土橋：当時はメーカーのセールスが担当する店を1軒ずつ回って、商品の説明をして商談をしながらイニシャルを決めてましたからね。

鷲尾：新譜注文書を見ながら気になるタイトルがあると、セールスに頼んでカセットで音をもらったりとかね。それでオーダーして5枚とか売れたりするとセールスも喜んでくれて、すると次からは早めに資料とか持ってきてくれたりして。

土橋：でもそういうタイトルに限って、あまりプッシュしてなかったりして、レコード会社の本部から営業所には資料が来なかったりするんですよ。営業所では必ず月に1回の新譜会議があって、試聴しながら各テリトリー毎のオーダー数を決めていくんですけど、僕らもセールスの頃はそこで強力盤が聴けるかどうか。それ以外のタイトルの試聴は、まず無理ですね。特に洋楽は、新譜でなければほとんど資料は来ない。だから僕らセールスからしても、そこでこのタイトルは面白そうだって注文書のゲラをもらった段階で気がついて個別に本社の販推に電話して、この資料を欲しいって言わないともらえなかった。まあ、毎月相当な数のリリースがありますから、仕方ないことではあるんですけど。

鷲尾：「すみや高崎店」にいた頃はよくそういったことをやっていて、例えば大橋節夫の新作アルバム（※）がディスコメイトから出たことがあって、たまたま（受託販売元の）ビクターから大量に新譜資料のカセットが送られてきた中にそれが入っていたのを見つけたんだけど、それはハワイアンじゃなくてムッシュかまやつのプロデュースで、ほとんどAORだったんだけど

※大橋節夫の新作アルバム：1982年リリースの『ロンサム・ビーチ・ボーイ』のこと。

すごく良い作品で、それで一生懸命プッシュしたらよく売れて、それを知ってビクターのセールスが働きかけてくれて、大橋節夫が販促用に何枚か直筆のサイン色紙を書いてくれて嬉しかった。一生懸命にやるとそういうことが出来たんだよね。その頃は月商600万円ぐらいの小さな店だったけど、セールスとの間にきちんとした関係が築けてたから、そういう感じでカセットとか資料は一杯届いてたね。売れ筋じゃないものばかりだけどね（笑）。でも次に繋がるようなもの。

土橋：僕がよく覚えているのは、鷲尾さんが「すみや西那須野店」から東京事務所のSV（スーパーバイザー）に異動になった時、家が近かったんでよく遊びにいってたでしょ。その時にこれからデビューする新人だって言って、宇多田ヒカルとかくるりのデビュー作を聴かせてくれて。

鷲尾：そう、くるりには特にハマったんだよ。

土橋：白盤の段階でしたけど、これは売れるよって言って。

鷲尾：そういうものに当たると嬉しいよね。特にお店にいる頃は、白盤カセットを聴いた段階からこれは誰に売ろうかな、この人なら買ってくれるかな？って考えてたよ。

土橋：1990年にテイチクに入社して「すみや厚木文化会館前店」の担当になった時、店長だった高橋満さんがすぐに異動になって、その後にパブ・ロック好きな池田雅弥さんが来て、池田さんとも仲良くなったからそれこそパブ・ロックとかオールディーズとかナイアガラとか色々と教えてもらって。ある日、店に行ったらちょうどL⇔Rの『Lefty in the Right［左利きの真実］』っていうアルバムの品出しをしてて、ジャケを見てピンと来たんで「これ、何ですか？」って訊いたら「聴かせてあげるよ」って言ってサンプルを試聴させてくれて、それで気に入ってその場で買ったんです。これと前作の『L』の2枚を。それから池田さんは特に田島貴男が在籍していた時代のピチカート・ファイヴをすごく推してて、池田さんはソウルも好きだったからそれで反応してたんだと思うんですけど、そんな感じでお店の店長さんやスタッフとのやり取りの中で教えてもらったことは、仕事を始めてからもかなりありましたよ。

鷲尾：そうだね。特にメーカーのセールスとウマが合うと、お互いに情報を交換できて良かったよね。他のメーカーの商品も僕らは分かってるから、それでこれと一緒に展開したら？とか提案することも出来たし。

土橋：この店ではこれが売れるっていうのを掴めるようになると、営業も面白くなるんですよね。

鷲尾：お店も意外とその辺りが分かっていないこともあったりするからね。

土橋：1990年代だともちろんPOSとかを使ったコンピューターによる在庫管理も始まっていましたけど、でもそれでは分からない感覚的な繋がりとか口コミの情報とか、そういうアナログなものを並行して商売に生かしている時代でしたね。演歌しか売れない店に、サーフィン＆ホット・ロッドのデルファイのカタログ（※）を入れたって、売れるわけないですから。まさに店毎の特性を把握できているかどうか、それでヒットもの以外に売れるものを作れるかどうかが営業の醍醐味でしたね。

※デルファイのカタログ：デルファイはアメリカ、ロサンゼルスをベースに1958年から活動しているレーベル。ボブ・キーン氏を創業者とし、シングル「Come On Let's Go」「Donna」「La Bamba」などで知られるリッチー・ヴァレンス氏や、ブルース・ジョンストン氏、ロン・ホールデン氏、ライヴリー・ワンズなど、主にサーフやガレージ、ロックン・ロール、R&B、と言われるジャンルのものを中心にリリース。1990年代初頭、テイチクはこのレーベルのカタログの国内販売権を持っていたため、日本盤でCD化が進められた。

鷲尾：そうだね。

土橋：でもそういうものはもう無くなりつつありますよね。

●レコード・ショップの未来

土橋：この先、店頭はどうなっていくと思いますか？

鷲尾：最終的には、ある程度の規模の店ってなると「ディスクユニオン」みたいな中古と新品を扱う店しか残らないのかも知れないね。あとは森（勉）さんの「ペット・サウンズ・レコード」みたいな一家言ある品揃えで顧客志向の強い専門店。でも新譜の商売をやっていくのは本当に大変だろうな。中古盤と違って粗利も低いし。

土橋：もしかしたら純然たる新譜よりも、こういう店ではリイシュー盤とかの方が多く売れてるのかも知れませんね。あと最近はアナログ盤も復活してきましたから。

鷲尾：アナログ市場はどうなんだろう？

土橋：最近は限定盤のアナログがかなり人気で、生産が追いつかないみたいですね。あとハードもUSBで繋げられるプレイヤーが何種類も出てきたり。一方ではVestaxが潰れたりということもありますけど、でも新たなメーカーから新機種が発売されたりもしていて。ただ昔と違って、聴くことを主眼とした盛り上がりではない感じがしますね。一種のファッションやコレクターズ・アイテム的な感じがね。あとカセット・テープも。

鷲尾：最近は若い子が、カセット・テープがクールだって言ってるけど。

土橋：ちょっとした静かなブームですね。昔、レコードからCDに移った時も、例えば演歌のキャンペーンで大木凡人の『街かどテレビ』なんかに自社の演歌歌手が出るっていうんで、即売で行くでしょ。CDシングルを並べておくと、するとお年寄りの方から「これってレコード（・プレイヤー）で聴けますか？」ってよく訊かれましたよ。実際にCDに針を落とした人がいるとかっていう嘘みたいな話も聞きましたから（笑）。そんな時代でしたね。最近は家にラジカセやステレオがなくて、パソコンがあってもCDのスロットが付いていないんで、CDを買っても聴けないから買いませんっていう高校生とかが本当にいますからね。その一方ではハイレゾ(※)とか音楽配信があるわけですけど、時代は変わりましたよね。

鷲尾：CDに代わるパッケージって、ありそうでなかったね。

土橋：ハード絡みの問題でもあるんで難しいですけど、だからと言って音楽が無くなることはないですからね。ハイレゾも盛んにリリースされていますけど、あれはマスター・テープの状態によって本当の意味でのハイレゾに出来るかどうかっていう問題があるんですよね。今流通しているCDは16ビットの44.1kHzで記録されているんですけど、そのマスター・テープもデジタル・マスターの時代…例えば1980年代から90年代ぐらいまでに使われていたいわゆるシブサン（3/4インチのUマチック）っていうテープは44.1kHzで記録されてるんです。ハイ

※ハイレゾ：ハイレゾリューション・オーディオの略称。従来から通常のCDは44.1kHz／16ビットで記録されてきたが、それを上回るビット・レートを採用した高音質な音声を採用したものを、こう呼ぶ。通常はこの44.1kHz／16ビットを超える条件のものであれば、例えば48kHz／24ビットでも192kHz／32ビットでもハイレゾ音源と呼ばれるが、その情報密度と音質には大きな差があり、また高音質になればなるほどデータが重くなるため、CDのような既成のフォーマットのソフトには向かないので、配信などが中心となるなど、これまでのハードとの互換性の問題もあり、これからのさらなる進化が注目される。

レゾっていうのはこれよりも音質の良い、普通は24ビットの96kHzとか192kHzとかだと思うんですけど、元々のマスターがデジタルのシブサンだと、ある音声帯域より上と下はカットされているから、真の意味でのハイレゾにするには無理があるんです。まあアップ・コンバータとかもありますけどね。ところがマスターがアナログ・テープだと、元々カットされた帯域がないから、きちんと1から取り込んでハイレゾに仕上げることが出来るんです。だからデジタル全盛の1990年代のタイトルなんかは、マスターがシブサンしかなかったりするから、ハイレゾに出来ないものも出てきちゃうんです。古いものがハイレゾに出来て、それよりも新しい1990年代のものが向かないこともあるんです。

鷲尾：そうなんだ。そう考えると1980年代ぐらいまでのものしか、音楽としては資産にならないのかも知れないね。でもあまり古すぎると、今度はテープの状態に問題があるかも知れないし。

土橋：フィル・スペクターもののようなモノラル中心のカタログをハイレゾにしたら良いかどうかは分かりませんけど、例えばザ・バンドとかニルソンとか、1960年代から70年代ぐらいまでにかなりお金をかけて録音されたカタログは、きちんとハイレゾにしたらそれこそいい音になると思いますよ。SHM-CD（※）なんかの高音質盤が出た時に、丸の内のケンウッド・ショールームで長門芳郎さんと一緒に定期的にイヴェントをしていたんですけど、その時にニルソンのオリジナル盤と、最初に日本で出たCDと、廉価盤で出し直されたものと、最新のSHM-CDを同じ曲で聴き比べたんですね。すると全然、音が違うんです。それで同時代の他のアーティストで試すと、あまり変わらないものもあったりするんです。それでその差の原因は何なんだろう？って考えた時に、やはり録り音の良いもの、言い換えればお金を掛けて良いスタジオで一流のエンジニアが付いて録音したものは、やはり違いがハッキリと出るんですね。だからクラシックでもジャズでも、きちんと録音したものはやはり音は良いはずで、それはハイレゾになればよりハッキリすると思いますね。

鷲尾：これから、レコード店もレコード会社も、どうなっていくんだろうね。

土橋：まあ音楽は無くなりませんから、パッケージの有無に拘わらず、リスナーが色々な手段を使って欲しいものを手に入れるっていう姿勢は続いていくんでしょうね。

鷲尾：だからこそ良いものを作って、ちゃんとした形で音楽を届けて欲しいものだよね。

※ SHM-CD：高音質CDの一種でスーパー・ハイ・マテリアルCDの略称。日本ビクターとユニバーサル ミュージックが合同開発し、通常のCDではプラスチックを使っている盤面に、液晶テレビのパネルなどに採用されている、光に対して高透過性のポリカーボネート樹脂を素材として使い、それによってレーザー光線を当ててデータを読み取る際の効率が上がり、その結果、高音質で再生できるというもの。なお同様の高音質CDとしては、ソニーが開発したBlu-spec CDやBlu-spec CD2、メモリーテックが開発した特殊合金を反射膜素材として使用するHQCD（ハイ・クオリティCD）などがある。どれも従来からのCDプレイヤーで再生できるのが特徴。

オープン当初のすみやサウンド・キッチン（すみや静岡本店２階）にてイヴェント開催時に、当時のすみや静岡本店スタッフと。
左から高須尚子氏、鷲尾 剛、槇田和弘氏、長門芳郎氏、土橋一夫、井上修一氏（2004 年 10 月 10 日撮影）

SOUND KITCHEN
中古CD／DVD／レコードのことは
サウンド・キッチンへ！
中古CD／DVD／レコード
高価買取&販売
サウンド・キッチン
60's～70'　ROCKや日本のGS、フォーク、ロックなど高く買っています！
すみや静岡本店2Fのサウンド・キッチンでは、中古盤（CD、DVD、アナログ・レコード、SACD、DVDオーディオなど）の買い取りを強化中。中でも1960～70年代初期の洋楽ロック&ソウル、ワールド・ミュージック、日本のロック、グループサウンズ等は大歓迎。是非ご不要のソフトはすみや静岡本店2Fサウンド・キッチンまでお持ち下さい。お待ちしております。
サウンド・キッチン（すみや静岡本店 2F）
〒420-0031 静岡市葵区呉服町1-6-9
[TEL] 054-274-2686 [FAX] 054-274-2670
（担当：槇田 [マキタ]／村沢 [ムラサワ]まで）
メール会員募集中
ご登録はコチラまで↓↓
sound-k@ims.sumiya.co.jp
●営業時間／10:00~20:30
●契約駐車場有り
すみや静岡本店
サウンド・キッチン
毎回大好評の中古フェスタまたまた開催決定!!
今回もレコード・CDを中心に、新着中古盤が盛り沢山!!
12/30(土)AM10:00スタート～1/3(水)
＊年末年始のため、営業時間が異なりますので、お間違えのないようご注意ください。
[会場] すみや本店3F オレンジホール
5日間限定
宅配買取サービス始めました！
遠方の方、お持込出来ない方に、
送料・振込手数料は
当社負担！
詳しくはサウンド・キッチンHPをご覧下さい。
ホーム・ページでは、新入荷商品や店頭セール、買い取りなどの情報を逐次アップしております。どうぞお見逃しなく！
http://mediamax.sumiya.co.jp/Sound_Kitchen/

すみやのフリー・マガジン『Groovin'』に掲載されたサウンド・キッチンの広告（2006 年 12 月）

すみや静岡本店隣りへ最初の移転後のサウンド・キッチン（2009 年 5 月 26 日撮影）

サウンド・キッチンとは壁 1 枚を隔てて、すみや静岡本店のフロアが広がっていた。しかも両店は自由に行き来も出来た（2009 年 5 月 26 日撮影）

最初の移転後のサウンド・キッチン店内（2010 年 2 月 15 日撮影）

2 度目の移転後、現在のサウンド・キッチン（2016 年 3 月 26 日撮影）

現在のサウンド・キッチン店内。アナログや CD が所狭しと並ぶ（2016 年 3 月 26 日撮影）

第１章

個人経営による輸入盤店の志、そして功績と、音楽シーンやミュージシャンに与えた影響

対談

岩永正敏（パイドパイパーハウス初代店主）

＋

長門芳郎（パイドパイパーハウス２代目店主）

＋

鷲尾 剛

＋

土橋一夫

2016年6月18日＠渋谷／シャイグランスにて

●二人の出逢いと様々な繋がり

土橋：そもそも、お二人の出逢いはいつ頃、どんな形でだったんですか？

岩永：前田 至（＝前田祥丈）の家だよな？

長門：そう。僕はまだ風都市（※1）にいた頃かな。それで前田さんに紹介してもらった。

岩永：でもその時はまだ、「パイド（パイパーハウス）」はやってなかった。

長門：確かもうすぐ始める、みたいな話があったような気がする。

岩永：そう、「パイド」を始めるっていう話があって。それで初めて長門ちゃんと会ったのは前田の実家で、確かショート・ケーキが好きな人だっていう話を聞いたね（笑）。そんなこと言わなかった？男の子なのに変わってるな、って思ってね（笑）。

長門：甘いものは好きだって言った気はするけど…。

岩永：そうか、甘いものって言ったのか（笑）。でもそこでショート・ケーキを食べた気がする。それで「どういうことをやっているの？」って話になったら、まだシュガー（・ベイブのマネージャー）をやっている頃で、何でも土間のあるところに住んでるって言ってた。

長門：それは本当に初期の頃。（中野区）沼袋の家に住んでいた頃。

土橋：ということは、1973～4年頃ですか？

長門：1974年だと思う。

岩永：「パイド」が出来たのは1975年だから、そのちょっと前だね。

長門：前田さんには実家に呼んでもらったりしてお世話になってね。

岩永：みんなでお世話になってたね。ご飯を食べに行ったり（笑）。そこでは（長門さんと）出会ったけど、それが具体的にというわけではなくて。僕らが「パイド」をやり始めて…僕は音楽の範囲としては、興味はあるけどポップスとかそんなにちゃんと知ってるわけじゃないし、系統立てて分かるわけでもないし、だから誰かそういうことが分かる人はいないのかな？っていうのと、やっぱりクジラのコンサート（『ローリング・ココナツ・レビュー・ジャパン』）（※2）の絡みとかもあったから、それで声をかけたんだよね。

長門：クジラのコンサートは1976年秋に記者会見をして、翌年4月に晴海の国際貿易センターで開催しましたね。

岩永：お店を始めて1年後に『ローリング・ココナツ・レビュー』というのが日本に来ることになっ

※1風都市：ウインド・コーポレーションを母体とし、はっぴいえんどやはちみつぱいなどをはじめとするアーティストのマネージメントを行っていた事務所。長門芳郎氏もここのスタッフとして、シュガー・ベイブのマネージメントをしていた。当時の関係者による話をまとめた書籍『風都市伝説 1970年代の街とロックの記憶から』が2004年に出版されている。

※2ローリング・ココナツ・レビュー・ジャパン：反捕鯨運動を掲げる環境保護団体「グリーンピース」のメンバーが日本に持ち込んだイヴェント企画で、それを受けて1977年4月8日～10日に東京晴海国際貿易センター東館（ドーム）で実施。ジョン・セバスチャン氏、ジャクソン・ブラウン氏、フレッド・ニール氏、カントリー・ジョー・マクドナルド氏、J.D. サウザー氏らに加え、泉谷しげる氏、憂歌団、中川五郎氏、上田正樹氏、久保田真琴と夕焼け楽団、細野晴臣氏、小坂 忠氏、南 佳孝氏らが出演した。

ちゃって、それの事務局長の方が忙しくなっちゃってね。

長門：その時のことで憶えているのは、鈴木隆さんが「パイド」に来たんだよね。それで隆さんと僕は高校時代にラヴィン・スプーンフル・ファンクラブのメンバーだったから。

土橋：もうその前から繋がりがあったんですか。

長門：そう、彼は高校生の頃、宝塚に住んでた。僕は長崎だったけど、彼の文章をファンクラブの会報で読んだことがあった。

岩永：そうだったんだ。

長門：多分彼は、僕より１つ年上だよね。

岩永：そうそう。僕の１つ下かな。

長門：それで彼がやってきて、「アメリカではジョン・セバスチャンやジョニ・ミッチェルがベネフィット・コンサート（※）をやっていて、それが日本にも来るみたいな話がある」って言ったのね。その時は岩永さんと僕が一緒にいた。

岩永：そう。その時は、今でもあるけどグリーンピースっていう環境保護団体がもっと過激な時で。最近はシーシェパードとかさらに過激なものもいるんだけど、グリーンピースの人達の日本へのミッション、一種のプロパガンダをしに来た人達がいて、それがたまたま、『話の特集』にいた鈴木隆のところに行ったんだよ。それで鈴木隆はうちの店のお客さんだったから、「あの店には変わったヤツが集まってるから、あそこなら大丈夫だろう」っていうことで、話を持って来たんだろうね。その頃は浜野サトルとか、北中正和だとかっていうような人達と一緒に雑誌を作ろうっていう話をしてたのね。音楽誌を。でもちょうどその頃から音楽誌では段々と、長い文章を書けなくなってきた。いわゆるレコード評みたいな短い文章しか載らなくなって、それで一種の論文とまではいかないけど、みんなが思っているようなことをちゃんと載せる雑誌を作った方がいいね、っていうことで会合をやっていたところへ、その鈴木隆からの話が飛びこんできて、それでみんなの目が点になって、今度はその目の向きが変わっちゃった、みたいなことになったんだよね（笑）。それで長門ちゃんにもその後１年半ぐらい、色々とご迷惑をおかけしちゃってね。

長門:僕はその当時、まだ細野(晴臣)さんのマネージャーだったからね。1976年から1977年は。だからまだ「パイド」の正式スタッフではないわけ。

岩永：だけど分からないことがあったら、それまでは自分で調べてたけど、長門ちゃんに訊けば分かるっていうことでどんどん電話してたね。まだ携帯なんかはない頃だからね。

長門：そう、サウンドシティとか、レコーディングしてるスタジオにまで電話がかかってくるんだよね。それで電話に出たら（スタッフの新井）健文で、「お客さんにこんなものを訊かれてるんだけど」とかって。あとはタケちゃん（小林 健）からもね。どうして僕の仕事先の電話番

※ベネフィット・コンサート：チャリティー的な意味合いを大きな柱に掲げて行われる、慈善コンサートのこと。特にアメリカでは、現在でも盛んに行われている。

号が分かったんだろうね（笑）。

岩永：それと話は前後するけど、（長門芳郎夫人の）長門三恵子さんが先にパイドで働き始めたんだよね。

長門：1976年の1月からですね。

岩永：彼女が「パイド」に入ってくれたんで、すごくパイプが太くなった。

長門：その頃はほとんど、お店に行ってたからね。仕事のない時には（笑）。

土橋：ということは、最初は外部のブレーンみたいな形で長門さんが「パイド」に関わっていたと。

長門：そう、それで実際に「パイド」に入ったのは、1977年の12月からだからね。

岩永：それでさっきの『ローリング・ココナツ・レビュー・ジャパン』が1977年春にあって、その後始末も含めて完全に僕はそっちで大変だった。もちろんやる前も大変だったんだけど、やってからは大借金でもっと大変で、そういう意味ではお店はもう長門ちゃん、やってね、みたいな感じですよね。その時にね、長門ちゃんは僕に「売上げを3倍に伸ばす」って言ったんだよ。

長門：いやいや、3倍じゃなくて1.5倍です。そんなほら吹きじゃない（笑）。

岩永：1.5倍だったっけ？でも「お給料も上げて欲しい、売上げは保証するから」って言ってね。こういうことを言う人も珍しいなって思ったね。レコード屋さんのスタッフとしては。それでこいつは面白いと思って。それに人脈が広いのと音楽的な蓄積があるから、お客さんの付き方が全然変わってきたよね。そういう意味では、最初の「パイド」は一種の変な店だったけど、それが（長門さんが加わったことで「パイド」は）ちょっと尖った特徴のある店になって、なおかつ伝統的に威張らないという面もあって、それでうまくいったよね。

長門：タケちゃんは現代音楽が好きで、それで高橋悠治さんが来たりとか、その息子の高橋鮎生君が通ってきたり。

岩永：現代音楽や民族音楽もあれば、アメリカン・ポップスもあれば、当然日本のものもある店だった。日本のフォークやロックを置いてる輸入盤屋さんは少なかった。きっと一緒に扱うのが面倒だったんだよね。

長門：高橋照幸さん（※1）とか、田中研二さん（※2）とかインディー系もメジャーなものも一緒に、分け隔てなく並ぶ店だったからね。

●「パイドパイパーハウス」の運営と店頭展開

土橋：日本盤の仕入れはどこからしていたんですか？

※1高橋照幸さん：1969年にジャックスのメンバーと一緒に録音した音源をアルバムにまとめ、1969年にURCから『休みの国』でデビュー。休みの国というユニット名や高橋照幸氏名義、「海賊」の愛称でも活動し、1978年発表のアルバム『トーチカ』でも知られる。また1970年代から数回の渡欧・帰国を繰り返し、マイペースに活動を展開したが、2016年に逝去。

※2田中研二さん：1970年代初頭、いわゆる70年安保の時期にフォーク・シンガーとして頭角を現し、1974年に自主制作アルバム『チャーリー・フロイドのように』を発表。友部正人氏、古川 豪氏、林亭、貧゜苦巣などが参加し、兵庫県のキャンプ場での一発録りで完成したこのアルバムは、今なお一部で熱狂的な支持を集める。現在はオーストラリアに在住。

岩永：「星光堂」（※）から。

長門：あとは岩永さんのルートで、高橋照幸さんとか、田中研二さんなんかは作ったアーティストから直接仕入れたり。

岩永：そう、友部（正人）とか自主制作したものは。

長門：友部君なんかは自分で納品と集金に来てたからね。

土橋：そう考えると、日本のメジャーなメーカーのものから、インディーズ系、それに輸入盤がバランスよく店頭に並んでいたんですよね。そういう店はそうは多くないでしょうね。

岩永：特に輸入盤屋さんは、そういう品揃えは少ないでしょうね。

鷲尾：輸入盤のインポーターはどこだったんですか？

長門：インポーターは「オーヴァー・パシフィック・エージェンシー（OPA）」ってところで…。

鷲尾：「OPA」は僕がバイトしていたところなんです。

岩永：そうなんだ！

長門：ということは後藤（晋）さん？

鷲尾：よく知ってます。

岩永：懐かしいね、後藤さん。もう亡くなっちゃったんだけど。

鷲尾：亡くなっちゃったんですか？

岩永：そう、交通事故で。

長門：そういえば、お葬式に行きました。

岩永：「OPA」と、あとは「ディスク・センター」。

長門：「サウンド・トレーディング」、その後は「タワーレコード」（の卸部門）が1980年代に入ってきてね。

岩永：あと中盤頃からはワーナーが自分で輸入盤を引いてきてとか、そういうのもあったね。レコード会社が最初は輸入盤を海外から入れてきて、それで販売してみて（売れ行きによって）日本盤を作るかどうか決めてたよね。

※星光堂：日本最大の音楽ソフト、映像ソフトなどの卸売商社。メジャー商品を取り扱うレコード店は大まかに分けると、レコード会社の営業部門と直契約し直取引する店舗と、レコード会社と取引契約のある星光堂やハピネット（旧ジャレックス（日本レコード販売網）とライラック商事が2006年に合併し株式会社ウイントとなり、2009年にはハピネットの子会社化、さらに2011年にハピネット・ピーエムへの社名変更を経て、2014年にハピネットに吸収合併される）といった卸業者と契約し、そこを通じて商品を仕入れる店舗がある。

鷲尾：僕に（ビーチ・ボーイズの）『スピリット・オブ・アメリカ』をお土産に買ってきてくれたのは後藤さんだったんですよ。

岩永：そうなの？それは凄いね。

鷲尾：僕が学生の頃、「OPA」が横浜でパイロット・ショップをやってたんですよ。「L.A.」っていう店で。

岩永：知ってる！それじゃあ森（周一）君とか知ってるの？

鷲尾：知ってます。

長門：東久世（アキラ）君とかも？

鷲尾：知ってます。懐かしいですね。

長門：東久世君って六本木のCathy's（キャシーズ）っていう店のね。

鷲尾：東久世アキラさんって（公家の）東久世家の方で、本当に良い家柄のっていう感じの人でしたよね。あの方の曾おじいさんは北海道開拓使長官をやった東久世通禧という方で、幕末の七卿落ちのうちの1人ですよね。

長門：奥さんは確かアメリカ人で、それでCathy's（キャシーズ）っていう店の名前で。

鷲尾:モデルさんだったような。東久世さんは黒住（憲五）さんと一緒にグループ（ブーメラン）をやってましたよね。

長門：そうそう。それと他にもインポーターがいくつかあった。「リヴァーヴ」とか。何でいくつものインポーターを使ったかって言うと、「サウンド・トレーディング」の直営店が「CISCO」だから、どうしても「CISCO」を優先しちゃうわけ。「CISCO」と「パイド」は担当していた人が同じで…。

岩永：こっちが注文したものでも、（それを減らして）「CISCO」の方が量を多くだとか、そんなこともあったな。

長門：僕らは毎週「サウンド・トレーディング」の事務所には行けないけど、「CISCO」の彼らは頻繁に行けるから。そうすると、各取引先のレコード店の箱が並んでて、当時、ライバル店と言われていた「パイド」行きの箱があるわけだから、一体どんなレコードを注文してるんだろうと気になるのが人情で。

岩永：それは今から言っても仕方がないけど、弱小店の辛さでね。だから色々なインポーターと取引して同じアイテムでも分散させて注文したり、或いは逆にここことはエクスクルーシヴにするっていう形で取るとかね。

長門：「サウンド・トレーディング」は前田（敏晴）君が担当として長くやってくれたんだけど、うちの店で大量に発注したカット盤なんかはどうせ他の店もチェックするからしょうがないって思ってた。でも初回だけはオーダーしたモノを全部うちに入れてくれ、２回目からはしょうがないかな、って。それで上手くやってくれたけど、再入荷は当然何週間か何ヶ月、後になるからね。

岩永：最初の頃は飛行機（航空便）で取るか、船（船便）で取るかで値段が変わってくるんで、飛行機だとオーダーしてから早ければ10日、まあ２週間以内で着くんだけど、船だと１ヶ月はかかる。それを上手に入れないと、飛行機で取ったものが売れずにダブついたりすると大変なコストになっちゃうんだよね。それはどこの店でもみんな苦労したと思うんだけど。「サウンド・トレーディング」はそれを自分の店でも消化できるし、他の店にも回せるから、インポーターとしてのメリットは高いですよね。ただその分、資金がいるし、僕らでは出来ない。その後は「ゴールデン・メモリーズ」とかから取ったり、長門ちゃんが買い付けに行ったりとかしてカヴァーし出したんですけど。

長門：独自にヒット商品を作るっていうことですね。その象徴的なレコードが、岩永さんが目を付けた『Hoagy Carmichael Sings Hoagy Carmichael』（※１）ですよね。イギリスMCAから出ていた廉価盤のね。あんなペラペラのジャケットで見かけは良くはないんだけど、気の利いた選曲で。あれは他の店ではノーマークでしたよね。

岩永：『ララミー牧場』に出てくるおじさんだったんだよね。出てきて歌っているんだよね。それを知っていたのと、細野さんが「Hong Kong Blues」（※２）をやっていたでしょ。

長門：そう、1976年ですね。それにその年の秋にザ・バンドの「Georgia On My Mind」（※３）が当初、シングル盤オンリーでリリースされていて、それを売ってた。そういうこともあって、廉価盤でオリジナルの音源を気軽に聴けるっていうのがタイムリーで、パイド最初のベストセラーになった。

土橋：特に輸入盤の商売をやっていると、そういうタイムリーな情報を仕入れてきて、それを店頭で生かせるかどうかっていうのが重要ですよね。

岩永：そうだね。だから『ビルボード』とか『レコード・ワールド』なんかの雑誌から仕入れる情報もあったし、ジャケット（の絵柄）は分からないけどこういうものが出るっていう情報なんかもあれば、ジャケットだけ決まってて中身はよく分からなかったり、っていうように情報にばらつきはあったんだけど、とにかく何か新しいものが出るらしいっていうと片っ端からチェックしてたね。あと『フォノログ』とかいう大きなカタログがあったね。

長門：大きくて分厚いやつね。あれは「すみや」にも無かった？

鷲尾：ありましたね。

岩永：あれは恐らく、うちと「すみや」さんぐらいにしか無かったかも知れない。あと『ワン・スポット』とかね。それが面白かったのは（店頭に置いておいて）お客さんが勝手に自分で引

※１『Hoagy Carmichael Sings Hoagy Carmichael』：「Georgia On My Mind」や「Stardust」などのスタンダード・ナンバーの作者として知られるホーギー・カーマイケル氏が、これら代表曲を自身で歌った作品を集めた廉価盤LP。1975年にUKのMCAからリリース。

※２「Hong Kong Blues」：ホーギー・カーマイケル氏の代表作のうちの１つ。細野晴臣氏は1976年発表のアルバム『泰安洋行』の中でこの曲をカヴァーした。

※３「Georgia On My Mind」：ホーギー・カーマイケル氏が1930年に作曲し、1960年発表のレイ・チャールズ氏のヴァージョンでも知られる。ザ・バンドは1976年に先行シングルとしてリリースし、1977年リリースのアルバム『Islands』にも収録された。

けるんだよね。そういう風にしてあった。これなんかは一種の象徴だけどね。

長門：あとお客さんの中には音楽雑誌の編集者や、北中（正和）さんのような音楽評論家もいるから、そういう人達からの情報も入るし。

岩永：それは大きいよね。

●多彩なお客さん

土橋：当時、常連だったのは？

長門：評論家だと北中さん、田川律ちゃん、征木高司、真保みゆきちゃん、高橋健太郎君…。

岩永：今井智子、高橋"ドラゴン"竜一、天辰（保文）君、あと小倉エージも時々来てた。それ以外にも色々な人達が来て、接触してた。萩原（健太）君なんかも…。

長門：健太君は『ミステリマガジン』（編集部）の頃から来てた。まだその頃は音楽評論家じゃなかったのかな？

岩永：そうなんだ。

土橋：早川書房の頃ですね。

長門：そう、早川の頃。『mc Sister』の編集部に僕の連載の担当だった女性の編集者がいて、彼女が健太君とバンドを一緒にやってて、その繋がりで最初は来たんじゃないかな？

岩永：そういう評論家の人達からの情報と、あとはミュージシャンの人達ですよね。

長門：ミュージシャンは、僕がそれまで一緒に仕事をしてきたシュガー・ベイブや、ティン・パン系とか（中川）五郎ちゃんたち、岩永さんつながりのフォーク系ミュージシャンとか、色んな人が来てた。

岩永：フォーライフで言えば、来たことがあるのは泉谷（しげる）だけだよ。泉谷はクジラのコンサートの関係で来てたから。

長門:あと意外なところでは甲斐（よしひろ）君とか、アリスの矢沢（透）君。アルフィー（THE ALFEE）の坂崎（幸之助）君と桜井（賢）君。THE ALFEEは1980年代半ばに僕が一緒に番組をやっていたから、その関係で来てくれたんだと思う。彼らが来ると、一応自分たちのレコードがないか店内を見るんだけど、でも甲斐バンドやアリスやアルフィーは置いてないんだよね。

岩永：だから向こうからしてみたら、やはり偏った店なんだろうな。

長門：そう。でもその一方でムーンライダーズとかはデビュー当初から仕切り板もあって置いてあるから、多分「この店じゃ自分たちのレコードは置いてくれてないんだ」っていうのはあったと思う。限られたスペースだから、大型店のようにリリースされる全てのレコードを揃えるのは出来ないから。

岩永：向こうにもプライドがあるから、僕らのレコードを入れてよとは言えないよね。

長門：でも例えば近所の喫茶店のお姉さんが「布施明の新譜、ありますか？」って来たら、「置いてないんですけど、お取り寄せしますよ」って言ってちゃんと対応はしてた。

岩永：そうそう。

長門：「うちにはそういうのは置いてない」って横柄な態度で言う人もいるけど、それはちょっとね。

土橋：きちんとケアはすると。

岩永：注文すれば３〜４日で入ってくるっていうのはちゃんと伝えてね。それもお客さんだからね。

土橋:ということは､「パイド」で歌謡曲のレコードを買ったっていう人もいるわけですよね(笑)。

長門：そうそう（笑)。布施明の新譜とかね。

鷲尾：「パイド」の袋に布施明が入ってたわけですよね。

岩永：それは面白いよね。

長門:南青山っていう場所柄もあって､業界人やファッション関係､有名人御用達みたいなイメージで見られるけど、そういうのが嫌で。僕は中学の頃に３日と空けずに街のレコード屋さんに通って、滅多に買わないのにそこのお姉さんによくしてもらったから…。

岩永：高くて滅多に買えなかったよな。

長門：買えないんだけど、色々と情報を教えてくれたり聴かせてくれたりしたから、そういう居心地の良いレコード店が好きなんだよね。だから、分け隔てなくお客さんに接するようにしていた。

鷲尾：割と最初からセレクト・ショップ的なところを目指していたんですか？

長門：元々、日本の音楽なんかは岩永さんがこれとこれ、っていう感じで決めて入れたわけでしょ。

岩永：最初はレコード屋というよりは、その当時の西海岸の文化で言うところのヘッド・ショップっていうコンセプトがあって、だから本もあったし、大した量ではないけどミニコミの雑誌もあったし。僕はその前から新宿の「模索舎」というミニコミの…これは今でも続いているんですけど…ここに関わってきたから、そういうミニコミ書店というひとつの流れがあって、それを今度は音楽方面にも広げていこうというのがあったんですね。だからレコードだって自主制作のものもちゃんと並べるという形で、あくまでも分け隔て無くね。ただ当然、売れるものと売れないものがあって、売れ残るものも出てくるから、そういうものはしょうがないんでバーゲンで売るとかね。そういう意味では僕の中ではレコード屋という感覚はなくて、この本（『輸入レコード商売往来』岩永正敏・著／晶文社・刊／ 1982 年）にも書いてあるけど、「レコード屋」ではなくて「レコード店」ってわざと拘って言っていたんだけど。それはお店であって、レコードをただお金と交換するっていう発想ではないんだっていうのがあって。まあ「店」ならば、例えばお客さんが座るところがあっても良いだろうとか、お茶も出た方が良いだろうとか、するとどんどん変な形になっていくんだよな。だけど「今日はお金がないからレコードは買えないけど、「パイド」に行って音楽を聴いてお茶飲んで帰ろう」っていう人も出て来なくはないわけですよね。

長門：いましたね、そういう人が。去年（2015 年）横浜（赤レンガ倉庫でのイヴェント『70's バイブレーション！』）（※）で「パイド」が復活したときに、当時、浪人生だったっていう人が夫婦で訪ねて来て、あの頃はお金が無くてレコードを買えなかったんだけど、よく「パイド」に来てたと。あの頃は店でレコード見るだけで気分転換にもなったし、ありがとうございましたって。その人、今はどこかの病院の院長先生だそうで、その日に 50 枚ぐらい（CD を）買っていってくれた。

岩永：昔、買えなかったから！それはありがたいね（笑）。

長門：それを横で奥さんもニコニコしながら見てるんだよね。

鷲尾：それはいい話ですね。

岩永：それは素晴らしい出会いだね。

長門：そういう方は、何人も来てくれた。そういう感じで、当時レコードは買えなかったけど、青学の高等部の男の子で毎日来てくれたりね、そういうお客さんは僕も憶えてたりするんで、あの頃に普通に接していて良かったなと思ったね。

岩永：そうだよね。単なる「レコード屋」っていう形だと、（お客さんが）ただレコードを見ているとか、ボーっと音楽を聴いているとかっていう感覚はないからね。

土橋：そうですね。

鷲尾：今はきっと CD ショップでそういうようなことをやっている人はまずいないと思いますけど、僕も中学生や高校生の頃、毎日のようにレコード店に通うじゃないですか。学校の帰りに本屋さんとレコード店には必ず寄るんですよ。するとそこで時間を潰せたもんですよね。それにレコード店もそんなには客数が多くなかったから、店員も暇だと声を掛けてくれたりして。

※『70's バイブレーション！』：横浜赤レンガ倉庫 1 号館 2 階スペースをメイン会場として、2015 年 8 月 1 日～ 9 月 13 日の期間に行われた、1970 年代の音楽やポップ・カルチャーをテーマとした展覧会。様々な資料や写真などの展示に加え、トーク・イヴェントやコンサートなども多数開催され、さらにこの会場でパイドパイパーハウスが期間限定で復活し、大きな話題となった。

岩永正敏氏

長門芳郎氏

対談する長門芳郎氏と岩永正敏氏（2016 年 6 月 18 日撮影）

こっちは声を掛けてくれれば嬉しいんだけど、こっちから声をかけるほど偉くはないから（笑）。それでレコードを見てると声を掛けてくれて、「どんなの好きなの？」とか「どんなのを聴くの？」とか、それで話していると「それが好きだったら、こっちのも好きだと思うよ」とか話が弾んでね。そこで教えてもらうことも多かったですよね。

長門：僕みたいに（レコード店に）３日と空けずに来る人もいるわけですね。でも新譜はそんなに入れ替わらないから、そういう人が来てくれたときの為に、必ず面出し（※）のレコードを替えるわけ。

鷲尾：それは分かりますね。

長門：ざっと店内を見回した時に、前回来たときと全く同じものが並んでいたら、「何だ、変わってないな」って思うだろうから。何でそうしたかって言うと、青山で当時流行っていたレストランの店先に、その日に使用する野菜や果物、魚とかが並べられているわけ。それは次の日に通りかかったときには、同じものは無いんだよね。その日に一番、新鮮なものを出す。それを通りかかって見ると、ここはいつも新しいものを提供しているんだって思うよね。まあ、レコードは食品みたいに腐ったりはしないけどね。常に新鮮に見せるのは大事。

鷲尾：面出しされているレコードって、一番最初に目に入りますからね。

長門：そうそう。だから出来るだけ、面出ししているものは微妙に入れ替えたりとかしてね。そうするとちょっちゅう通ってくれてる人も「新しいものが入ったのかな？」って興味を持ってくれるし、そういうのはお金をかけなくても出来ることだからね。

鷲尾：まあ、一番の販促ですよね。

土橋：僕ら買う側からすれば、お店に入って壁に面出しされたレコードがいつも同じものだと「この店、売れてないな」って思っちゃうんですよね。

岩永：そうだよね（笑）。

鷲尾：「パイド」みたいな色のあるレコード店だと、そこに来るお客さんもある程度自分の好みにフィットするものばかりだと思っているけど、でもそこに新しいものや新譜を見つけたら嬉しいわけで。自分の知ってるレコードと共に見たことのないものが並んでると、やはり手が伸びますよね。

岩永：そうそう。それには２つあってね。一番最初にこの店を始めるときに言われたのは、「もうビートルズも（ボブ・）ディランもローリング・ストーンズも、そんなに売れない」と。だけど「在庫してないと、客はバカにする」と。お客さんからしてみると「基本線の在庫はあって、その上に何があるのか？っていうのが目線としてあるんだ」って聞いたんですよね。まあディランやストーンズなんかは新譜もずっと出ていたから助かったんだけど。でもやっぱり、例えば「ディスクロード」だとか「ディスクユニオン」や「メロディハウス」みたいに、大量にヒット作が売れるっていう方向は「パイド」は狙っていないっていうこともあるんだけどね。でも

※面出し：ジャケットの面が見えるように、レコードやCDを立てかけるなどして、目立つようにディスプレイする方法。フェイス陳列とも言う。

やはり世の中で売れているものは（うちの店でも）売れるっていうのも確かだから、あまりその辺に変に拘り過ぎないで、っていうことだったね。まあその一番対角にあったのは、さっきの布施明みたいなものなんだけど（笑）。だからこっち側で（需要を）決めつけない。お客さんとの中で（我々が）どこに立てば良いか、っていう事には割と敏感だったよね。

長門:でもお店でミーティングをやったとしても、そういうことを確認したことは無かったよね。ただたまたまお店のみんなが同じような考え方だったということだね。

土橋：共通認識として「パイド」のスタッフにはそういう考え方があったんですね。

長門：だから「お客さんにはこうすべき」みたいな訓辞は無かったし（笑）。

土橋：社訓ですね（笑）。

岩永：ないない（笑）。

土橋：それじゃ社歌とか無いですよね（笑）。

岩永：社歌か（笑）。

長門：でも例えば一見さんと常連のお客さんを分け隔て無く、っていうのはあったね。それが社訓だったのかも知れないね。

岩永:基本的な考え方としてね。まあお客の成れの果てが店をやってるみたいなものだったから。だからお客さんがやられたくないことは僕らもやらないっていう考えだよね。

長門：それはまあ、レコード店に限らず、そうだよね。

土橋：接客業なら共通する考えですよね。

●「パイドパイパーハウス」出店の経緯

土橋：ところでそもそも、「パイド」を出そうという切っ掛けはどんなことだったんですか？

岩永：それはいっぱいあるんですよ（笑）。最初は、親父が定年になったら楽器屋をやりたいっていうことから始まってるんです。僕の親父は別に音楽家ではないんですけど、ピアノを弾いたりしていたんで、それで定年になったら楽器屋を始めたいって言ってて。それで僕に「お前、大学を卒業したら一緒に楽器屋を始めないか？」って言ったのね。それは大阪で開店するっていう話だった。ちょうど祖母の家が角地にあったんで、ここで店をやったら良いんじゃないかっていう話までしてたのに、ところが退職したら、別の会社に再就職するって言って裏切ったんだよ（笑）。それなら僕はやらないよって言ってたんだけど。僕らは全共闘世代ですから、大学を卒業しても卒業証書でメシを食わないという頑なな思いがあって、就職しなかった。それでさっきの本（『輸入レコード商売往来』）が「就職しないで生きるには」っていうシリーズ本になっちゃうんですけど。そういうことだったんで、何か自分で稼ぐことをしなくてはならないと。それで大学3年ぐらいの頃に新宿に「模索舎」っていう小さなミニコミ書店を作って、それも喫茶店と本屋から成るんだけど。今で言うところのブック・カフェのえらい走りですよね（笑）。1970年だからね。その後にさっき話したようなヘッド・ショップみたいな考えが浮かんで、それで親父を脅して（笑）お金を出資してくれって頼んで…それは小林（健）もそうだし、もう一人一緒に始めた新井（健文）君もそうだったんだけど、3人で資本金を550万円ぐらい集めて、それで親からの借金がほとんどで有限会社を作って始めたんです。でも始めた頃はそういうヘッド・ショップが日本でうまくいくっていう例が無くてね。唯一、京都の「拾得」に「頭店（あたまてん）」っていう…まさにヘッド・ショップなんですけど…そういうものをやってた人がいたのね。両親も僕も関西にいたりしたから、「拾得」のヘッド・ショップをやっているテリーともう一人…イギリス人だったと思うけど、デイヴィッドさんがいたんで、その2人にどういう風にやっていったら良いのかを訊いたの。そうしたら「そんなの分からない」って言われて（笑）。それにその前から『ニューミュージック・マガジン』の人達とかともお付き合いがあったから、その人たちからレコードについての情報は仕入れればいいやと。それでインポーターを何軒か回って、そこで情報とレコードの仕入れは目処が立った。あとやらなくてはならないのは、接客と、お金と、場所。南青山のあの場所に店を開いたのは本当に偶然だったんですけど、友達の親父があの場所でネクタイ屋をやってて、もうそろそろ引退したいから、誰かあの場所をお店として受け継いでくれないか、っていう話があったんです。それで僕らはそれを受けて、その店の大家さんに会いに行くんですけど、そこでその大家さんと友達のお父さんとはえらい仲が悪いっていうことが分かって、貸さないって言うんだよ（笑）。わざわざ広島まで、会いに行ったんだけど。本当に大変でね。でも貸さないって言われても、僕らも帰れないんだよ。もう色々と準備も進めてて、仲間にも吹聴しちゃってたから（笑）。それで最後は泣き落としみたいな感じで頼み込んでOKをもらって。実はその貸さないっていう理由は、友達のお父さんがずっと家賃を滞納してたみたいで、それでもうネクタイ屋をやめたくて、体の良い逃げを打った。そこへ僕らが嵌っちゃったんだ。まあ最初から甘いものじゃないっていうことだよね。でも少なくとも、そうして色々な材料は出来た。随分最初の頃からみんなに情報をもらってて、それは長門ちゃんにもね。レコード店っていうのは難しいよっていうのを言われたけど、僕はそんなに難しいものではないって思ったわけ。新鮮なものがあって、きちんとした情報があってそれが間違ってなければ、あとはお客さんとこちら側の対応だと思うから。ただ店をやっていけばいくほど、難しいっていうことは分かったけどね。在庫の山とかね（笑）。

長門：それにその頃から競合店がいっぱい出来たからね。

鷲尾：輸入盤屋さんが1970年代の半ば頃から一気に増えましたからね。

岩永：まあちょうど円が高くなっていくとか、そういう時だったから。

長門：利幅も薄かったしね。

岩永：薄かったね。

鷲尾：「パイド」で例えば船便で新着ものを取るとするじゃないですか。その時に売価設定はいくらぐらいにしていたんですか？ 2,000円ぐらいですか？

長門：1,880円か1,980円だったかな。それがエアメールだと100円増しとか。ちょっと送料のことを考えて高くしてた。

岩永：でもよその店では例えば2,300円とかにしているところもあったからね。

鷲尾：仕切（価格）はどのぐらいだったんですか？

岩永:68掛ぐらいかな。「OPA」の後藤さんと「ディスク・センター」の後藤さんっていう、W後藤っていうのがいてね。この人たちをある意味喧嘩させながら（笑）、例えば数はまとめてこっちから取るとか、新鮮なものはこっちから取るとか、競わせてね。「OPA」は初めは船便だったんですよ。「ディスク・センター」はエアメールもやっていて、それで「OPA」からは大量に入れる、その代わりに安くしてくれとか、ある部分的に返品可にしてもらうとか、そんな感じでかなりやり合ったよね。支払いも待ってもらったり、こっちの事情を押しつけたこともあったけど、やはり助けてもらったことが多かったですよ。そのうちに「パイド」の名前がある程度知れてくると、インポーターも「うちは「パイド」とも取引してます」っていう感じでセールス・トークに使っていたみたいだったから、良かったよね。特に地方のお店にはね。

長門：あと「このレコード、「パイド」さんから30枚オーダー来てますよ」とか、そういう感じで向こうも他の店に営業するんだよね。

岩永：「これだけでいいんですか？」とかね（笑）。一番楽な営業ですよね。

土橋：営業担当なら絶対にやりますね（笑）。

長門：そうするとうちの店に30枚入荷するはずのものが、他からもオーダーが来て、結果的にうちの分が減っちゃうんだよ。

鷲尾：国内盤は「星光堂」から入れるから、75掛ですよね？

岩永：そう、75掛ですね。

鷲尾：ということは輸入盤を加えても大体3割ぐらいしか粗利が取れないということは、（売れると思ったものを）外したら大きいですよね。

岩永：そうですね。万引きと、それから外したときはダメージが大きいですね。

●店頭での試聴盤は自腹で購入

長門：輸入盤も全部に試聴盤を作るわけにはいかないから、試聴にまわすレコードは岩永さんも新井さんも僕も自分で買ってた。

土橋：自分で買ったレコードを試聴盤にまわすんですね。

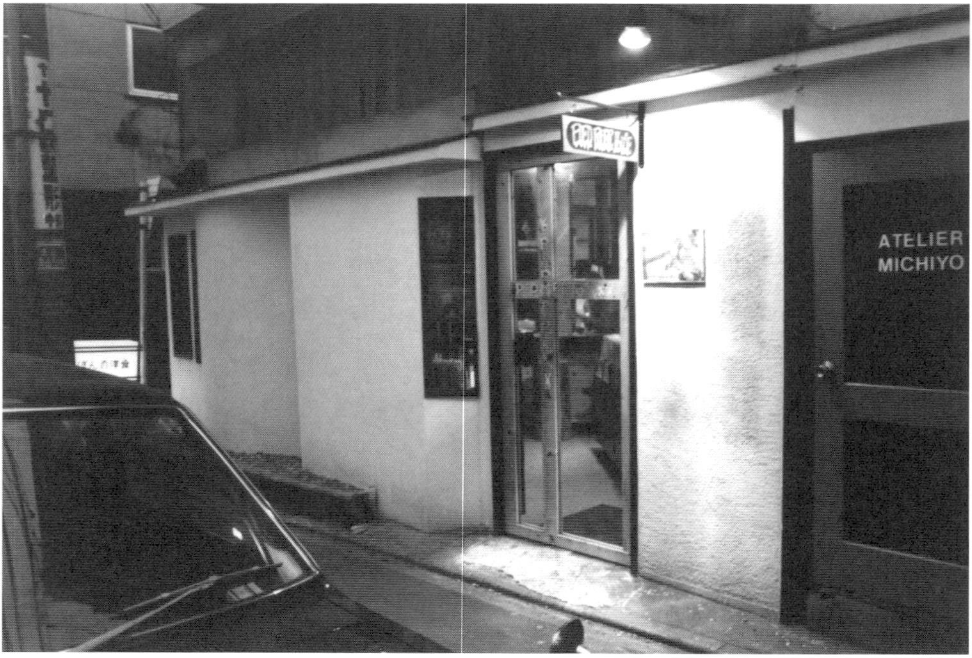

オープン当初のパイドパイパーハウス。まだ店の上には看板が付けられておらず、笛吹き男のペイントも無い（1975 年撮影）

パイドパイパーハウス全景。骨董通りの向かい側からパイドパイパーハウスを臨む（1977 年撮影）

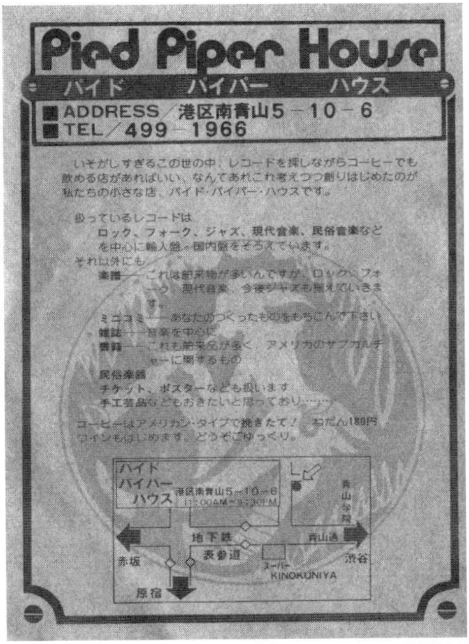

パイドパイパーハウスの開店を知らせるチラシ（1975年）

開店1周年記念としてVAN99ホールで実施したバーゲンの告知チラシ（1976年10月）

パイドパイパーハウス入口（1977年撮影）

パイドパイパーハウス店内のカウンター（1976年撮影）

長門：そう。10枚仕入れて1枚を試聴盤にしたら、もう利益はないからね。だから力を入れて、頑張って売ったんだよね。自分も好きなアルバムだからね。

岩永：やはり薦める根拠があって「これは僕が好きなんだから」ってお客さんに言えると、お客さんも乗りやすいよね。それで試聴させればね。それはお客さんとのやり取りであって、一方的な話ではなくてお互いの話を受け止めてね。ずっと「パイド」ではそうだったんじゃないかな。

土橋：「パイド」のお店の広さはどのぐらいだったんですか？

岩永：14坪だね。

鷲尾：そんなに小さかったんですね。

岩永：14坪って言っても、トイレも入れてだよ。お店の部分は10坪足らずですよ。

長門：だから事務スペースみたいなものはほとんど無かった。

岩永：ネクタイ屋さんのお店っていうのは、最初は後ろは住居だったんですね。だから「パイド」には階段があったでしょ。階段の上の方は手前にレジがあって、階段の下は喫茶のカウンターでっていう面白い空間構成だったんです。それでぐるっとお店の中を回れるっていうね。

鷲尾：完全に平面じゃないから、狭く見えなかったんですね。

岩永：まあそれは偶然なんですけどね。

土橋：在庫の数はどれぐらいあったんですか？

岩永：最初始めたときは6,000とか7,000枚ぐらいですよ。

長門：その後、喫茶スペースがなくなって、その分もうちょっと増えたけどね。

鷲尾：でもそのほとんどが輸入盤で6,000枚と言えば、そこそこの規模のお店ですよね。

岩永：それは僕らも勉強不足だったからね。インポーターがくれる、既に出てるレコードのカタログがあるわけですよ。それを取り寄せてもらって、片っ端から例えば北中（正和）ちゃんとかにチェックしてもらうんです。「これは要る、これは要らないとか。これは僕も1枚買う」とか（笑）。そういうのがあって、イニシャル（初回発注）はすごくたくさん取ったんですよね。資金の割には。日本盤は「星光堂」さんの規定で確か10%だったかな、その分は返品が出来るんですよ。10枚取れば1枚返品できる。

土橋：いわゆる定期返品（※）ですよね。

※定期返品：本文の発言にあるように、店舗から毎月行う返品のこと。その返品できる割合（返品枠）は、通常は仕入れ総額（グロス）の10%～15%程度であることが多い。これに対して、特別返品（通称：特返）というものもあり、これは大型新譜の導入や拡売セール、決算前などの時期に大量に仕入れて余ったものや、余剰在庫を返品することを指す。返品枠に関係なく余った分を返品できる、という条件を予めレコード会社や卸業者が店舗に提示し、両者同意のもとに行われる。

岩永：そう。その枠を使いながら上手く回していった。それにレコード会社各社と（直で）契約すると、1社あたりの契約金ってバカにならないんですよ。それが「星光堂」さんだとあの当時で30万円ぐらい払ったら全社の商品が入るんで、それは僕らにとってはありがたかったですね。そして南（佳孝）君のショーボートでの『摩天楼のヒロイン』だとか、RCサクセションの『シングル・マン』だとか、そういうものは再プレスをレコード会社に掛け合うわけですよ。確か「すみや」さんと合同でやったこともあるんですけど、とにかく何枚仕入れるからいくらで卸してくれるかっていうそんな交渉もしたことがありますよ。まあ「すみや」さんのような大きい会社と一緒にできれば、すごくメリットがありますよね。

土橋：そうですね。数がまとまりますからね。

岩永：最初はレコード会社の人達も、こっちのことをよく知らないから、「えっ？」とかいう話だったけど、そのうちにいくつかそういう話がまとまって行くと段々と真剣に聞いてくれるようになって。長門ちゃんがレーベルを自分で作ってシリーズで売っていく苦労はもっと大変だと思うけど、僕らはまずそこから手をつけたんですよね。まあ、冒険は冒険でしたけどね。

土橋：間に「星光堂」さんが入っていると、メーカーと直で話をし辛い部分がありますよね。

岩永：そうですよね。それで「星光堂」さんには「この商品、絶対に売れますから！うちがこれだけオーダーするんだから、よその店にもプッシュしてよ」って言ったりしてね。まあうまくいったから、こういう話も出来るんですけどね。

土橋：僕はレコード会社の営業経験があるからすごく分かるんですけど、たまに「星光堂」さんなんかの卸の傘下店で、ある商品をメチャメチャ多く売る、ある意味特殊な店があったりするんですよ。ただそれは情報を吸い上げても、あくまでも「星光堂」さんの営業所単位での売上げ数しかレコード会社には分からない。ちゃんと「星光堂」さんに聞いてみないと、それがどこの店で売れているのか、それとも広く浅く売れているのかはその数字からでは分からないんです。それを掴むのが大変で、中にはお店からだけではなくて特殊ルート、例えばパチンコ・ルートとか、演歌でよくあるお買い上げっていうまとめ買いとか、そういうものもあったりするんで、我々からしたら分析してみないとすぐには分からないんです。だから後は、口コミも含めた情報収集ですよね。あの店にはこのアイテムが平積みしてあったとか、この店はやたらとビーチ・ボーイズの在庫が多いとか（笑）。そういう情報を入手して、実際に店を見に行って調べると、「星光堂」さんの傘下店だったみたいなことがよくあるんです。武蔵小山の「ペット・サウンズ・レコード」なんかはまさにそうなんですけど。

●思い出深いアルバムと独自の展開、そしてロング・セラー

岩永：逆に店がメーカーと一緒に組んで展開したのが、大滝（詠一）さんの『A LONG VACATION』だよね。

長門：あの『ロンバケ』プロモーション〜拡売作戦は、ナイアガラ・オフィスの（前島）洋児さんからの要請で始まった。

岩永：ソニーとナイアガラ・オフィス、それにうちとかのお店が一緒になってね。例えば買い取りの仕入れが25枚だとしたら、それに75枚がくっついてくる。しかもこれは返品してもいい。まあ売れ残らなかったけど、そういう形でね。あの時は確か「すみや」さんも一緒にやったよね。

鷲尾：やりましたね。

長門：そうそう。新宿の「帝都無線」の店長と…。

岩永：石田（仁）君だね。

長門：そう、石田さん。それに「すみや渋谷店」の井上（修一）店長。僕や岩永さんとかが六本木にあったナイアガラ・オフィスに集まって会議をしてね。

岩永：変わったお店であるっていうことと、あと前島さんがきっと思っていたのは、輸入盤屋さんから火を点けたいっていうのがあったんだよね。だからファクトリー・シールをかけたりして、雰囲気を出してたんだよね。

長門：あれは1981年の3月21日（リリース）でしょ。その前の年の秋ぐらいから、「パイド」の店内ではかかってたからね。大滝さんの新作から何曲か、先行のカセットでね。日本一早かった。

土橋：メーカー的には、そういうケース・スタディを作る上でも最適の店だったんでしょうね。この『A LONG VACATION』もそうだと思いますけど、「パイド」で一番売れた邦楽のアルバムっていうとどの辺ですか？

長門:やっぱり山下(達郎)君とかかな。山下君が全国的にブレイクする前。1976年の『CIRCUS TOWN』からかなり売ってたよね。1975年、76年って、日本のポップスの名盤が続々と出た時だったから。

岩永：本当にそうだよね。

長門:(鈴木茂の)『BAND WAGON』の時はまだ、「パイド」は出来ていなかったけど、(ティン・パン・アレーの)『キャラメル・ママ』ぐらいからがリアル・タイム？

岩永：そうだね。

長門：それで翌年の山下君の『CIRCUS TOWN』、ター坊（大貫妙子）の『Grey Skies』、それから細野さんの『泰安洋行』だとか…。

土橋：あとはナイアガラ関係とか、吉田美奈子さん…？

長門：そうだね。その辺がベスト・セラーだったね。

レジ・カウンターでの長門芳郎氏（1979 年撮影）

パイドパイパーハウス店内（1979 年撮影）

岩永：それと、あれは如月系なのかティン・パン系と言うか…要するに都市的な発想のものが「パイド」に行けばあるっていうのが広まっていったからね。そういうものだったら「パイド」で買うっていうのを、皆さんが思っていてくれたから。それにそういう人達って、輸入盤も買うからね。

土橋：昔の一般的なレコード屋さんって、まず洋楽と邦楽でフロアやコーナーが分けてあって、もちろん輸入盤は別のコーナーなんですけど、それらが一緒に並んでいるっていうことはまず無かったですよね。それを考えれば、輸入盤と邦楽が一緒に並んでいる「パイド」は、後のショップの先駆けだったんですよね。もちろん、そのちょっと後から「WAVE」などはやり始めますけど。あとは1990年代に入って外資系のショップが次々出店してやり始めるまではなかったわけですから。例えばムーンライダーズと海外のフュージョンが一緒に並んでるとかね。

長門：当時、東京の音楽シーンを牽引していたミュージシャンの多くが、「パイド」のお客さんだったからね。山下君も細野さんもター坊も。

岩永：製造元と販売元がクロスしてる、っていうところだったからね。

土橋：大瀧さんも何度も来られてましたか？

長門：しょっちゅうという感じではなかったけど、何回かか来てくれたことはあったね。どちらかと言えば、大瀧さんは（渋谷の）「すみや」止まりかな。「すみや」で用が足りてる感じだった。

土橋：それから「パイド」の一日店長をされた方がいましたよね？

長門：それは（白井）良明君だね。彼だけだよ、一日店長をやったのは。

土橋：そういったミュージシャンが通われている、っていう情報を聞くと、僕ら買う側からすればお店に対する一種の信頼にもなるんですよね。

長門：でもお店としては、そういう情報は当時は一切発信していないんだよね。「パイドに行けば、ミュージシャンに会えるかも」みたいなことはね。そういう情報は雑誌の取材とかを受けたときに話したことが書かれて、それが広まったからだと思う。

土橋：あとは映画にもなった『なんとなく、クリスタル』の影響が大きかったんじゃないですか？

岩永：そうだね。それを見て、なんとなく来ちゃった人がいるかもね（笑）。

長門：まあ有名人がいっぱい来る店、っていうのを推すのは嫌だからね。でも実際に来てみたら、たまたま喫茶スペースで細野さんがお茶飲んでたりとか、そういう目撃談は口コミで広まるから。

岩永：今だったらネットなんかもあるから、そういうのが広まったら大変だと思うよ。みんな写メをどんどん撮るからね。そういう時代じゃなくて、良かったと思うよ（笑）。

長門：僕らにとっては日常で、それは普通のことだった。彼らはそれまで僕と一緒に仕事をしてた仲間だから、それでお茶を飲みに来てくれたり、何かのついでに寄ってくれたりしてたから。教授（坂本龍一）なんかも、自分のレコードの発売日にはさりげなく様子を見に来たりとかしてね（笑）。

土橋：みんな、気になるんですよね。

長門：そうそう。ター坊なんかもそうだったね。

鷲尾：ちなみに達郎さんの『CIRCUS TOWN』とか、大貫さんの『Grey Skies』のイニシャルはどれぐらいだったんですか？

長門：ハッキリと覚えていないけど、限定盤じゃないし、とりあえず1週間ぐらいの間に売れる分があればって考えるから、40～50枚ぐらいだったんじゃないかな。

鷲尾：そうですよね。僕が『CIRCUS TOWN』を買ったときは、店頭になくて、近所のレコード屋さんで予約しましたから。多分、その店のイニシャルは1枚とかせいぜい数枚で、その分が既に予約とかで埋まっちゃって買えないと、また他の店を何軒も回らなくちゃならないから、それで予約してたんだよね。達郎さんの2枚目（『SPACY』）ぐらいまでは予約してましたね。3枚目以降は発売日に店に行くと、普通に並ぶようになってたんですけど。

●店頭はまさにメディア

長門：日本盤で当時いっぱい取ったものっていうと、ワーナーから1977年に出たロック名盤シリーズですよね。

岩永：そう、名盤復活シリーズ。ジョン・サイモンとか…。

長門：ピーター・ゴールウェイとかが出たシリーズね。あの時は（什器の）下に何百枚も在庫があったからね。限定盤だったから。

土橋：売り切りですよね。

岩永：それが売れてうまくいけばいいけど、うまくいかなかったらすぐ（シリーズでのリリースを）止めちゃうだろうからね（笑）。だからいっぱい取ったんだよね。

長門：でも1枚も残らなかった。

岩永：それも多分、みんなが「パイド」に聴きに来たり、一種の（市場）調査に来てたようなものだったからだよね。

長門：レコード会社のA&R（※）は、本当に色々な人が来てた。例えば当時はアルファ～キング（レコード）でA&M担当だった渚十吾は毎日のように店に電話かけてきてたし、そういう

※ A&R：アーティスト＆レパートリーの略。本来はアーティストの発掘や育成、そしてそれに関連した楽曲の選択から音楽制作、契約などを担当する人を指すが、一般的に日本では、レコード会社などでディレクターと呼ばれる仕事をする人のことを示すことが多い。リリース計画に始まり、社内編成会議などでのプレゼンやレコーディングに関する予算管理、参加ミュージシャンやスタジオなどのセレクトと手配、アーティストの所属事務所など関係各所との調整、宣伝や販促などの部署との連携、出版などの権利関係の調整など、作品リリースにまつわる様々な事柄を総合的に把握し実行する仕事を担う。

レコード会社の制作や宣伝の人はよく来て、「パイド」で何が売れてるかっていうのをチェックしてたね。スザンヌ・ヴェガとかは全米で火が点く前から店でプッシュしてて、うちで薦めたらどこかの出版社の人が買っていった。それでそこが日本での出版契約を取ったんだよね。だから後ですごく感謝されて「会社の会議に来て話をしてくれませんか？」って頼まれて行ったこともある。だからそういう風にアンテナを張ってるA&Rの人達は、「パイド」で何が動くか？っていうのをチェックしてたと思う。

土橋：「パイド」が無くなった後、1990年代に僕らが仕事をするようになった頃には、その役割を「WAVE」が担うようになるんです。六本木と渋谷の「WAVE」なんですよね。

長門：そうだよね。

土橋：ちなみに「パイド」で一番売れた憶えのあるものは何ですか？

長門：新譜だと、ヴァン・ダイク・パークスの『Jump!』かな。あとドクター・ジョンの『Dr. John Plays Mac Rebennack』や『The Brightest Smile In Town』とか。岩永さんの頃はどうでした？

岩永：僕の頃は、世間では（イーグルスの）『Hotel California』がすごく売れてた頃に、「パイド」では「Fly Like An Eagle」のスティーヴ・ミラー・バンドとかが売れてたよね。あとボズ（・スキャッグス）はよく売れたね。ディスコ関係の人も結構来るんだよね（笑）。場所柄もあってね。反対側にディスコもあったしね。

長門：ボズは売れてたし僕も好きだったんだけど、どちらかと言えばイースト・コーストの方が好きだから…。「パイド」と言えばウエスト・コーストのイメージが強くて、ボズの来日の時は確か僕以外はみんな（スタッフは）コンサートを見に行った。

岩永：そうだった（笑）。

長門：僕は店番するって言って、その時は行かなかった。もちろんその後、観たけど。

岩永：イギリスものはあまり売れなかったよね。

長門：イギリスものは元々、ヨーロッパ全般そうだけど輸入盤の仕入れ値が高かったから。

岩永：そうなんだよ。イギリス盤とかオランダ盤とかはね。

長門：売れるようになったのは、1980年代にアメリカのメインストリームの音楽がつまらなくなってきたから。MTVとかも面白くなくなって来た頃に、例えばネオアコ系とか、シャーデーとか、スタイル・カウンシルとか洒落たものが出てきて、特にその辺になってからだよね。あとブリティッシュ・トラッドトピック（・レコード）とかは結構揃ってた。

岩永：まあ、トピックは（仕入れ値が）安かったからね。だからそう考えると、これは売れたなっていう突出したものはなくてね。割と（志向が）狭く深くっていうよりは、もっと間口の広いお客さんが結構来てた気がするけどね。

長門:そうそう。だから例えば目当てのレコードはボズやイーグルス、マイケル・ジャクソンだったのかも知れないけど、一方ではホーギー・カーマイケルとかを聴かせると「これも良いですね」って言って買っていってくれたりね。

岩永：それが（「パイド」にとっては）助かってたんじゃないかな。

長門：お店の推薦盤を無条件で買ってくれる人がいた。

土橋：それは「パイド」に対する一種の信頼があるからですよね。

長門：そうだね。それで信頼されると裏切れないから。だから「とりあえずこれを売っちゃえ」みたいな感じではなく、次も買ってくれるようにちゃんといいレコードを薦めると、また来てくれるんだよね。「この間薦めてもらったものがとても良かったんで、あんな感じのものはありますか？」みたいに訊いてくれるからね。

鷲尾：薦めるのは結構大変で、相手にどう思い計られるかっていうのもあるから、例えばAという商品を買った人にBという商品を薦めて、それが全然フィットしなくて「何でAを好きな僕がBを買わなくちゃいけないんだ」ってなっちゃうと、もう二度と来てくれないですからね。うまくそこをリンクさせることが出来るとリピーターになってくれますよね。だからお客さんの数が限られていても、来てくれる頻度が高くなっていきますよね。

岩永：そう、1人あたりの（購入）単価も上がるんですよね。

鷲尾：それが一番、理想的ですよね。

岩永：「パイド」は割とそれに近い経営というか、運営をしてたんだと思うんですよね。今言った、A系統が好きな人にBを薦めるとすれば、必ず自己犠牲試聴（＝スタッフが自腹で買ったレコードを店の試聴盤にすること）をするとかね。薦める側としては絶対に自分がそのアルバムを好きで、自信があって、しかも試聴盤は自分のものだからっていうのがあると、結構パワーとしては強いですよね。それをやって1回当たるとね、お客にとっても世界が広がるんだよね。A系とB系に。

土橋：そこがポイントですよね。

鷲尾：自分がユーザーだった時もそうだったし、レコード屋の店員になったときはそうありたいと思ってました。

長門:ソウルならソウル、AORならAOR、フォークならフォーク、っていう（ジャンルを）狭く絞った聴き方も良いとは思うんだけど、僕なんかはね…。日本のラジオのヒット・パレードってすごく特殊で、例えば僕が高校時代の60年代に毎週欠かさず聴いていた『9500万人のポピュラー・

リクエスト』なんかもそうだったけど、ソウルもあれば、ヨーロッパの映画のサントラもあれば、カンツォーネも入ってるし。でもみんなそれをポップスとして聴いてたんだよね。ジャンルじゃなくて、良いものは良いっていうのが子供の頃から染みついてるんだよね。

土橋：でもそこの間口を狭めなかったのが「パイド」の特徴であり、それが良かったんだと思いますね。

鷲尾：いわゆる街のレコード屋さん…国内盤をメインに扱っているお店って、1970年代や80年代はレコード・メーカーの言いなりで品揃えをしているところも多かったし、まあ人口も若い人も増えてたから不特定多数に対する商売っていうのがあったじゃないですか。でもそれが段々行き詰まってくると、今度は割と専門的なことへシフトするようにって経営側は言うんですけど、すると特定少数に向けて商売をしようとするんですよね。それもダメなんですよね。特定多数っていう言い方は変だけど、受け手からすればこの店にとっての自分はお客さんというロイヤリティがありつつ、なおかつそういう人が沢山いるという状態が一番良いわけじゃないですか。それは「パイド」が10坪ぐらいのお店だったにも拘わらず、そういったお客さんがかなりの数いたお陰で上手く回っていたし、お客さんの意向ばかり訊いていると店がパンクしちゃうから、その辺のバランスがちょうど良かったんでしょうね。

岩永：まあ狭い店だったっていうのもあるんだけど、例えば土橋さんが「ちょっとこれを聴かせて下さい。ありますか？」って言えば「あるよ」って言って店頭でかけてたら、土橋さんの向こうにいた人が「これ、何ですか？」って訊いてきたりとか、そういう広がりがあったんですよね。今のネットで注文してお金を払って手に入れて、っていうことではこういうのは絶対に起こらないじゃないですか。店という空間の共有があってこそ、そこで初めて音楽も共有するっていうかね。その辺は、今は本当に失われちゃったよね。YouTubeで聴いてても、それは自分の好きなものだけを追いかけているだけで、他人が好きなものに触れるチャンスっていうのは本当にないんだよね。それはもったいないし、音楽がこれだけ新しく生まれているのに先細りになってる原因なんじゃないかな。

鷲尾:そうですね。「パイド」みたいなリアルなショップがある程度の規模の街に1軒でもあると、全然違うと思うんですよ。でもなかなか今は、そういう環境じゃないですからね。まあ別に音楽に特化しなくても、何でも良いんだと思うんですけど。それこそ最初に岩永さんが仰ったヘッド・ショップじゃないけれど、色々なものが詰め込んであるけれどそこから何か発信できるようなお店があると良いんですけど。インスパイアされるものが、最近は極端に減ってますよね。自分から求めていって買うのは、今は簡単なんですよね。しかも安く買える。

土橋：ネットを使えば、検索して目的買いするのは簡単ですよね。

鷲尾：だけど、何だかよく分からないけど行ってみる、っていう場所が無いっていうか。

岩永：昔からそうだけど、「あれを買おう」って思ってお店に入って来る人って意外と少ないんだよね。それで店の中を見ているうちに「これとか、これも」っていう感じでね、見つけ出すとか出会うっていうのは、お店の魅力、ワクワク感の1つですよね。

土橋：今はむしろ、意外なものを見つけると言うよりは、目的買いの人達のための店になりつつありますよね。でもついでに買っちゃう店の方が楽しいんですよね。

鷲尾：本当はそういうお店があればいいんですけど、それが無いから…。僕らぐらいの世代がそういうところで音楽を伝えて行かなくてはいけないんですけど、でも僕らぐらいの歳になると（志向が）狭まっちゃってる人も多いんですよね。歳をとってくると、余計に。好きなものだけ追いかけるっていう、それも問題ですけどね。

土橋：「パイド」がマニアの巣窟みたいにならなかったのは、品揃えもそうですし、接客もそうですし、薦め方も含めてそういうことがあったからですよね。

岩永：まあマニアの親玉みたいな人が、マニアじゃなかったって言うかね（笑）。特に長門ちゃんは色々なことをよく知ってるのに音楽的な裾野が広いとか、そういうのが大きかったと思う。そうじゃなければ､ああいうお店にはならなかったと思うよ。そうじゃなければ「長門教」になっちゃったよ。そうじゃない形に長門ちゃんがずっと持って行ってくれたからね。それで「パイド」が終わってからは、もう好きなことしかやらないっていう風になったんだけど（笑）、でも「パイド」の時には裾野をちゃんと張りながら上を高くしていくみたいな､っていうのはあったよね。

長門：まあ、完全に切り捨てた部分はあったけど。例えばヘヴィ・メタルだとか。

岩永：(笑)。

土橋：プログレとか（笑)。

●他店との繋がり

長門:プログレは例えばピーター・ゲイブリエルとかジェネシスのあたりまではあったとしても、イ・プーとか、ヨーロッパのイタリアン・プログレとかまでは追いかけない。そういうものは専門店があるから､「あそこに行くと良いですよ」って言ってあげる。だから「すみや」（渋谷店）の井上（修一）君ともやり取りをしてて、映画のサントラを買いに来た人には「すみや」を紹介する。それで井上君にすぐ電話して「今からそっちにお客さんが向かうから」ってね。逆に井上君からも「AOR とかコンテンポラリーなものはうちに無いから､「パイド」を紹介したんで、これからそっちにお客さんが行くから」って電話がかかってきたり、そういう横の繋がりはあったね。そんなに頻繁にではなかったけど、やってたよね。うちの店に（在庫が）無くても、恥ずかしくはないんだよね。専門店じゃないから。

岩永：そうだよね。

長門：マドンナやマイケル・ジャクソンの新譜が出た時には、最初はある程度は入れるけど、売り切れても「売り切れました」で済んじゃうしね。

鷲尾：それ、良いですよね。

長門：まあそういう人は在庫が豊富な大型チェーン店とか他の店に行ってもらえれば良いわけだしね。逆にドクター・ジョンとかうちが薦めているものは常に品切れさせないようにしておかないとね。

岩永：そうそう、そうだよね。

鷲尾：10坪ぐらいのお店で、例えば10,000アイテムを置いてるとすれば、それは全部覚えられますよね。そうすると売っている方も、何を訊かれても答えられるし。

長門：そうだね。

土橋：メガ・ストアになるとそれが出来ないんですよね。

岩永：対面的な商売がどんどん出来なくなるからね。

鷲尾:「すみや」が「TSUTAYA」傘下で子会社化された頃ですけど、静岡の本店だと、色々あって全体の売上げが下がってきても、クラシックのコーナーだけは売上げがあまり下がらないんですよね。そこに商品知識のある、品揃えの出来る人がいると、大丈夫なんです。今まで来てくれていた人達が､ずっと買いに来てくれる。今はその方が常時売場にいられなくなったりして、売上げが随分落ちたと聞いたんです。

土橋：「すみや本店」には佐藤文典さんっていう名物バイヤーがいて、その人に付いていたお客さんですよね。売上げは人に付いているっていう、一番分かりやすい例ですよね。「すみや本店」に集まっていたクラシックのファンは、イコール佐藤文典さんに付いていたお客さんだったんですよね。

鷲尾:まあ広い意味で言えばお店に付いていて、その中で各ジャンルの店員さんに付いているってことですよね。でも密に付いているって言っても、ベッタリではなくてね。もしかしたらその人の掌で踊っていたのかも知れないけど。

土橋：でもこの人が良いって薦めるんだったら、買ってみようかと思うかどうかですよね。

岩永：評論家でもいるじゃないですか。この人が褒めてるから買わないとか（笑)。

土橋：ありますね（笑)。

岩永：結構あるよね（笑)。

鷲尾：ありますね。本の世界でもそうだし。

土橋：でもそれが自分の中での指標でもあるわけですし。

岩永：そうそう。そうだと思いますよ。お店にはとにかく商品もあれば人もいるし、音もある。

チョイスし易い環境にあるからね。

土橋：でも今は、そういう居心地のいいお店が少ないんですよね。そういう意味では「パイド」があった時代は良かったなって思いますね。もちろん懐かしむだけではないんですけど。だから今こそ、そういうノウハウを生かしてお店を始めたら、また違うんだろうなって思いますね。

長門：まあ「ペット・サウンズ（・レコード）」なんかは一番近いだろうね。森君親子が本当にポップス好きだっていうのが伝わってくるし。

鷲尾：(「ペット・サウンズ・レコード」は）全然知らないで普通に入ってきた人も、そこで普通に買い物が出来るっていうところが良いですよね。

岩永：それが一番良いんだよね。

長門：そうだよね。

土橋：実際にあそこで嵐の新譜とかを買っているお客さんもいるわけですからね。

鷲尾：その人たちにとっては、あくまでも街のレコード屋さんだから。だからさっきの布施明の話と同じなんですよね。

土橋：そういうお客さんもいますし、わざわざ九州から出張で東京に来る度に寄りますっていう人もいらっしゃると。（店主の）森勉さんのお話を聞くのも楽しみの1つでね。「Amazon」で買ってもいいはずなんですけど、わざわざ森さんから買いたいと。

鷲尾：「Amazon」で買うと、これもあなたにお薦めですっていうのが出てくるけど、ここまでは良いけどこれは「Amazon」に薦められたくないっていうのもあるし（笑）。

土橋：長門さんもそうだと思いますけど、自分が制作とか再発に関わったタイトルは、Amazonからよく薦められますよね（笑）。

岩永：それはよく分析されてるっていうことだな（笑）。

土橋：まあ、マーケティング・リサーチというか、統計学的にはよく出来たシステムなんでしょうけど。

●レコード店の経営が成り立つ条件

岩永：その「ペット・サウンズ・レコード」みたいなお店が今でも成り立つ条件は、一体何なんでしょうかね？

長門：まずロケーションが良いこと。武蔵小山の駅前にすぐあるビルの、しかも1階だから。ガラス張りの路面店で、それで地元に密着したお店だからね。

土橋：それにすぐ近くに大きなアーケードの商店街があって、そこの集客もすごいですから。

長門：そう考えると、「パイド」が南青山のちょっと辺鄙なところにあったのとは、条件が違うよね。

鷲尾：僕らがよく言われたのは、一般的に「レコード屋さんは立地70%、品揃え30%」みたいなことでしたけど。だから立地は本当に大きいんですよね。そう考えると、あの店は立地も、かつ品揃えも良いから。

長門：売り場は「パイド」よりもちょっと狭いのかな？。でも昔のLPと違ってCDだから、それなりの枚数は置けるよね。

鷲尾：在庫の量としてはきっと「パイド」と同じぐらいあるでしょうね。

岩永:僕なんかが思うのは、レコードのジャケットっていうのは、あれがCDのサイズになっちゃうと全然面白くないっていうこと。あれは何とかならないの？っていうのはあるよね。でも今、またアナログ・レコードが少しずつ増えてますよね。あれはどうなんでしょうね？

土橋：あれはある種のファッション性もあるんでしょうけど…雑貨としてとか、アイテムとしての。でも単にジャケットが大きいっていうのは、若い人にとっては新鮮に映るみたいですね。まず飾りたいって思うとか、そういうところも含めて。イギリスのショップなんかでも、店数は減りましたけど、でも一時期よりはアナログが伸びていて、若い人が買いに来てるっていう話ですよ。だからこれは日本だけの一過性の話ではなくて、海外を含めての傾向みたいですね。

鷲尾：まあ一時、音楽産業自体のグロスが大きくなり過ぎちゃって、本来ならパッケージを買わなくても済んじゃってた人達までもがCDを買ってた時代が長かったんですよね。それがいっぺんにダメになっちゃって。だから振り出しに戻るじゃないけど、もう一度本当に音楽が好きな人だけが買う、っていうのでも良いのかなって思いますよ。その時にLPサイズのパッケージがいい切っ掛けになるんだったら、それはそれで良いですよね。

岩永：昔はレコード・ジャケットがすごく重要で、それこそレコード・ジャケの本もいっぱい出てたし。だからレコードの中にある楽しみが、あの小さな(CDパッケージの)中には無いよね。まあ機能的にはいっぱい入ってるんだろうけど。

土橋：だから昔を知らない若いファンには、レコード・ジャケットがすごく大事だし新鮮に映るんでしょうね。

岩永：そう、僕なんか昔まだよく分からない頃は「レコード・ジャケットの良いやつは、中身もいいんだよね」って言ってて、でもそのうちに色々騙されちゃってね（笑)。

土橋：必ずしもそうではないものもあると（笑)。でもそれで良いんだと思いますよ。今はネットで検索をかければ色々な情報を得られる時代ですけど、そうじゃない見つけ方、聴き方っていうのが実はあって、しかもそれが大事で、その積み重ねで自分の中にひとつの規準が出来る

骨董通り越しに、パイドパイパーハウスを臨む（1977 年撮影）

オープン当初のパイドパイパーハウス（1975 年／撮影：桑本正士氏）

パイドパイパーハウス店内（1976 年撮影）

じゃないですか。その規準が出来ている人と出来てない人とでは、その差がすごく大きくなってると思うんですよね。そのあたりに若い人が段々気付き始めているのかなって思いますね。あと今の若い人達は、逆にネットの情報を信用していない節もありますから、みんなが良いって書くものは敢えて疑ってかかるようなところもあって。そういう自分内規準を作る上では、そうしたお店とか口コミなんかも含めたリアルな情報が必要だと思いますね。

岩永：なるほどね。

●ロジャー・ニコルズのカット盤

土橋：それから前々から訊きたかったことなんですが、ロジャー・ニコルズのカット盤（『Roger Nichols & The Small Circle Of Friends』）（※）を「パイド」でかなり売ったっていう話がありますよね。

長門：売ったけど、1回に大量入荷するわけじゃないから、細く長く売ったっていう意味でね。入ってきては売り切れて、それで予約する人がいたり、例えばEPOちゃんが買っていって、それを知って宮田（茂樹）ディレクターが買いに来たりとか、佐橋（佳幸）君なんかもそうだよね。大量に積んでディスプレイ出来るほど入荷しないからね。でもカット盤のコーナーにはちょこちょこ入っては並べるみたいな感じだったから。

土橋：あれは「パイド」が出来た当初から、店にはあったんですか？

長門：最初は無かったと思う。

岩永：無かったね。

長門：カット盤のリストを見ていてその中から僕が見つけて、900円から1,200円ぐらいで売ってて。でもやっぱり、店頭でかけてからだよね、売れ始めたのは。ジャケットもよく分からない絵柄だし。

土橋：試聴したら買っちゃうパターンですよね。

長門：そうそう。

土橋：長門さんが最初にあのロジャニコ（ロジャー・ニコルズ）のアルバムを知ったのはいつ頃だったんですか？

長門：多分、1970年代の頭ぐらいだったかな。僕は1969年に東京に出てきて、そこで高校時代に長崎では輸入盤を買えなかったラヴィン・スプーンフルだとか、ローラ・ニーロ、ティム・ハーディン、フレッド・ニール、その辺をどんどん買い集めたんだ。カーマストラのソッピーズ・キャメルとかは「ヤマハ」に注文したりしてね。あれは1967年に出てて、1969年だから2年ぐらいしか経ってないけど、店頭にはどこにも置いてなかった。だから「ヤマハ」に頼んだら、2ヶ月後くらいに入ってきた。3,200円だった。

※『Roger Nichols & The Small Circle Of Friends』：1968年に米A&Mからリリースされた、ロジャー・ニコルズ氏の1stアルバム。美しいハーモニーと優れたサウンドで後に日本で再評価され、人気の1枚となったが、当時はこのレコードは知る人ぞ知る存在だった。アメリカでもそれほど売れず、よって日本に入ってきた輸入盤（オリジナル・アナログ）のほとんどはカット盤である。その後ポール・ウィリアムス氏と組んでカーペンターズなどにヒット曲を提供したロジャー・ニコルズ氏だが、本作については特にパイドパイパーハウスとその周辺の人々によっていち早く評価され、その流れでピチカート・ファイヴの名盤『カップルズ』に大きな影響を与え、1980年代から90年代に大きな話題を呼んだソフト・ロックやいわゆる渋谷系ブームでは最重要作の1枚とされた。

土橋：それは（渋谷）道玄坂の「ヤマハ」ですか？

長門：銀座の「ヤマハ」。

鷲尾：3,200円ですか。高いですね。

長門：でもそれは自分にとって失われた青春の1枚でしょ。だからそれでもどんどん買い集めたよね。ロジャニコもその中の1枚。トレイドウィンズとかイノセンスもそうだし。

土橋：聞くところによると、大瀧（詠一）さんははっぴいえんどの3枚目のアルバム『HAPPY END』のレコーディングで西海岸へ行ったときに、ロジャニコを買ってこられたみたいですね。それで後に（ラジオ番組の）『GO! GO! NIAGARA』でもそれをかけていたと。それに細野（晴臣）さんも同じぐらいの時期に聴いていたみたいですね。でもこのアルバムに関しては、ちゃんとした情報があまり無かったですよね。

長門：「パイド」でカット盤を売っていた時にしても、ロジャニコについて、あのアルバムについての記述は見たことがない。どの雑誌でも。

土橋：当然、日本盤でLPも出ていないですし。まあカーペンターズの曲を書いていて、それがヒットしてっていう切り口で1970年代の初めに名前が出るようになったぐらいですよね。情報としては。あのアルバムはトータルでどのぐらい売れました？

長門：まあちょこちょこ入ってきて長い間かかってるけど、300～400枚、500枚には届かないぐらいかな。でも僕の周辺のミュージシャンとか音楽関係者はほぼ全員「パイド」で買ったみたい。

土橋：まあ、他の店で置いているところはなかったでしょうから。あのアルバムは、アメリカでも当時は全然売れていないですよね。

長門：そうだね。アメリカでは二束三文だもん。

土橋：だからほとんどがカット盤になってたんですよね。

長門：そうそう。

土橋：最初にCD化されたのがポニーキャニオンから、1987年。みんなが聴けるようになったのは、あれからですよね。聴いてビックリしました。

長門：あの時はキャニオンのディレクターに再発のセレクトを頼まれて、そのディレクターはジャズの担当だったからその辺が分からなかったから、すべてお任せで。だから僕が好きなものを（ラインナップに）入れた。

土橋：それはちょうどA&Mの25周年の時でしたね。

長門：ああ、そうだね。当時のキャニオンはおニャン子クラブでもってた。そんな中で「これを出せば、将来ポップス・ファンから絶対に評価される」と言って出すように進言したんだ。

土橋：ある意味、おニャン子クラブが売れてたから出せたと。そういうのはありますよね。

長門：それにその当時、僕はちょうどピチカート・ファイヴのマネージメントをやってたから、マニアックな洋楽ファンにピチカートを認知してもらうのが手っ取り早いと思って、小西（康陽）君や（高浪）慶太郎君にA&M系のライナーを手分けして書いてもらったんだ。だからピチカートのデビューとA&Mの再発は、ほぼ同時期だったよね。『レコード・コレクターズ』のソフト・ロック特集の記事なんかは、小西君と慶太郎君と僕でほとんど書いたり。

土橋：でも結果的に、その時の再発があって、それが今のシーンにまで繋がっているということがすごくありますよね。

長門：それは海外でもそうでね。海外ではこういう日本で言うソフト・ロックのことはサンシャイン・ポップって呼ばれているけど、去年だったか、アメリカ人でイギリスの大学院に通っている女性が、卒論でその辺のことを取り上げたいっていうことで、僕の友人のアメリカのポップス研究家ドーン・イーデン経由で連絡が来た。サンシャイン・ポップ・ブームの生みの親、みたいに言うんだよね。

土橋：向こうには、日本で言うソフト・ロックの括りのものは、イコール、サンシャイン・ポップなんですよね。ソフト・ロックって言うと全然違うものになっちゃう。

長門：そう。ブレッドとか、ジュース・ニュートンとかね。

土橋：要はシャウトしないものですよね。

長門：その再評価の切っ掛けはロジャニコ（の再発）だったって、海外の一部のポップス・ファンの間では認識されているみたい。

鷺尾：その再評価も「パイド」が発祥だったんですよね。

長門：（バート・）バカラックの海外での再評価と、ピチカート・ファイヴがアメリカやヨーロッパでライヴをやり始めた頃と一致している。「何で日本ではこんなにバカラックが再発されているんだ」みたいなこともあったよね。

土橋：バカラックに限らず、日本でしかCD化されていないっていうタイトルも多かったですよね。そう考えると、「パイド」、長門さん、ピチカート・ファイヴ、そして大瀧さん、細野さん…その人たちやその流れがシーンに及ぼした影響って大きかったですよね。

長門：でも渋谷系って括られてしまうのは嫌なんだよね（笑）。

土橋：僕もそうです。どうしても使わざるを得なくて、いわゆる渋谷系が…みたいに使ってし

※1 『PIED PIPER DAYS パイドパイパー・デイズ 私的音楽回顧録 1972-1989』：2015年7月にリットーミュージックから発売された、長門芳郎氏の著書。シュガー・ベイブや細野晴臣氏らのマネージメント担当時代、そして「パイドパイパーハウス」やこれまでに手がけてこられた作品にまつわる貴重なエピソードが満載で話題を呼んでいる。

まうこともあるんですけどね。

長門：今回の僕の本（『PIED PIPER DAYS パイドパイパー・デイズ 私的音楽回顧録 1972-1989』※1）でも極力使っていないんだけど。何ヶ所か本にも出てくるけど、「渋谷系と言われる…」とかいう形でちょっとぼかした。

土橋：牧村（憲一）さんなんか、トラットリア・レーベル（※2）とかの取材を受けることがあると必ずそう言われるから、最後は「僕が元祖渋谷系だ」って言ったって（笑）。生まれも育ちも住んでるのも渋谷なんだから、本当の渋谷系だって（笑）。

岩永：(笑)。そうなんだ。

長門：南青山系とか言ってくれれば、まだ良いんだけどね（笑）。

岩永：それはちょっと言いにくいね（笑）。

長門：橋本徹君もうちの店に来てて、ピチカート・ファイヴのファン・クラブみたいなことをやってた。あとは（高浪）慶太郎君の弟（高浪高彰）と、岡ヤン（岡田崇）もメンバーだった。その頃はみんな学生だったけど、ミーティングする場所がないと言うので「パイド」の事務所を彼らに貸してあげていたんだ。橋本君はその後、大学を卒業して『Hot-Dog PRESS』に入って、それからは『Suburbia Suite』とか『bounce』、それに「Free Soul」のシリーズとかで活躍するけど。

●「パイドパイパーハウス」は聖地なのか？

土橋：しかし最近はいわゆる渋谷系の再評価の動きがすごいですね。この前もNHKのEテレで劇作家の宮沢章夫さんが『ニッポン戦後サブカルチャー史 III 90's リミックス』（※3）という番組をやっていて、その最初の回が渋谷系の再評価（「“渋谷系”とDJカルチャー」）でしたね。

岩永：サブカルチャーとか、1990年代を再評価する番組、色々とやってるね。

土橋：だからその辺が好きな人にとってはきっと、「パイド」は聖地なんですよ（笑）。

長門：それだけで言われるのもあれだけど、まあそれは「パイド」のほんの一面だよね。そんなに洗練されたものだけじゃなくて、もっと泥臭いものも、両方あったんだよね。僕もよくソフト・ロック好きみたいに言われるけど、それだけじゃなくてスワンプ（・ロック）とか、ベアズヴィル（・レコード）とか、ジャンルに関係なく、好きなものは好き、良いものは良いという。

鷲尾：そこのところはハッキリ書いておいた方が…。

長門：だから一部の人にとっては信じられないみたい。「そんなものも聴くんですか？」って言われるから。元々そうなんだからね（笑）。

※2トラットリア・レーベル：1992年にポリスター内に発足した音楽レーベル。トラットリアとは、イタリア語で「定食屋」の意で、フリッパーズ・ギター解散後の小山田圭吾氏が中心となり、元エル・レコードのマイク・オールウェイ氏との交流の結果立ち上げた。コーネリアスをはじめ、ヴィーナス・ペーター、カジヒデキ氏、カヒミ・カリィ氏、暴力温泉芸者、嶺川貴子氏などの新譜をりりーすする一方、ルイ・フィリップ氏やクラウドベリー・ジャム、そしてフリー・デザインの再発など、洋楽にも力を入れたが、2002年に活動を停止。

※3『ニッポン戦後サブカルチャー史 III 90's リミックス』：劇作家の宮沢章夫氏が講師となり、NHK Eテレで2016年5月29日～6月19日までに4回放送されたシリーズ。「ニッポン戦後サブカルチャー史」としては第3シリーズにあたり、1990年代の音楽や演劇、映像、ファッションなどをサブカルチャー的観点から紐解き、話題となった。

鷲尾：もっとフレキシブルですよね。間口が広いと言うか。

長門：それはレコード店も同じなんだよね。ソウルに詳しい店員がいたとしてもそれしか分からないみたいなものじゃないから。音楽全般、ある程度は分かってないと務まらない。

鷲尾：特に21世紀に入ってから、洋楽が好きな若い人たちと話したりすると、僕らの頃は裾野から聴き出して段々と頂上を目指すみたいなところがあったんですけど、すると裾野から入ってきてるから、その途中の音楽も大体は頭に入ってる。でも彼らはいきなり頂上に立とうとしちゃうから（笑)、間が抜けてるんですよね。例えばハード・ロックが好きな人がいて、1990年代から21世紀にかけてのハード・ロックはメチャメチャ詳しいんですよね。すごいなと思ってたんですけど、でもマウンテンの話をしたら知らないんですよね。

岩永：ああ、そういうことになっちゃうんだな。

鷲尾：ハード・ロック好きなのに、マウンテンを知らないことにビックリして。(エリック・)クラプトンが好きな人も、その延長線の流れの中にマウンテンが出てくるはずなんですけど、聴いたことがないって。それで聴かせたら「格好いいですね」ってなるんですよ。

岩永：(小冊子『Good Time Music まちにレコード屋があった時代 1970's』を見せながら）東松山に comeya っていうギャラリーがあるんだけど、これはそこで作ったもので、要は最初にどんなレコードと出会ったか？っていうことを８人で書いてる。昔、クイックフォックスっていう出版社があってね、御影（雅良）君っていう人がやってたんだけど、そこが『これが最高！』っていう本を作ったんだよ。10曲、自分が好きな音楽を挙げて、それを100人以上の人達が書いてた。自分のベスト・テンを挙げた本で、それぞれのレコード・ジャケットが載ってたりしてね。その本は恐らく、僕らがレコード店を始めてちょっとした頃に出たのかな。一種、他の文化から音楽を見たりとか、っていう切り口でね。

長門：それ、読んだことある。

岩永：この小冊子を作ってる人（吉田幸平氏）もデザイナーさんなんだよね。だからセンスが良いよね。元々その東松山の場所で自分の先祖が米屋をやってて、その場所を引き継いだんだよね。それでギャラリーにして、そこを色々なことに使ってる。コンサートをしたりね。そういうセンスの人が東松山にいるんだって、驚いたね。

土橋：意外と東京よりもその周辺とか、地方都市とかにいるんですよ。

岩永：誰にとっても自分で買った最初のレコードは他愛ないものだったりするんだよね。でもそこから広がっていくんで。だから最初からこうだってならなくちゃいけないと思ってる人は、結構今は多いんだろうな。色んなことを体験していって、その中から好きなものを見つけるみたいな、一種のローリングしていくのが面白いんだと思うんだけど。音楽って、そういう意味ではジャンルは関係無いんだよ。

鷲尾：そうですね。カテゴライズして音楽を聴き始めると、どんどんつまらなくなりますよね。

長門：一番最初に好きになった音楽…例えば、僕だったらフランキー・アヴァロンやジョニー・ティロットソンなんだよね。ビートルズ以前は。ジョニー・ティロットソンはポップス・シンガーだけど、ハンク・ウィリアムスとかのカントリーをいっぱい歌っているから、中学生の時に図書館に行ってカントリーの本を借りて、オリジナルを調べてみたりした。

岩永：カントリー・ミュージックの本が、中学の図書館にあったんだ。

長門：あった。高山宏之さんが書いた本（※）が。そういうのを切っ掛けに広がっていって、その後でラヴィン・スプーンフルとかに出会うと、そこにはブルースとかジャグ・バンド、フォークとか色々なものが出てくる。それをみんな手繰っていく。そういう聴き方だね。

岩永：根っこの方にも葉っぱの方にも両方、探っていかないとね。根っこの方はどうでもいいやって思っていると、気づかないこともあるし。まあ葉っぱの方だけが大きくなっちゃう人もいるし、根っこの方ばかりを掘っている人もいるけどね（笑）。でもそれはどっちも、レコード屋さんには向かないよね。

土橋：ルーツも新しい音楽も、そのバランス感覚は大事ですよね。

長門：当時の「パイド」もそうだったけど（普通のレコード店は）ABC順に並べてて、あれは分かりやすいのかも知れないけど、でももっと違う並べ方…例えばグリニッジ・ヴィレッジとか、ウッドストックとか、ローレル・キャニオンとか、そんな感じで什器に並べられたらね。僕の家のレコード棚もそうだから。

岩永：地域とか、ルートとか？

長門：そうそう。

土橋：大体、レコード棚の並び方を見れば、その人の性格とか志向が分かりますよね。

長門：（ラヴィン・）スプーンフルがあれば、そこから色々と繋がっていくから。だから何で自宅でABC順に並べてる人がいるのかなって。レコード店じゃないのに（笑）。

鷲尾：でも僕なんかはアイウエオ順に並べてあるんですよ。それは何がどこにあるか分からなくなっちゃうから。でも僕の先輩で井上（修一）さんよりちょっと上の世代の人で、ずっと静岡で「すみや」のキャンペーンとかを仕切ってた永井（良昌）さんっていう人がいるんですけど、その人の自宅が全く長門さんと同じで、映像と本と音楽が関連づけて一緒に並べられているんですよ。1階の端から2階に上がっていくまで、ずっとそれが並んでいるんです。それで大瀧さんが亡くなられてからナガイアガラ神社っていうのを作って（笑）。

土橋：永井さんは、それこそはっぴいえんどの頃から大瀧さんとは繋がりのある方でして。

鷲尾：それで若い人がそこへ行って、大瀧さんの神社にお参りすると、それこそ『ロンバケ』の頃にその人が作った「すみや」のグッズがまだ残っていて、それをもらえるんですって（笑）。

※高山宏之さんが書いた本：1963年に音楽之友社から刊行された『ウエスタン音楽入門』のこと。

岩永：その永井さん、昔会ってるな。

長門：結局のところ、例えば火事や地震に遭ったとき、ABC 順じゃ何を持ち出すか困るからね。だからまとめておかないと、ラヴィン・スプーンフルとローラ・ニーロだけは非常時持ち出し用に枕元に置いといてみたいなね（笑）。

土橋：うちの場合は、フィル・スペクターと大瀧さん関係のコーナーがあって、あとは系統別ですね。西海岸と東海岸、あとレーベル。

長門：まあそんなレコード屋さんがあってもいいよね。小さい店だったら。

鷺尾：それこそ「すみや」での最後の頃、その永井さんにそういう店をやれって嗾けられて、1950 年代のロックン・ロールから 70 年代ぐらいまでのものをブラウザ（※）から抜いちゃって、時系列に並べて売り場を作ったら面白かったですね。

土橋：それはお客さんも同じで、その場に行って自分で探す楽しみとか、発見する楽しみがあるじゃないですか。今はそういう楽しみが無くて、本当に目的買いが多いから…。

鷺尾：例えば 1964 年生まれの人が 1964 年のところに立つか、それから自分が 10 歳だった 1974 年のところに立つかによって、見えてくる風景が違うと思うんですよね。それは永井さんが言ってたことの受け売りなんですけど。

岩永：その通りだよ、本当に。

鷺尾：そうすると音楽の聴き方がより密になるというか。本屋さんの中には、最近はそういう面白い切り口で並べているところもありますけど。

土橋：敢えてそういう展開をしている本屋さん、増えてきてますよね。

鷺尾：でもレコード屋さんは、そういうことをする体力が無くなっちゃってるよね。

岩永：でもレコード屋さんももう一回そういう位置づけをし直して、別にメチャメチャ売れなくても良いから、スタッフが２人ぐらい食えるような店を出来ると良いよね。

土橋：作って欲しいですね。やりたいですね。

●レコード店の未来

岩永：そういう意味でも「タワーレコード」での「パイド」の復活は、実験なんじゃない？

長門：去年（2015 年）の赤レンガ倉庫の時も、そういうつもりで、いろいろリサーチもしたんだよね。でも考えてみたら、あのときはお祭りだったから人が来たんだよね。イヴェントだから。でも今回はショップ・イン・ショップということで、すごく注目されているし、半信半疑で始

※ブラウザ：一般的にブラウザと言えば、インターネットを閲覧するためのソフトを指すことが多いが、ここでは「browse」＝閲覧する、の意から転じて、商品（レコードや CD など）を並べている什器のことを指す。

めてみた「タワーレコード」も驚いていると思う。

岩永:レコード屋の中にレコード屋か。まあパイドパイパー神社みたいなものだよね(笑)。さっきの話で言うと、長門神社か(笑)。

鷲尾：今回は渋谷で大商圏だけど、もう少し商圏の小さい地方都市とかでそれが成立すると、面白いですよね。

長門：でもそれは難しいでしょうね。地方のあるお店の話を聞くと、客が週に何人だとか、とにかく少ない。すごくセンスの良い店長さんの店で、去年の横浜にも来てくれた。それで話を聞くと、まあその都市が特殊なのかも知れないけど、商店街に通行人がいないんだって。でも昔は、それこそ後に有名になったミュージシャンとかが通い詰めていて、色々な人達に影響を与えた店だったんだよ。だから昔は「パイド」の何倍も儲かっていたはずなんだよね。でも今はとにかく人が来ない。だから地方は厳しいかも知れない。

鷲尾：もう儲からなくても良いから人助けだ、くらいの気持ちでやらないとダメかも知れないですね。

岩永：あと長門ちゃんに訊きたかったのは、通販っていうのはこれからもアリなの？

長門:アリだとは思うけど、でも「Amazon」とか、大手の「HMV」や「タワーレコード」「ディスクユニオン」なんかの通販に対抗するのは大変でしょう。

岩永：それは、その辺がほとんど、マイナーなものまで含めて既に網羅してるっていうこと？

長門：そうです。ほとんど網羅しているし、あと例えば送料の問題とかもあるからね。

土橋：結構、送料がネックになるっていう話を聞きますね。

長門：送料はネックだね。小さい店が通販をやるには。

土橋：流通業者が個数に応じて送料を融通してくれることも昔よりは難しいみたいですしね。でも例えば「ペット・サウンズ（・レコード)」とかに通販の話を聞くと、あの店のホームページはハッキリ言って手作りですし、「タワーレコード」や「Amazon」のような充実したシステムでは無いんですけど、それでもここで買いたいっていうお客さんがかなり多いみたいなんですね。それで何でかと思って訊くと、オリジナルの特典が付くことが多いんです。それも手作りの。例えばそのアーティストへのインタヴューを独自にしてまとめた２つ折りの紙製のリーフレットとか、本当に簡単なものなんです。でもそこでしか読めない情報だったり、何より音楽愛が溢れている。だからファンは欲しくなるんです。通販のお客さんからもそういうものを望むリクエストが来るんですって。

鷲尾：あの店のものは読んで為になりますよね。

長門：でもそれを続けられるのは、あの森親子やスタッフの努力があってこそだよね。やるのにはとにかく手間がかかるから。

土橋：本当に手間を惜しんでは出来ないものですよね。

岩永：なかなか大変だよね。

長門：でも僕は本来、特典って嫌いなんだよね。レコード店が競って特典を付けてたでしょ。

岩永：一時期、特典、特典ってすごかったよね。

長門：それで例えばメーカーも、渋谷の「タワーレコード」にはポストカード、「ディスクユニオン」には卓上カレンダーとか分けるでしょ。

土橋：だからコアなファンは全部買わなきゃならない。同じものを3店で買うとか。ちょっとやり過ぎですよね。

長門：音楽だけで、レコードだけではダメなのかな？って。

岩永：だから「パイド」は特典は無かったよね。

長門：無かった。でもたまにター坊のサイン入りだとか、そういうものはあったけどね（笑）。

土橋：それは逆に貴重ですよね（笑）。

岩永：でもレコードは再販制度の関係で値引きしちゃいけないというのがあって、だから10%割引券とか配っていたところもあって。金沢の「パイド」が出来たときなんかは、「山蓄」さんとか周りのレコード店はみんな特典でエプロンがもらえますとか灰皿が付きますとか、音楽と関係無いものもあったよね（笑）。まあポスターが付くくらいならいいんだろうけど、あまり加熱しちゃうとね。ああなると新聞の勧誘と一緒だよね（笑）。

土橋：メーカー側からすると、あれをやったことによってイニシャルが積める、それだけなんですよね。

岩永：そうだよね。でもその後は当然落ち込んだりするわけでしょ。

土橋：積み過ぎて返品を取ることもあるんですけど。

岩永：音楽を売ろうというのではなく、特典で釣ろうという感じだよね。

土橋：それは良いことではないですよね。一時期は如何にしてオリジナル特典を付けるかっていうことで、各チェーン店は競ってましたからね。

パイドパイパーハウス店内（1978 年撮影）

原宿／神宮前交差点角にあったセントラル・アパート 1 階には、パイドパイパーハウスの支店があった（1981 年 3 月撮影）

岩永：でもそう考えると通販は、大きな組織がマイナーなところにまで手を伸ばして網羅されたら、もう我々は手を出せないっていうことか。

長門：まあすごく特殊なものだとか、自分たちで商品開発をやるっていうのなら、そこでしか買えないものだからアリだよね。

岩永：そうなると、自分たちでレーベルを作るしかないっていうことだよな。

土橋：そうなるととにかくオリジナル性の高いもの、そこでしか買えないものじゃないと意味が無いですよね。「タワーレコード」や「HMV」なんかも過去に発売されていて今の市場にないものを自分のレーベルでリイシューしたり、アナログ盤で限定発売したりということを盛んにやってますけどね。自分たちのチェーン独自の発売ですから、もちろんよく売れるものもあるでしょうし、中には過去にメーカーから出ていたものをただ焼き直しただけでボーナス・トラックも無ければリマスターもされていなくて売れなかった、というものもあると思いますよ。売れずに余ってしまうとそれは買い取りなので、返品不可ですから、不良在庫が溜まっていくっていうリスクも同時にあるわけです。独占販売だから、他のチェーンに流すわけにもいかないですし。一時期はそういう独自商品を囲い込んでメーカーと一緒にどんどん出してましたけど、今はその勢いは衰えてきた感じもしますね。

岩永：ということは、CD やレコードの購入人口は圧倒的に落ちてきてるのかな？

土橋：そうだと思いますね。

岩永：そうしたらもうみんなで作るのを止めますとかね。洋楽は輸入盤だけにしますとか。

土橋：原点に帰らないといけない時期なのかも知れませんね。

岩永：だとすると、中国だとかアジア圏での市場性ももう無いっていうことかな？みんなネットで購入するとかタダで聴くっていうレベルになっちゃうのかな？

長門：韓国なんかもレコード・ショップが無くなってるからね。アメリカと同じで。

鷲尾：韓国は（音楽の）自由化が 1990 年代のかなり経ってからだったから、意外とネット環境にシフトし易かったっていうこともあって、ダウンロードとかが定着したんですよね。だから日本よりもリアルなものは売れないですよね。

土橋：韓国は、日本の音楽を輸入できないとかっていう時期が比較的近年までありましたよね。

岩永：そう、法律であったからね。

鷲尾：決め打ちで買うなら通販は楽なんですけど…。

岩永：（通販だと）何か見渡すみたいなことが出来ないからね。

鷲尾:そうなんですよね。だから見渡せるような環境のところがあれば、そこへ覗きに行って買っちゃうっていうことがあると思うんですよね。だから森さんの「ペット・サウンズ・レコード」（の通販）なんかは絶対的なアイテム数は少ないけど、店を覗いてここに書いてあることを読んでいると、これを聴いてみようかなっていう気になって、それでついつい買っちゃうっていうのがあると思うんですよ。そういう環境で、音楽専門のものがあればそれはそれで面白いかなと思うんですけどね。

岩永:僕の友達に小学館の編集者で島本（脩二）っていう人がいて、昔ベスト・セラーになった『日本国憲法』の本を作った人で。それをちょっと前(2013 年)にセブンイレブンで売ったんだよね。あれはそういうルートの開発をしたらしいんだよね。そういう手もあるのかと。もちろん小学館だから出来るっていう部分もあるんだろうけど、あれは結構売れたらしいんだよね。だからさっきの通販の話だけど、すごく充実した「ペット・サウンズ」や「パイド」のお店のようなチョイスの環境をネット上で架空に作れたらね。

長門：それって 10 何年か前にそういう話があって、やりかけたんだ。例えば僕がレコードや CD をセレクトしたショップがあったり、隣にはピーター・バラカンのショップとか。そういうのが何軒もあるネット上のレコード・ショップ。でもいつの間にかその話は立ち消えになってしまった。

岩永：それは惜しいね。例えばそういうものを大手の流通と組んで、そこのチャンネルで商品を流すとか。もちろんその中には長門ちゃんとかバラカンとか、土橋君とかがセレクトしたショップがあって、要はセレクト・ショップがいっぱいある名店街みたいなものが出来たら、どのぐらい売れるのかな？少なくとも音楽自体の動きは変わるよね？

長門：変わりますね、多分。それにまずはみんな見に来るよね。

岩永：そうだよね。そこに例えばラジオとかメディアが絡められれば、かなりのプッシュ力は出るんじゃないかな。

鷲尾：そうですよね。僕らがレコード屋の店頭に立っていた時は、好き嫌いに関係無く、まず毎月の新譜注文書がメーカーから来て、それを端から端まで全部見て、その中で最初から引っかかるものと、たまたまメーカーから送られてきたサンプルで引っかかるものとがあって。いつも洋・邦問わず新しい音楽と接する機会があったのが、でも（「すみや」を辞めた）5～6 年ぐらい前からそういう環境が無くなっちゃったんですよ。そうすると、どこにそういうものを求めたらいいかというと、普通に（今の）CD ショップに行ってもそういう作りにはなっていないし、無いんですよね。

土橋：ショップの仕入れとか発注の方法が変わってしまった、っていうのも大きいですよね。特に大手のチェーン店は大体セントラル・バイイング・システムって言って、本社で一括して全店分のオーダーをとりまとめてメーカーに発注するから。昔はレコード会社のセールスが各店を回ってオーダーを取っていたんですけど、その折衝の機会が無くなってしまったんで、現場の人が情報を直接得られなくなってしまった。

岩永:それはすごく大きな問題でね、数字的なデータ合わせでしかないんだよね。お客さんのニーズを吸収できていない。グロス（※）として全体でこの CD は何枚とかっていうのは分かるけど、この店でこの商品はこれだけしか売れない。でもこの店ではこんなに売れてる。それは何故なんだろう？っていうのが分からなかったら、メーカーもマーケティングにはならないはずなんだよ。その辺を間違えているんだろうね。

土橋：それは各お店のバイヤーの士気にすごく関わっていて、例えばあるバイヤーさんが「これは絶対に売れるから」とか「売ってやろう」って思って、あらゆることを考えて命をかけて売ってみて、それで結果が付いてきたらそれが一番の成功体験になるんですよね。そういうことが現場でも無くなってきていて、本部が言うことをそのまま聞いて売れた、売れないっていうんじゃ、楽しくないですよね。

鷲尾：チェーン店の場合、セントラル・バイイング・システムを導入すると何が売れたかということよりも、トータルで予算を達成できているかどうかっていう話になりがちなんです。現場が単品を見なくなる。でも本当は、それは単品の積み上げでしかないんですけどね。

岩永：他品種少量生産なんだよね。売り方の問題、仕入れの問題だね。もちろんお客さん側の問題もあるんだけど、店側の問題もすごく多いよね。

鷲尾：だからさっきのネット上の専門店街じゃないけど、まずそこに見に行けて、商品がいいセレクトで充実してて、ある程度の試聴が出来て、そこにきちんとしたキャプションが付いていて、っていうことになると、例えば「Amazon」みたいにクリックして翌日配送してくれなくてもいいんですよ。4 日でも 5 日でも待てる。店側からすれば、オーダーが入ってから発注をかければいいんだから、在庫を持つ必要もない。そうすればリスクも少ないですよね。

岩永：そう考えると、コストと、権利処理をどうするかと、あとは物流だよね。

土橋：でも一番問題なのは物流かも知れませんね。例えばコンビニのような既存の物流を使うとすると、ああいう会社が粗利が 25%も取れない CD に興味を持つのか？っていうのが一番大きな問題でしょうね。

岩永：ということは、あなたたちは文化を扱うのか、やらないのか？っていう話だよね。

土橋：レコード文化は、薄利多売の中で回していかないと発展しないものですからね。

岩永：だからといって、独自に流通を設けるのは本当に難しいことだからね。

土橋：聞くところによると「Amazon」なんかは CD だけでは商売にならないらしいですね。アイテムの数が多い割には商売にならない。それをどこで穴埋めしてるかっていうと、服飾関係だったり、家電とか生活雑貨とか他のジャンルのもの。

岩永：そうだよね、きっと。

※グロス:トータル出荷枚数のこと。もしくは店舗では、総仕入れ枚数としても用いる。つまりイニシャル（初回出荷枚数）＋バック（追加出荷枚数）＝グロス（トータル出荷枚数）となる。そしてこのグロスからリターン（返品数）を差し引いたものをネット（実売枚数）と呼ぶ。

横浜の赤レンガ倉庫で行われた「70's バイブレーション！」で復活したパイドパイパーハウス（2015 年 9 月 11 日撮影）

旧パイドパイパーハウスで実際に使われていた木製看板も展示された（2015 年 9 月 11 日撮影）

鷲尾：だからこそ、渋谷の「タワーレコード」で「パイド」が復活すれば、わざわざ遠方からでも見に来たくなりますよね。

長門：そう言ってくれる人は多いよね。

岩永：でも早くやらないと、みんな死んじゃうからね（笑）。

土橋：でも僕らより下の、「パイド」には間に合わなかったっていう世代の人も期待してますから。

鷲尾：20代、30代のリアル・タイムで「パイド」に行けなかった人が今、また体験できるっていうのは嬉しいですよね。彼らは購買意欲もあるし。

岩永：だから長門ちゃんは「パイド」神社みたいなものを自分で背負って色々なところを行商のように回っていくのが良いんじゃない（笑）。

長門：（笑）。でも僕には「タワーレコード」をもう一度盛り上げたいっていう気持ちもあるんだよね。特に渋谷店の上の方の階、ロック・フロアとかは全盛期の賑わいはなくなっているし。2階のカフェは結構繁盛してる。

土橋：恐らく2階にカフェを作ってしまったんで、そこでお客さんが止まってしまって、それより上に流れなくなってしまったんでしょうね。

長門：それに目の前に「HMV」も出来たし。「パイド」出店に関しては他からも色々な話があったけど、僕は「タワー」をもう一度何とかしたい。そうしないとレコード店全体がもっと淋しくなっちゃうって。小さい店はもう歯止めをかけるのは難しいんだよね。みんな疲れちゃってるし。

岩永：要は「パイド」は「タワー」の軒を借りる、っていうことか。

長門：それで乗っ取っちゃうくらいのつもりで本気でやってる（笑）。

岩永：それはすごいね（笑）。夢があるよ。

長門：それは冗談だけど（笑）。

岩永：でもそこで、本当にお客さんが欲しいのはどういうものなのか、っていうのを見極める実験は出来るよね。

長門：去年（2015年）の横浜は、夏休みで短期集中だったから。

岩永：今回の「タワー」での「パイド」は、レコード袋はどうするの？

長門：サーモン・ピンクのを復刻しました。ちょっと渋谷っぽい感じだし（笑）。

岩永:僕の友達で森本（剛史）君っていうのがいて、僕と同じ立教大学の出で、トラベル・ライターでしょっちゅう外国に、150ヶ国ぐらい行っていた人なんだけど、「TSUTAYA」の代官山が出来るときに絶対に旅のコーナーを作れって言って、コーナーが出来て彼が旅のコンシェルジュっていう資格で「TSUTAYA」に入って頑張っていたんだけど、結局その3年後にガンで死んじゃったんだよ。彼みたいなコンシェルジュになって、本当の「音楽の楽しさコンシェルジュ」っていうのを、長門ちゃんだとかバラカンさんだとか何人かにやってもらうのも良いと思うな。毎日お店に出るのは大変だから、何ヶ月毎とかローテーションでね。そういうのをやれば、盛り上がるんじゃないかな。

長門：やはり、音楽に対する愛だよね。「タワー」は現場の若い人たちからも音楽が好きっていう気持ちが伝わってくる。

鷲尾：「タワー」を切っ掛けにして「パイド」のイン・ショップがうまく回っていけば、少しは現場にも光が差しますよね。

長門：去年の横浜は短期だったけど、今回は最低でも半年だから色々な実験やリサーチも出来るし、何らかの手応えがあると思うんだ。それからそれは僕だけじゃなくて、「タワー」の他のスタッフにも良い影響が出るといいし、こういう売り方をすればまだまだCDもレコードも売れるんだっていうのを掴んでくれたら嬉しいよね。商品のセレクトも僕が全部やるんじゃなく、「パイド」で僕をアシストしてくれているタワーのスタッフと一緒に相談しながらやっている。彼らがとても優秀で、「パイド」の精神というか、カラーを理解してくれているので安心だし、楽させてもらってる（笑）。

岩永：でもそうやっていかないと、継承できないよね。

鷲尾：そのうち長門さんの人形が出来て、カーネル・サンダースみたいにどの「タワー」に行っても置いてあったりして（笑）。

長門:7月にオープンしてからは朝礼にも出て、最高齢新人スタッフとして挨拶するつもり（笑）。もう歳だし、長時間、店に立つことは出来ないから、週末を中心に午後遅めの時間から入ることが多いと思うけど。「タワー」と言えども、今時ただやっているだけじゃダメなんで、毎週、店頭イヴェントをやって、定期的に独自の再発もやって話題が途切れないようにしようと思ってる。いつ来ても何か新しいものがある店にしようと。

岩永：でも半年間そういうことをやり続ければ、定着するね。

長門：今回の試みがうまく行ったら、期間も延長されるかもしれないし、とにかく手を抜かず、楽しみながらやりたいですね。今回の「パイド」復活に関して、年寄りの懐古趣味なんて言う人も中にはいたみたいだけど、ほとんどの人が喜んで、歓迎してくれた。年寄りというのは間違ってないけど（笑）、僕としては、2016年の渋谷に「パイドパイパーハウス」が出現したら、どんな品揃えで勝負するかというのがテーマで、才能とセンスのある若いミュージシャンたちの作品も積極的に推していく。1970年代、80年代にパイド独自のベスト・セラーが生まれたように、今の「パイド」から何か魅力的な音楽を発信できたらいいなと思っているんだ。

タワーレコード渋谷店５階に期間限定イン・ショップとしてオープンしたパイドパイパーハウス（2016年７月15日撮影）

パイドパイパーハウス（2016年９月２日撮影）

パイドパイパーハウスと長門芳郎氏（2016年９月７日撮影）

第2章
サウンドトラック専門店としての独自性とその役割

対談
井上修一（元すみや渋谷店 店長）
＋
鷲尾 剛
＋
土橋一夫
2016年3月26日＠静岡／サウンド・キッチンにて

●音楽との出逢い

土橋：井上さんは、何年のお生まれでしたっけ？

井上：昭和で言うと25年、1950年ですね。

土橋：一番最初に音楽に興味を持たれたのはいつ頃でしたか？

井上：そうだね、ラジオとかから聴いた歌謡曲だよね。小学生の頃だね。

土橋：当時の歌謡曲というとどの辺りですか？

井上：まだ三橋美智也や春日八郎とかがバリバリの頃だよね。その後に橋幸夫とか最初の御三家なんかが出てくるんだけど。そして洋楽のカヴァーものなんかも出てくるっていう時期だよね。

土橋：いわゆる和製ポップスですよね。

井上：そうそう。それが小学校の高学年ぐらいじゃないかな。

土橋：一番自分の中でしっくり来たのは、どの辺だったんですか？

井上：そうだな？何しろ色々聴いていただけでね、特にこれっていうのは無かったね。ラジオは聴いていたけど、当時は自分の部屋に1台あるっていう時代じゃなくて、親と一緒となるとどうしても音楽だったら歌謡曲になっちゃうんだよね。自分で聴くようになったのは中学に入ってからじゃないかな。

土橋：レコードを買うようになったのは？

井上：中学に入ってからシングル盤をね。最初に買ったのは、ブレンダ・リーの「サン・フランシスコの思い出」っていうシングル盤だったんだよね。日本盤で。

鷲尾：井上さんの家にはプレイヤーとかあったんですか？

井上：最初は電蓄（※）だよ。ステレオになるのはもうちょっと後かな。

土橋：ブレンダ・リーを買ったのには、何か理由があったんですか？

井上：何だろうね？良い曲だと思ったんじゃないかな。何故かトニー・ベネットでもなく、ブレンダ・リーを買ったんだよね。

土橋：その年齢でブレンダ・リーに飛びつくって、凄いですよね。

※電蓄：電気式蓄音機の略称。それ以前の蓄音機では、ターンテーブルをゼンマイや巻き上げたおもりなどを動力源としてまわしていたが、電蓄になるとターンテーブルはモーター駆動となり、さらにレコードの溝とレコード針が触れることによって生まれる動きを電気信号に変えて増幅しスピーカーを鳴らす電気式となった。一般的にはアンプを内蔵したポータブル電蓄のことを指すことが多い。

井上：そうだね（笑）。それも不思議だけど。何で買ったんだろうな？

土橋：例えば家族や親戚とか近所の年上の人たちからの影響は無かったんですか？

井上：親からは全く無いんだけど、２つ上の姉がそういうものを聴いてて、ボビー・ライデルのファン・クラブに入ったんだよ。あの当時だからペンパルとやり取りをしてて、それで姉が買ったものを聴いていたっていうのはあったね。だからボビー・ライデルは好きだよ（笑）。姉貴は(映画)『バイバイ・バーディー』（※）で好きになったみたいだね。

土橋：当時、レコードはどこで買ってましたか？

井上：それはもう「すみや」しかないよね。静岡の人にとっては。

土橋：井上さんって生まれも育ちも静岡ですか？

井上：そうそう。

土橋：その時の「すみや」って静岡本店ですか？

井上：そう、本店。

鷲尾：まだ多店舗展開なんかをする前ですよね。あと他にあったのは清水店ぐらいですよね。

井上：そうそう。中学生の頃だから、支店はまだほんの僅かだよね。

土橋：ちなみに「すみや」が横浜の岡田屋に出店するのが1972年３月ですから、まだ関東には出店していない頃ですね。

井上：その時は、横浜へ開店の手伝いに行ったよ。泊まり込みで搬入とか。

土橋：当時、静岡市内には「すみや」以外のレコード屋さんは無かったんですか？

井上：いや、ありましたよ。「カワイ」さんがあったね。あとは地元の「ヤマモト」っていう店が今の新静岡セノバの近くにあったりとか、何店か個人店があったと思うけど。

土橋：当時は東京でも恐らくそんな感じでしたよね。まだ多店舗展開するチェーン店とかが出てくる前ですから。

井上：そうだね。あっても「山野楽器」さんとか「新星堂」さんとか。

土橋：あとは「帝都無線」さんですかね。

井上：それに浅草や上野にあるような老舗のレコード屋さんだね。

※『バイバイ・バーディー』：1963年にアメリカで制作・公開されたミュージカル・コメディー映画（監督：ジョージ・シドニー氏）。登場する人気ロックン・ローラーのバーディーは、エルヴィス・プレスリー氏をモデルとしており、映画の中でも人気スターの徴兵が風刺されている。

土橋:「ヨーロー堂」さんとかですね。さてその後、音楽にのめり込んでいった切っ掛けは何だったんですか？

井上：そうだね、中学でブラバンに入って、そこで取り上げる曲はクラシックじゃないですか。ポピュラー・クラシックみたいな。それでクラシックを聴き始めて。ラジオではもちろん他のものも聴いていたけど、クラシックも聴いていたと。高校でもそのままブラバンをやっていたんでクラシックを聴いていたら、同級生の中に「同じ譜面のものばかりを聴いていて何が面白いんだ？」っていう人がいたんですよ。その人はジャズにのめり込んでいて。「ジャズは同じテーマがあっても、演奏する人によって全然解釈が違う」とかって言われて。それでジャズも聴いてみようかなって思って、高校の途中からジャズに入って行った。その後、高校を卒業して浪人したんだけど、東京へ出たらジャズ喫茶に入り浸りだよね。

●静岡から東京へ

土橋：その頃、通っていたジャズ喫茶はどの辺ですか？

井上:新宿の「DIG」がほとんど。あと当時は荻窪に住んでいたから、高円寺の「サンジェルマン」かな。そうしたら渋谷の「DIG」で例のレコード盗難事件（※1）があって、もう中平（穂積）さんが辞めるって言って、それを松平（維秋）さんが引き継いで「ブラック・ホーク」に変わるわけ。最初はジャズ喫茶だったけど、そこにも通ってた。元々「DIG」だったから。それで行ってたらお昼の１～２時間、ニュー・ロック・タイムとかっていうのが始まっちゃって、レッド・ツェッペリンだとかピンク・フロイドなんかをかけ始めて、そこでも大きい音で聴けたから通っててね。

土橋：まさに渋谷百軒店の辺りですね。ちなみに「ヤマハ渋谷店」が道玄坂にオープンして輸入盤を扱い始めたのが1966年11月からですね。

井上：ああ、そうだよね。よくジャズのレコードを買いに行ったよ。

土橋：鈴木慶一さんも通っていたとか。

井上：そうでしょうね。その当時に輸入盤を扱っていたのはそんなにないから、それこそみんな「ヤマハ渋谷店」に通ってたんじゃない？あとはジャズだったら新宿の「トガワ」とか「マルミ」「オザワ」あたりにはあったね。

土橋：あとは銀座の「十字屋」とか「山野楽器」ぐらいですかね。

井上：そう。でもあまり銀座には行かなかったからな。

土橋：「ディスクロード」はもうありました？

井上：まだないでしょ。

※１例のレコード盗難事件：渋谷の「DIG」で1968年冬に起こった、店にあったジャズのレコード700枚が、一夜にして盗まれてしまったという事件。

※２荻窪ロフト：1974年11月に、烏山ロフト、西荻窪ロフトに続いてオープンしたロフトとしては３店舗目となるライヴ・ハウス。友部正人氏、山下洋輔トリオ、はちみつぱい、細野晴臣氏、鈴木慶一氏、南 佳孝氏、センチメンタル・シティ・ロマンス、ブレッド＆バター、遠藤賢司氏、鈴木 茂氏、金子マリ氏、小坂 忠氏、桑名正博氏など錚々たる顔ぶれが出演。シュガー・ベイブの解散ライヴもここで行われた。

鷲尾：「ディスクロード」は多分、1970年代に入ってからだよね。そういえば銀座の「ヤマハ」も輸入盤を扱っていて、ここにはビルボードの1位から100位までのシングル盤が置いてあった。中学の時に西山（靖人）がそれを買いに行ってたよ。僕は行ったことはなかったけど、かなり輸入盤を置いていたんだろうね。

井上：そうなんだ。でも当時、銀座にはあまり行く用事が無かったからね（笑）。

鷲尾：学生が通う街じゃないですよね（笑）。

井上：だからどうしても渋谷だよね。

土橋：1966年に道玄坂に「ヤマハ渋谷店」がオープンして、1969年に百軒店に「BYG」が開店してるんですよ。

鷲尾：そうなんだ。

井上：「ブラック・ホーク」はもっと前かな？

土橋：同じ時期の1969年ですね。

鷲尾：さっき話に出たツェッペリンをお昼にかけるっていう話だけど、僕らが高校生の頃、『ニューミュージック・マガジン』に「ブラック・ホーク」の広告が載ってて、そこに書いてあった。

井上：そう、あったんだよね。ニュー・ロック・タイムが。

鷲尾：それを見て、渋谷にこういう店があるんだって思った記憶があるんですよね。

土橋：当時、ここに入り浸っていた人は多かったでしょうね。「ブラック・ホーク」や「BYG」に通って、「ヤマハ」へレコードを買いに行くっていうルートで。あと当時、ライヴ・ハウスには出入りしてなかったんですか？

井上：それはだいぶ後になるな。でも「荻窪ロフト」（※2）には結構見に行ったな。ムーン・ライダーズを見たり、シュガー・ベイブも見てるし。あとは渋谷の「ジァン・ジァン」（※3）。はっぴいえんども、はちみつぱいも見たし。ジャズの時は新宿だったけど、フォークやロック系になると渋谷だったよね。

土橋：井上さんがジャズからロックへと移っていったのは、やはり「ブラック・ホーク」なんかの影響が大きいんですか？

井上：そうだね。あとは高円寺の「ムーヴィン」（※4）。ジャズ喫茶がその近くにあって、こっちでジャズを聴いた後、抜けて「ムーヴィン」でフォークやロックを聴いて、それでまた戻って、とかっていうことをやってた。何せ暇だったから（笑）。両方掛け持ちで出入りしてたね。

※3ジァン・ジァン：渋谷の公園通りの東京山手教会地下1階に1969年から2000年まであった小劇場。シェイクスピアから一人芝居、高橋竹山氏のような純邦楽、淡谷のり子氏や美輪明宏氏といった錚々たるメンバーによるコンサートなど、ノン・ジャンルで先鋭的なステージが繰り広げられた。現在この場所は、銀座ルノアール系列のCafe Miyama渋谷公園通り店となっている。

※4ムーヴィン：はちみつぱいのベーシスト、和田博巳氏が高円寺で経営していたロック喫茶。ここでかけられた、山下達郎氏らが自主制作したアルバム『Add Some Music To Your Day』が伊藤銀次氏とはちみつぱいの駒沢裕城氏の耳にとまり、それが縁となって大瀧詠一氏の手に渡ったことにより1973年9月21日に行われたはっぴいえんどの解散ライヴ「CITY-Last Time Around」への出演、そしてシュガー・ベイブはナイアガラからのデビューに繋がっていく。

土橋:「ムーヴィン」は、はちみつぱいの和田博巳さんの店だったから、当時ここで会ったミュージシャンとかいました？

井上：一方的にこっちは知ってて、っていうのはあったけど、親しくはなってないね。あとは吉祥寺の「ぐゎらん堂」とかね。荻窪に住んでいたんで、中央線沿線と渋谷には出やすかったからね。

土橋：当時の荻窪の街には、レコード屋さんと言えばどんな店があったんですか？

井上：専ら通っていたのは、中古盤屋の「月光社」。ここに入り浸ってたね。

土橋：その頃、つまり学生時代の生活は、毎日どんなルーティンだったんですか？

井上：授業も行かずにね。

土橋：ちょうど学校は70年安保なんかの紛争でロック・アウト（※1）だった頃ですよね？

井上：そう。まず学校に行く前に雀荘でつかまるとかさ（笑）。あまり行ってなかったけど、よく卒業できたと思うよ。

土橋：学生運動には参加されなかったんですか？

井上：僕は典型的なノンポリ（※2）でね。でも周りは結構、家にヘルメットがあったりとか。それで当然、聴いているのはURC系になっちゃうわけですよ。まあ心情左翼だよね。

鷲尾：それは僕らも一緒だったな。

井上：ちょっと恐くてね。小心者なものでね。

鷲尾：恐かったですよね。なんとなくデンジャラスな感じがして。

井上：だからそういう活動には関わらず、心で応援してた（笑)。

土橋：ブラバン出身ですから、その後自分で演奏したりとか、そういうことはされなかったんですか？

井上：普通にフォーク・ギターでコードを鳴らすぐらいならやってたけど、それぐらいかな。

●「すみや」に入る切っ掛けとなったアルバイト時代と横浜店での輸入盤セール

土橋：学生時代のアルバイトとかは？

井上：そこで生活のために、レコード屋でバイトを始めたんだよ。「すみや横浜店」でね。

※1ロック・アウト：英語で閉め出す、排除するの意。転じて学生運動が盛んだった1960年代後半、日本の大学生らが自らの主張を通すための行動として、大学の施設や教室などにバリケードを築いて社会に対する抵抗運動を展開し、それに対して大学側が授業を中止し大学を封鎖したことに関連して使われることが多い。

※2ノンポリ：英語でノンポリティカルの意。つまりポリシ--を持たず、1960年代後半の日本での学生運動期においては、政治的関心を持たない人のことを指した。しかし単に当時の政治に関心のない人たちのみならず、そこには過激派に対する嫌悪感を抱く人たちなども含まれていた。

鷲尾：荻窪から通っていたんですか？

井上：荻窪に住んでいたんだけど、一時期は立川の（米軍）ハウスにいたこともあった。1年間ぐらいね。その時は青梅線を使って立川まで行って、それで乗り換えて長津田まで行って横浜線で。

鷲尾：それじゃ今と違って、片道2時間近くかかりますよね（笑）。

土橋：なんでそんな遠い「すみや横浜店」で働こうと思われたんですか？

井上：それは「すみや」の佐伯（馨）さんから誘われたから。（静岡にいた頃に）よく「すみや」に通っていたから、それで東京にいるっていうことで暇だったら手伝わない？っていうことでね。それで後半は「すみや」の渋谷にあった東京事務所でバイトしてたんじゃないかな。

鷲尾：佐伯さんは静岡の本店にいたんですか？

井上：そう、本店にいた。

鷲尾：その後で関東に出店することになったんですよね。

井上：佐伯さんは横浜店の最初の店長をやって、それで半年ぐらいで植田（裕）さんに代わったんですよね。

鷲尾：植田さんが長かった気がするんですよね。

土橋：「すみや横浜店」は資料を見るとオープンは1972年3月ですね。関東での出店を見ると、この前の1970年4月に向ヶ丘店が、5月に藤沢店が、10月に鎌倉店が、11月に上大岡店と横須賀店が、12月に鶴見店が、1971年に入ると9月に溝の口店が、そして1972年3月に横浜店が出来るという流れですね。それでその立ち上げで、佐伯さんが店長になって、そこに井上さんが呼ばれた、ということですね。「すみや横浜店」では初めから輸入盤を扱っていたんですか？

井上：常設ではないけど、セールの時なんかにね。あの頃は初めは大阪の「シンセイサービス」さんっていうディーラーを通していて、多分ジャズ系が多かったと思うけどね。卸を通して輸入盤を扱っていたよね。でもそろそろロックも扱い始めていたかもね。

鷲尾：上大岡のダイエーにあった「すみや」では、輸入盤が3スパン（約200枚）ぐらいあって、クリームとかが入っているアトランティックから出ていたベスト盤みたいなものがカット盤でありましたね。

井上：その当時、（輸入盤を）どこから仕入れていたのかは全部覚えてはいないけど、割と早い時期から海外に買い付けは行ってたんじゃないかな？佐伯さんはアメリカが好きだから。

土橋：1972年でアメリカ買い付けでしたら、やはりロックですよね。

井上：そう。でも佐伯さんはロックがっていう人じゃないから、ジャズからムード系、イージーリスニング、ヴォーカルもの、オールディーズまでオール・ジャンルで扱ってたね。クラシック以外は。

土橋：当時の横浜店の立地は？

井上：岡田屋の7階にあって。

鷲尾：広さは60坪。あの頃としては画期的に大きい店でしたね。

井上：そうだね。

土橋：デパートの中で60坪っていうのはかなり大きい方ですよね。

鷲尾：当時、横浜では「ヤマハ」が一番大きいと思っていたんだけど、それでも40坪ぐらいじゃなかったですかね？「ヨコチク」とか「マリユス」辺りは30坪あるかないかぐらいの広さだから、それと比べたら広かったですよね。

土橋：当時の横浜店の客層はどの辺りでしたか？

井上：特に偏っていたとか、これが強かったとかは無かったよね。でも輸入盤セールとかをやると、それこそさっきの『ニューミュージック・マガジン』じゃないけど、その広告を見て東京からもお客さんが来るよね。

鷲尾：津々浦々から集まりますよね。

土橋：大瀧詠一さんが並んだ、っていう有名な話もありますよね。

井上：そうそう。探せば（資料が）出てくるかも知れないけど、ウィークエンド・セールっていうのを3週にわたってやった時に、R&Bとオールディーズとシンガー・ソングライターの特集をやった。オールディーズの時なんか、大阪の「フォーエヴァー・レコード」の宮下（静雄）さんが何人も引き連れてきて、ごっそり買っていったけどね（笑）。だって、安いんだもん。

土橋：大瀧さんがクリスタルズの『He's A Rebel』を買ったっていう話がありますけど。

井上：フィレスのアルバムがオリジナルで入ったのは、そのウィークエンド・セールのオールディーズの時だよ。ロニー＆デイトナスのアルバム『Sandy』を、俺と取り合った（笑）。大瀧さんはわざわざセールのために並んでくれたこともあったし、セールをやる前にはこちらからもお声を掛けていたね。一番最初に大瀧さんが横浜店に来られたのは、まだ上星川に住んでいた頃だった。もう（その当時にははっぴいえんどの）『風街ろまん』は出ていたのかな。

土橋：ということは1971年11月20日より後ですね。時々通われていたんですね。話は飛びますけど、大瀧さんと言えば1972年7月29日に晴海で行われた文化放送の「ハルミナ」っていうイヴェントにはっぴいえんどで出演して、その会場で輸入盤のオリジナル・シングルが10円で売られていて、大量に買った話を後に何度もされているんですけど、その輸入盤はどこの店が売っていたんでしょうね？

井上：文化放送絡みだったら、文化放送の放出品というか、デッド・ストックだったのかも知れないね。もしかしたら文化放送が独自にPX（※1）かなんかで買い付けてきて、輸入盤だから管理できなくなってそれで放出したんじゃないかな？

土橋：でも当時はそんな時代ですから、その数年後に「すみや横浜店」で輸入盤セールが行われていたのは画期的ですよね。

鷲尾：それは画期的だったよ。

井上：未だに僕ぐらいの歳まわりで音楽好きな人からは「あの時の横浜のセールは良かった」って言われるよ。オリジナル盤で、値段もすごく安かったでしょ。カット盤のLPだったら980円とか1,280円でしょ。全然上乗せしないからさ。

鷲尾：あれはほとんど原価売価（※2）でしたよね。

井上：そう。1ドルで仕入れたから一番安いプライスにしようとかね。

鷲尾：都内のレコード屋さんで壁に飾ってあって高いレコードが、ここに来ると1,280円とかで普通に売られてるんだから（笑）。

井上：ウィークエンド・セールの第3弾はシンガー・ソングライター特集で、ジョン・サイモンを売った。抽選で。凄い数の人が来た。

鷲尾：その時、ジョン・サイモンは何枚ぐらい入荷したんですか？

井上：200枚とか300枚はあったと思うよ。カット盤で。

鷲尾：それはすごい！よくジョン・サイモンをそれだけ集められましたよね！

井上：それは多分、佐伯さんが買い付けに行って見つけてきてね。当時は買い付けに行くって聞くと、ジョン・サイモンやエリック・ジャスティン・カズとか、フィフス・アヴェニュー・バンドとか好きなタイトルをリストにして渡しておいて、それを見て佐伯さんが向こうで探してきた。最初は少し買ってきて、それで売れるとなると、次は倉庫にあるのを全部売ってもらって、みたいな感じでね。

鷲尾：でも佐伯さんは凄いですね。そのリストを見て分かって買い付けてくるんですから。別にジャケットの写真があるわけじゃないですよね。

※1 PX：米軍基地でアメリカの商品を扱う店。Post Exchangeの略。

※2 原価売価：原価に対して適切な粗利を載せた販売価格のこと。この場合はせいぜい粗利が40%（＝ボラない）ぐらい。

土橋：現物を見たことがないものばかりですよね。

井上：そう。しかも本人が興味のあるものじゃ無いわけだから。佐伯さんはバリバリのジャズっていうよりは、イージーリスニングとかが好きだったのかな。

土橋：だとすると、なおさら凄い方ですね。ご自分にとってジャンル外のものをキッチリ仕入れて来られるなんて。

井上：まあ、それだけを見つけに行ったんじゃなくて、探しに行ったらたまたまそこにあったんだろうけどね。確かそれを見つけたのはナッシュヴィルだったかな。もう当時はニューヨークやロサンゼルスは全然なくてダメだったから。佐伯さんは大都市だけじゃなくて普通の人は行かないようなところにも行っていたから、それで色々見つけられたんだろうね。

土橋：僕は今でも買い付けに行かれている「Hi-Fi Record Store」の大江田（信）さんとか、他のレコード屋さんからもそういう買い付け話を聞いたことがあるんですけど、大都市圏はもうアナログは全然無くて、例えばマニアなコレクターの家をまわるとか、地方都市でレコード・フェアがあるとそこへ通うとか、そういう動きですよね。

鷲尾：僕は恐らく、その第３弾のセールでエリック・ジャスティン・カズの『If You're Lonely』とかを買ったんだな。

井上：1,280円でね。

鷲尾：そうそう。他にロジャー・ティリソンとかもありましたよね。

井上：あったね。

土橋：井上さんは、そういったジャンルの作品の情報を、当時はどこから入れていたんですか？『ニューミュージック・マガジン』とかですか？

井上：そう、それしか無かったからね。海外から雑誌を取り寄せるなんていうことは、当時はまだ全然無かったし。あとは時々「イエナ書店」（※）へ行って、その手の雑誌を買ってきても本文を読めるわけじゃないから、新しいものはとりあえずジャケットとタイトルを覚える、ぐらいだったね。

土橋：以前、朝妻一郎さんにお話を伺ったら、昔は銀座の「十字屋」さんとかデパートなどの店頭にジューク・ボックスがあって、ここにいち早く海外新譜が入るんでそれを聴きに行って確認していたって言われてましたね。でも井上さんの頃になるとそういうものは無いですよね。

井上：そうなんだ。でもジョン・サイモンのアルバムが大量に入ってきた店なんて、他にはあまり無かったと思うね。

鷲尾：もし他で売っていたとしても、それは横浜店から買ってきたものかも知れないね(笑)。だっ

※イエナ書店：銀座５丁目にあった、日本を代表する洋書店の１つ。音楽書、写真集、デザイン書籍などを取り揃え、現代のブック・ストアにも大きな影響を与えたが、2002年１月に惜しまれつつ閉店した。

井上修一氏（2016 年 3 月 26 日撮影）

すみや渋谷店の壁面に設けられていたビデオ・コーナー（1980 年 9 月撮影）

てそれまでは、輸入盤のバーゲンっていう概念が無かったからね。恐らく「すみや」が輸入盤のバーゲンを始めてから、他の店でも輸入盤バーゲンを始めるようになったんですよね？

井上：まあ元々輸入盤は常設じゃなくて、輸入盤を扱う時はバーゲンだったからね。

鷲尾:僕は横浜の「L.A.」でバイトしていたんですけど、「L.A.」はインポーターが（経営に）入っていたんで、それで「すみや」の輸入盤バーゲンではあれだけの人が集まるものだから、横浜ダイアモンド地下街に1ブロック、催事場を借りて輸入盤のセールをやったんですけど。でもその時はカット・アウトじゃなくて普通の新譜で、例えばカーペンターズの『Now & Then』とかを入れて。2日間で600万円とか売れたんですよ。

土橋：それは凄いですね。

井上：本当にこれは何なの？っていうくらい売れた。輸入盤はまだこの当時、すごい価値があるものだと思われていて、東京に行かなきゃ見られない物だと思っていたからね。

土橋：僕は世代的にはずっと後になるんですけど、1980年代になっても地元の大宮では輸入盤を売っている店なんてほぼ皆無でしたからね。だからどうしても輸入盤が欲しい時は、渋谷の「タワーレコード」とか、新宿の「ディスクユニオン」や西新宿へ行く、そういう世代ですね。

井上：1980年代だとそうなるよね。

土橋:それを考えると、1970年代の初めに「すみや横浜店」がやっていたことは凄かったですね。

井上：そうだね。凄かったと思うよ。

土橋：ちなみに南青山の「パイドパイパーハウス」がオープンしたのが1975年11月15日なんですよ。この辺りから渋谷や新宿なんかに輸入盤を扱う店が出来始めるんですけど、「すみや」ではこの横浜店以外にも輸入盤を扱う店がありましたよね？

井上：そうだね。大きな店では1コーナーとして輸入盤を置いていたのかな。

鷲尾：向ヶ丘店にはコーナーがありましたね。

井上：そうそう、向ヶ丘店には輸入盤コーナーがあったね。

鷲尾：「すみや新宿店」の輸入盤コーナーが出来たのは、向ヶ丘店よりも前？

井上：ずっと後じゃないかな？

土橋：新宿店はどこにあったんですか？

鷲尾：（西新宿副都心の）野村ビルの地下2階。渋谷店のパート2みたいな感じの店だった。あとは青山店。

井上：青山店は渋谷店の前身だからね。

鷲尾：青山店が出来た時に…。

井上：まあ、青山店っていうのは「すみや」東京事務所の会議室の一角だったからね（笑）。

鷲尾：そう、その青山店には、僕一人で恐る恐る入って行くんだけどね。事務所の奥の会議室みたいな場所だからね（笑）。これは来ちゃいけないところに来ちゃったかな、みたいな感じでね。すごく緊張しながら入った覚えがある。

井上：それこそ東京事務所の奥にテーブルを並べて、その上にレコード箱を置いているっていうところだったから。輸入したサントラやムード系、イージーリスニングのレコードなんかを、とりあえずお客さんが買えるような状態にしておこうということで始めた店だったからね。特にこのジャンルのお客さんは口コミで広まるからね。それから多分『スクリーン』に広告を打ったと思う。後に『ぴあ』にも広告を出すようになるんだけど。

鷲尾：青山店はどのくらいの期間、営業してたんですか？

土橋：調べてみたら、渋谷店のオープンが1977年の5月26日ですね。

井上：青山店はその前、1974年のオープンだね。だから3年ぐらいか。

鷲尾：そう、その頃。僕は大学の帰り道に寄ってたんだよ。

土橋：この当時、「すみや」は関東ではどこに店がありました？

鷲尾：もうこの頃は、日吉店、鎌倉店、向ヶ丘店、溝の口店、厚木店、町田店、川崎店とかはありましたよね。

井上：そう、町田店はジョルナの中に、川崎店はさいか屋の中にあったね。

鷲尾：横浜店で輸入盤バーゲンが終わると、その後にキャラバンみたいにして他の店を回るじゃないですか。だから「あの時に買えば良かったな」っていうものはその後に鎌倉店や向ヶ丘店へ行って買ったり、そんなこともあったね。

井上：そう、横浜店のセールで残ったものに、新たに輸入盤を足して他の店に回してた。この頃は郊外店というよりは、テナント中心の出店だよね。鎌倉店とか厚木店は路面だったけど。あとは小田原店、横須賀店かな。

土橋：まさに70年代に輸入盤セールをあちこちの店でやっていたんですね。それで渋谷店が1977年5月26日にオープンして…。

●「すみや青山店」を引き継いだ「すみや渋谷店」のオープン

鷲尾：最初の渋谷店の店長は七丈（徹）さんですか？

井上：そう、七丈さん。

土橋：井上さんは大学在学中に「すみや横浜店」でアルバイトを始めて、卒業後はそのまま「すみや」で働き始めたんですか？

井上：そう。アルバイトからそのまま入社。だから自分が入社試験で使う会場を、前の日に自分で作ってた（笑）。面接の時にも「昨日はご苦労さん」って言われたし（笑）。

土橋：ということは、「横浜店」から入社後すぐ「渋谷店」だったんですか？

井上：いいえ、入社後はまず東京事務所勤務だった。その時はまだ、会議室の扉の向こうに青山店があったわけだけどね。そこでちょっと手伝ったりもしていたけど、メインの仕事としては、当時関東にあった支店のオーダーをとりまとめることだったね。当時は、大きな店はメーカーと直でやりとりしていたんだけど、小さな店はオーダーを東京事務所でとりまとめて、一括してメーカーに発注してた。電話で支店とやり取りして、数をメモして、それをまとめて、テレックスでメーカーに送ってた。

土橋：それって後にディーラーでは一般的になる、セントラル・バイイング・システムみたいですね。

鷲尾：そうだね。僕が「すみや」に入社した頃は、メーカーに直で返品してなかったんだよ。その頃は（静岡市内の）西脇倉庫からトータルで返品枠というか返品金額が来て、それを倉庫に返してました。メーカーに関係無く、全部でいくらっていう感じで。でもその後、僕が溝の口店で準社員になった頃に「今度からメーカーへの直返品になりました」っていう連絡が来て、それで当時の店長はメーカー直送の返品伝票の切り方が分からないから、僕がやることになって。僕はその前に「キクイチ」でバイトしてた時にさんざんメーカー別返品の作業はしていたから慣れてたんでね。

土橋：でも、なんでメーカーへの直返品じゃなかったんでしょうね？

井上：それはきっと、小さな店じゃ返品枠が来ないから、それで倉庫に一旦集めて、それから入れ替えの度に本社からメーカーへまとめて返していたんだと思うんだけど。

土橋：ということは、1970年代後半にはNRC（日本レコードセンター株式会社）とかジャレード（当時のジャパン・レコード配送株式会社）（※）はあったんですね。

鷲尾：あったと思う。ビクターとかテイチクなんかのNRC用と、ジャレード用の２種類の伝票があったよね。ところで井上さんはいつから渋谷店の店長になったんですか？

※ジャレード（当時のジャパン・レコード配送株式会社）：NRCと並ぶ、音楽ソフトやヴィジュアルなどの物流会社。CBS・ソニーとワーナー・パイオニアの出資により1975年３月に設立。現在は株式会社ジャレードとなっている。

井上：渋谷店は1977年の5月オープンで、最初の3ヶ月の店長は七丈さんで、その後8月からは僕が店長になった。

鷲尾：僕は1977年の冬に、大学の帰りに渋谷店でビーチ・ボーイズのクリスマス・アルバムを買った憶えがあるんですよ。ということはその時の店長は井上さんだったんですね。

井上：そうだね。

鷲尾：その時にビーチ・ボーイズのレコードを買ったということで、店員さんに声を掛けられたことは憶えているね。その人は井上さんじゃなかったのかも知れないけど。井上さんだったら、横浜店の時に見かけていたからね。

土橋：当時の渋谷店のスタッフは何ぐらいいたんですか？

井上：社員は2人で、あとはアルバイトだったかな。

土橋：ということは4～5人ぐらいですよね。当時の商品構成はどんな感じだったんですか？前身の青山店で扱っていたサントラをそのまま引き継いだんですよね？

井上：当初はね。サントラを中心に、イージーリスニング、オールディーズだね。

土橋：サントラの専門店にしようという構想は、佐伯さんによるものだったんですか？

井上：そうそう。青山店の時にサントラは商売になる、っていうのをある程度分かっていたからね。

土橋：普通に考えたらサントラの専門店って珍しいですよね。そこに絞って、しかも「すみや」自体の本拠地は静岡ですから、そんな中で関東、それも渋谷に出店して、っていうのは今考えてもすごいな、決断が要ることだったんだろうなって思うんですけど。

井上：まあ、佐伯さんはその辺を元々好きだったっていうのがあって、それで東京事務所の一室で青山店を始めて、結構お客さんがいるっていうのが分かって。

土橋：青山店が1つのケース・スタディになったわけですね。

井上：そうそう。それでこれなら独立した店舗を開いてもいけるっていうのがあったんだろうね。当時は輸入盤と言えば、他の店ではジャズかロックだったから、サントラはまず手を出さないジャンルだったし、渋谷店はロケーション的にはあまり良い場所ではなかったけど何かに特化したお店にすればお客さんは流れとかに関係なく来るって考えたんだよね。

土橋：ということはまさに青山店でのノウハウがあったからこそ、渋谷店をオープンすることになったんですね。

井上：そうだね。あそこでの経験があったから、いけるって思ったんだよね。渋谷店が入ってた東邦生命ビル（※）はテナント・ビルで、それ自体の集客はそんなにはないから、渋谷の反対側（西口）のビルと比べて家賃が安いっていうのもあったんじゃないかな。道玄坂とかだったら、かなり家賃も高かったと思うよ。

鷲尾：その辺もいかにも「らしい」店でしたよね。渋谷には公園通りとか道玄坂とか、それこそ色々と有名な店があったけど、何だか落ち着かない感じでね。僕なんかはロックを聴いてたけど、歳と共にロックな場所から段々と落ち着いた場所へ移って来るじゃないですか。だから渋谷店に行くと大人になったような気がしたんですよね。

土橋：扱ったジャンルや立地も含めて色々な要素が良かったから、渋谷店には色々な人が集まってきたんでしょうね。

井上：同じフロアには「伊東屋」とか、「GK デザイン」とかがあったりしてね。

鷲尾：ちょっと洒落た感じでしたね。

井上：渋谷店の場合は間違って入ってきました、っていう人はほとんどいなかったね。もう目的意識を持って来ているから。だから落ち着いて買い物も出来ただろうしね。

土橋：その当時の渋谷には、どんなレコード屋がありましたっけ？

井上：宮益坂には「ホンキー・トンク」があったでしょ。あと「マンハッタン」は渋谷警察の裏辺りにあった。渋谷のこっち側にはあまりなかったね。あとレコードを売ってたのは、青学の生協。表参道の方もあまりなかったね。

土橋：もしかしたら表参道の「河合楽器」がレコードを扱っていたかも知れませんね。あの店は 1990 年代に入って CD を扱っていましたから。でもクラシックとかが中心だったのかも。

井上：それから渋谷の明治通り沿いには確かダイエーが出資した「CSV 渋谷」があった気がするね。

鷲尾：それ、『ミュージック・マガジン』の広告で見たことがある気がするな。かなりの鳴り物入りでオープンした店だったよ。

土橋：もう公園通りの「ハンター」ってありました？

井上：どうだろう？あったんじゃないかな。専ら行ってたのは数寄屋橋の「ハンター」だったからね。それと都立大。

鷲尾：「ディスクユニオン」はもう 1970 年代の中盤にはありましたよね？

井上：あったと思うよ。だって「ディスクユニオン」の管理システムは、最初は「すみや」が

※東邦生命ビル：渋谷駅東口の青山通りと六本木通りが交わる角にある、地上 32 階、地下 3 階のオフィス・ビル。東邦生命が本社ビルとして 1975 年に竣工、その後 1999 年に東邦生命が経営破綻し、現在の渋谷クロスタワーへと名称が変更された。

教えたんだから。

鷲尾：そうだったんですね。ABC 分析（※）の、カード管理の。

土橋：それ以外といえば「CISCO」ぐらいですよね？ちょっと後（1982 年）になりますけど「Hi-Fi Record Store」も。

井上：そうだね。あと「芽瑠璃堂」。

鷲尾：井上さんが渋谷店の店長になった時は、サントラだけの店だったんですか？

井上：サントラがメインで、オールディーズとかも扱ってた。

鷲尾：その後、日本のアーティストのもの、例えば大瀧さんとかもありましたよね？

井上：あれは僕の趣味だね。途中からそういうものを増やしていった。レゲエとかもね。

鷲尾：エキゾ系のものもありましたよね。

井上：あれはまあ、イージーリスニングの延長線っていうことで、最初から少しはあったんだけどね。

土橋：渋谷店の広さはどのくらいでしたか？

井上：25 坪ぐらいはあったかな。バックヤードを入れても 27 坪ぐらいだったね。天井は低いし、狭い店だったよ。

土橋：ジャンル別のお客さんの構成比はどんな感じでしたか？

井上：サントラにミュージカルを加えたら、その辺のファンが 6 ～ 7 割。だからオールディーズ目当てのお客さんはそんなにはいないから、ひょっとしたら 8 割ぐらいがサントラ・ファンだったのかも知れないね。

土橋：まあ、一般的にはサントラの店っていうイメージでしたよね。あと渋谷店では通販をやってましたよね。あれは最初の頃から既にスタートしていたんですか？

井上：そうそう、最初からやってたね。多分、地方でサントラの同人誌とか作っている人がいて、東京に住んでいる友達とかにどこでレコードを買っているか？って聞いたら「すみや」だっていうことになって、それでその東京の友達が通販もして欲しいって佐伯さんに相談したんじゃないかな。青山店の頃から始めていたんだと思うけど（註：実際に 1976 年 12 月にすみや東京事務所（＝青山店）から発送された通販リストが残されている）。

土橋：あの通販の会員は、相当な人数がいましたよね。僕も渋谷店の末期に、店長が深石（耕一）

※ ABC 分析：売上高などのデータを基に、商品を重要度によって高いものから低いものへと、A ランク、B ランク、C ランクのようにプライオリティを持たせて分類する方法。主に在庫管理や発注などの際の基礎データとして用いられる。

さんの時にバック・ルームで通販リストの発送を手伝ったことがありますけど、すごい数でしたね。

井上：当時はまだパソコンもないし、最初の頃は手書きで作ったりタイプで打ったりして、それを印刷してね。かなり大変だったよね。

土橋：まさに手作りで始まったんですね。でも当時はまだ通販システムはあまり一般的ではなかったですから、そこから始まってずっと通販で買い続けていたっていう方も多かったでしょうね。

井上：かなりいると思うよ。当時は配送料も高かったけど、それでもね。

●まさに東京を支えるクリエイターの溜まり場

土橋：思い出したんですけど、井上さんが店長の頃、僕が渋谷店に顔を出したら、「これ、松本隆さんのオーダーで入ってきたレーザーディスクなんだけど､届けてくれない？」って頼まれて、それで骨董通りにあった松本隆さんの当時の事務所まで届けたことがありましたよ。

井上：そんなことがあったね。松本さんとか大瀧（詠一）さんの事務所にお届けしたこと、ありましたよ。ソニーのスタジオまで持って行ったりとか。

土橋：大瀧さんはよく渋谷店に来られていたんですよね？

井上：来られてたね。あの当時はレーザーディスクの映画かな。もうレコードはある程度持っていたから。でもたまにメールが届いて、探しているものがあるっていうんで注文して取り寄せるっていうこともあったね。

土橋：他にはミュージシャンではどの辺りの方が来られてましたか？

井上：細野（晴臣）さん、（鈴木）慶一さん、あと僕はあまり覚えがないんだけど小山田（圭吾）君とか､オザケン（小沢健二）とか。もちろん小西（康陽）君とか（高浪）慶太郎君､ヤントミ（ヤン富田）さんとかも。まあこっちが知らないだけで、向こうは夢の人かも知れないっていうのはいっぱいあったかもね。

土橋：それとファッション関係、美術関係、映画関係、レコード会社のディレクター、テレビの制作会社とか放送関係、そういった方も多かったみたいですね。

井上：そういうジャンルの人は多かったね。桑原茂一さんもよく来てたから、あの辺でショーの BGM に使うとか、あとは中西（俊夫）さんだからピテカン（トロプス・エレクトス）（※）関係、ラファエル・セバーグとか、色々いたね。

土橋：きっとみんなここで情報を得ていたんでしょうね。

※ピテカントロプス・エレクトス：桑原茂一氏が代表となり、1982 年 3 月、原宿にオープンしたクラブの走りとも言われる店。坂本龍一氏、中西俊夫氏が率いる MELON、ショコラータ、ミュート・ビートなどによるライヴ、そして高木 完氏や藤原ヒロシ氏などが DJ を務めるなど、当時の東京の音楽シーンを牽引する錚々たるメンバーが出演した。1984 年に閉店し、その後クラブ D となった。

鷲尾：小林信彦さんが渋谷店のことを書いてましたよね（『私説東京放浪記』筑摩書房・刊／1992年）。小林さんもよく来られていたんですか？

井上：小林さんはミュージカルのビデオを買いによく来てたね。

土橋：そう考えると、まさにカルチャーと言うか、クリエイターの溜まり場ですよね。

井上：あとは野口久光さん、青木啓さんとか錚々たる評論家の方。

鷲尾：当時2万円とか1万5,000円で売っていた輸入物のビデオって、仕入れの掛け率はどのぐらいだったんですか？

井上：65～75掛ぐらいだね。最初の『スター・ウォーズ』のビデオはアメリカでの仕入れ値が100ドルぐらいだったのね。当時のレートが200円前後だったと思うんだけど、それに通関手数料とか色々な経費を入れていくとどうしても3万円ぐらいになるんだけど、でもよく売れたね。まあ他で扱っているところが無かったからね。

土橋：今お話ししてきた「すみや渋谷店」が1977年5月にオープンして、その1年半前の1975年11月に「パイドパイパーハウス」を岩永（正敏）さんがオープンされて、その後長門さんがここに加わったのが1977年12月なんですね。この頃、お互いに店を行き来したり交流はあったんですか？

井上：長門さんはどうか分からないけど、うちの店では置いてないものばかりだったから、「パイドパイパーハウス」にはよく通ってたよ。

土橋：長門さんに以前お聞きした話だと、「パイドパイパーハウス」に無いものを求めて来たお客さんがいた時には「すみや渋谷店」を紹介していたって。お互いにそんな感じだったんですか？

井上：そうそう。お互いに仲良くやってたよ。だから行き来もあった。個人的なものを「パイドパイパーハウス」で委託で売ってもらったりもしたね。あの当時はどことも仲良くやっていたね。

土橋：ライバル関係みたいなものはなかったと。

井上：まあ、うちの店は全く相手にされなかったからね（笑）。「パイドパイパーハウス」以外にも、例えば「芽瑠璃堂」の長野（和夫）君から「サルサの『グルーポ・フォークロリコ・イ・エクスペリメンタル・ヌエバヨルキーノ』がうちの店には入らないんで」って相談されたから、渋谷店で入れて「芽瑠璃堂」に卸したりしたこともあるし、「芽瑠璃堂」さんとも仲が良かった。渋谷近辺だけだったけど、こういう横の繋がりはあったんだよね。その後「タワーレコード」さんとか「WAVE」さんとかが出てきて、渋谷系の時代になってくるとみんなサントラにも力を入れ始めてきて、だからその辺りとの繋がりはあまり無かったけどね。

土橋：ちなみに「タワーレコード渋谷店」が出来たのは1981年3月。まあ「タワーレコード」

が最初に日本に上陸したのは札幌店で 1980 年 4 月、それで翌年に渋谷店、その年の 12 月に横浜店が元町に出来て、「Hi-Fi Record Store」が渋谷にオープンしたのが 1982 年ですね。この頃『OLIVE』が創刊されていますね。1983 年 11 月には「WAVE」が六本木に出店してますね。そして 1985 年 11 月に「CSV 渋谷」がオープンですね。もうピチカート・ファイヴがノンスタンダードから出てくるぐらいの時期ですね。小西さんや慶太郎さんが渋谷店に通っていたのは、青学の学生時代ですからこのもう少し前からですね。

井上：そうだね。よく来てくれてたよ。

土橋：僕がよく憶えているのは、1980 年代末か 90 年代初めの渋谷店の、レジに向かって左の列の什器に小西さんのコーナーっていうのがあって、それから隣にコレクタブルから再発されたフィレスの 7 インチとかが並んでいて、ここは必ずチェックしてましたね。

井上：その小西君のコーナーはあまり憶えていないんだけど、もしかしたら本人に仕切り板とか書かせたのかも知れないね。何しろ青学の学生は多かった。

土橋：僕もそうでしたけど、青学の学生は渋谷から大学へ通う道の途中だったんで、ここにはよく通ってました。その後、1980 年代～ 90 年代になっても、商品構成はあまり変わらなかったですよね？

井上：そうだね、自分は約 15 年、渋谷店にいたんだけど、アナログの時代だった。その後（店長を）深石君に代わった頃からは主に CD の時代になった。まあ僕の最後の頃は CD も入り始めていたけど、まだトール・ケースだった頃で、それで 12cm の小さいパッケージが出てくるとブリスター（※）に入れて高さを合わせてアナログの什器をそのまま使い続けてたから。

土橋：僕はリトル・エヴァの『ロコモーション』のアルバムが海外でロンドン・レーベルから初 CD 化された時に、渋谷店で買いましたよ。透明のプラスチックのトール・ケースだった。あとライノから出ていた再発盤もあまり置いている店がなかったんで、ここで買いましたね。

井上：ライノが面白かった時代だね。

土橋：渋谷店に通っていたピチカート・ファイヴが 1985 年にデビューして、その後そういったバンドやアーティストがどんどん出てきて、その後渋谷の東急ハンズの向こうに「ZEST」とか「レコファン」とかあの辺にいくつかレコード店が出来たりして、僕らぐらいの高校生～大学生ぐらいの人達がレコードや CD を求めて渋谷に集まって来るようになって。ちょっと裏に入ると「CISCO」とか「イエローポップ」とかも。それから何と言ってもライヴハウスが色々とあって、「eggman」とか「クアトロ」、それに「La-mama」とか。それで個人的なレベルで音楽を探しに、見に来るっていう形が出来ましたよね。

井上：その頃、「LIVE INN」はまだあった？俺はほとんど「LIVE INN」だったから。

土橋：ギリギリ、ありましたね。1988 年まで。そして 80 年代といえば、特に後半になると芝浦とか湾岸の方にいくつか出来始めた頃ですよね。

※ブリスター：ここで言うブリスター（Blister）とは、ブリスター・ケース（もしくはブリスター・パック）のことで、中に収められている商品が見えるように、透明なプラスチックなどで覆ったケースを指す。CD が出始めた頃の店頭では、30cm 程度の深さのあるアナログ盤用什器を用いていたため、CD をそこに入れると小さくて埋もれてしまうため、30cm 程度の高さのある長方形のブリスター・ケースに CD を入れて店頭に並べていた。

井上：そう「インクスティック芝浦」とかね。

●伝説のサントラ・セール

土橋：その頃、渋谷店では独自のセールとかはやっていたんですか？

井上：年に１～２回はサントラ・フェスティバルと称して、買い付けに行って買ってきたレア盤を溜めておいてそれを放出すると、パニックになるぐらいにお客さんが来る（笑）。

鷲尾：渋谷店でそういうセールをやると、どのくらいの売上げがあったんですか？

井上：そうだね、初日は400～500万円はいってたんじゃない。でもすぐ売り切れちゃうから初日だけ。

鷲尾：あの店はレジが１台だけだったから、大変ですよね。

土橋：もう常にフル回転でも捌ききれないですよね。

井上：でも喧嘩にはならないんだよね。みんな急いでないから。

鷲尾：僕らが大学生の頃に輸入盤のセールに行くと、殺気立ってる人達がいたけど、あれとはまあ客層が違うんだよね。

井上：まあそれに近いところもあるんだけどね。先に何枚もバサッと持って行って、後で見直して戻す人とかもいてね。あとは数年に１回、大阪まで出張セールに行くとか、そういうのもあった。ハイエースか何かに店の在庫から抜いたレコードを積んでね。その間の店はどうしてたんだろう？スカスカだよね。

土橋：大阪ではどんな場所でセールをやっていたんですか？

井上：確か梅田の貸し会場。うちの店単独のセールで２日間ね。

土橋：よくデパートとかで何店も出店したレコード市をやってましたけど、こういうところに「すみや」が出店することは無かったんですか？

井上：それは全く無いね。

鷲尾：レコード市に出さなくても、渋谷店でいくらでも売れていた時代だからね。

土橋：催事といえば、1990年代の終わりか2000年代の初めに渋谷東急東横店の催事場でレコード市と古本市が併設されたセールがあって、そこに「Hi-Fi Record Store」が出ていたことがあるんですよ。あと後楽園の青いビルでのレコード市にも。

すみや渋谷店の店内。向かって右列がサウンドトラック、左列がミュージカルとヴォーカルもの、
そして左の壁面はビデオとサウンドトラック LP のコーナー（1980 年 9 月撮影）

ヴォーカル・コーナー越しに見た、壁面のサウンドトラック・コーナー（1980 年 9 月撮影）

壁面のビデオ・コーナー。この時代、まだVHSソフトは高額だった（1980年9月撮影）

レジ側の壁面の全貌（1980年9月撮影）

井上：そういう合同のところに混ざったことはないよね。

土橋：渋谷店の場合はしっかり一定の顧客がついていたからですよね。

井上：そういうレコード市に打って出ても、サントラじゃそのユーザー層とリンクしないから、いくら集客があってもそれが売上げに繋がらないよね。

●海外買い付けの思い出

土橋：当時の渋谷店の仕入れのメインは、海外から直の買い付けだったんですか？

井上：そうだね。買い付けには数回行ったことがあるね。僕の時はアメリカの西海岸。サンフランシスコとロサンゼルス。車で回るんだよ。だから観光地なんて行ったことない（笑）。毎日、レコード屋の倉庫。

鷲尾：倉庫ってすごい広いんですよね。体育館みたいな。

井上：梯子に登って見ないと、全容が分からない。中身を全部チェックするのは小さいところで、大きな倉庫はそれこそ同じレコードが何枚も箱で入っているから、箱買い。でも売ってくれなかったり。いっぱいあるのにね。すると「日本盤のこれ何枚とだったら交換する」とかバーターの話になって。狭い所って言ってもかなりの枚数があるから、そこには通って朝から晩までチェックして、自分の店で売れそうなものをピックしてまとめて梱包して郵便局に持って行くか、向こうで取引のあった所に頼んで送ってもらってた。

土橋：1回の買い付けで、どのくらいの量を買ってくるんですか？

井上：店の在庫のこともあるからそうは買えないっていうのもあるから、1,000枚から2,000枚ぐらいかな。

鷲尾：買い付けは渋谷店で売る分だけのためだったんですか？

井上：そうだね。サントラやオールディーズがほとんどで、ロック系はその頃になるともうみんな（買い付けを）やっていたからね。それもシールド（※）のカット・アウトとかじゃなくて、中古がメインだしね。

土橋：長門さんに聞くと、「パイドパイパーハウス」ではいかにしてシールドのカット・アウトで珍しい盤を見つけるかっていうのが仕入れの醍醐味だったみたいですね。だからアルゾとか、ロジャー・ニコルズとかもそうですよね。

井上：買い付けに行かなくても、海外からリストが送られてきて、それをチェックしてオーダーしてっていうのももちろんやっていたからね。カット盤なんかはそれで入れてたね。だからリストは最初から最後までしっかり見ないと、そういうものを見逃すことがあるから。疲れるけど、嫌いじゃないからね（笑）。

※シールド：レコード・ジャケットの外からフィルム包装（シュリンク）してある状態の未開封品のこと。このフィルム包装された未開封品のことをファクトリーとも呼ぶ。

鷲尾：それが好きじゃないとやってられない商売だよね。でもその後、そういうのを好きな人がどんどん減っていっちゃったんだよ。最後はメーカーの新譜注文書ですらきちんと見ない人もいたから。

土橋：渋谷店では、一番多い時に在庫はどれぐらい持っていたんですか？

鷲尾：恐らくあの什器に満杯に入れても、6,000枚ぐらいじゃないですか？僕が高崎店にいた時に、やはりいっぱいに入れてもLPは6,000枚ぐらいでしたから。20坪ぐらいの店で。

井上：途中から片側の壁はレーザーディスクとかも入れちゃったから、数としては6,000～7,000枚ぐらいじゃないかな。

土橋：この渋谷店ではアナログから1980年代中盤以降はCD、そしてビデオやレーザーディスクなどの映像関係、特に映画に特化した品揃えで人気でしたけど、こういった店があったことが、後にいわゆる渋谷系と呼ばれるムーヴメントが興る下地になっていたことは間違いないですよね。

井上：そうだよね。特にピチカート（・ファイヴ）の小西君なんかは色々と聴いていたから。ロックやポップスだけじゃなくてね。でもあのブームは何だったんだろうね？っていう思いはあるけどね。

土橋：牧村憲一さんともそのことはよく話すんですが、一般的に渋谷系と呼ばれるムーヴメントは外資系が出てきてから、みたいな書かれ方をよくされるんですけど、それは違うと。本当はその前からあるこういった輸入盤の専門店的なレコード屋さんと、1983年に「六本木WAVE」が、そしてその後に「渋谷WAVE」が出来て、さらにクラブやライヴハウスなんかともリンクしながら起きた動きだと。

井上：そうだね。でも一番最初はね、いとうせいこうさんの『MESS/AGE』っていうアルバム（1989年7月リリース）があって、その中で『セッソ・マット』（※）っていうサントラを（サンプリングして）使っててね。それはヤン（富田）さん絡みだったと思うんだけど。その後にフリッパーズ・ギターがやはり『セッソ・マット』の曲を（「Groove Tube」で）使って、そこら辺が最初じゃなかったかと僕は思うんだけどね。イタリア盤の、それも日本では公開もされていない映画（のサントラ）だから、それこそうちの店でもそんなに売れる商品じゃ無いんだよね。うちの店はどちらかといえば、クラシックの王道…ミクロス・ローザとか、エルマー・バーンスタインとか、ジョン・ウィリアムスとか、フル・オーケストラを使ったいわゆる映画音楽っていうのがメインで、イタリア系のジャズやボッサなんかはそんなにファンも多くないし売れないんだけど、ある時から2枚ずつ同じレコードを買っていく人が出始めたんだよ。それはターン・テーブル（DJ）用なんだよね。でも仕入れる時って、何故か3枚とか5枚とか奇数で入れるっていうことがあって…まあ10枚までいけば偶数になっちゃうけど…ある時から2枚買いが多くなってきたなって感じることがあって、それで聞いてみたらそういうことだったんだよね。

土橋：ということは、それが起こり始めたのは1990年代の初めぐらいですよね。

※『セッソ・マット』：1973年にイタリアで製作、公開された9話からなるオムニバス形式の映画（監督：ディーノ・リージ氏）。当時、日本では公開されていないが、1980年代末からこの映画のサウンドトラック盤が一部のDJなどの間で人気が高まり、急にイタリア盤のアナログを探す人たちが増え始め、やっと2000年になってキングレコードからCD化された。

井上：そうだね。それはイタリアのBEATっていうレコード会社だけど、そこに「在庫があるんだったら全部欲しい」って言ったら「何があったの？」って言われたけど。それであるものは全部仕入れた。そうしたら「ジャケットはないけど、レコード盤だけならあるけど、これもどう？」って言われて、流石にそれは断った憶えがあるけどね（笑)。だから結局、BEATレコードにあった『セッソ・マット』は全部うちの店で買って売っちゃった、っていうのはよく憶えてるね。イタリア盤にしては珍しく、恐らく200枚ぐらいは売ったと思うけどね。

土橋：まさにイタリア盤を扱っている店なんて、他にはほとんど無いですよね。

井上：当時はね。それこそ「WAVE」さん辺りはヨーロッパ盤が強かったんでね、流通するようにはなったけどね。

土橋:あとは細野さんの影響なんかも大きくて、一連のアンビエントものとかの過程で「WAVE」辺りにもそのルーツ的なものが並ぶようになったり、民族音楽のレコードが入ってきたり、そういう流れはありましたね。でもそれに気づいていたのはホンの一部の音楽ファンだったと思いますけど。当時で言うと「高感度」と称された人達が「六本木WAVE」や「渋谷WAVE」に通っていたんですよね。でも考えてみれば、この当時の一般的なレコード屋さんはまず邦楽と洋楽を分けて置いていた時代に、「WAVE」なんかはそんな枠を取っ払って、洋楽邦楽もなく、関連づけて店頭展開していた、それが僕らにとっては新しかったし魅力的だったんですよね。それこそワールドのコーナーで細野さんを見かけたり、慶一さんやムーンライダーズの方々を目撃したり。そしてそこに無いものを求めて、さらに「すみや渋谷店」に来るっていう構図が、僕らなんかの世代にはあった気がしますね。それに1980年代後半から90年代にかけては、例えば渋谷の「Hi-Fi Record Store」で後のヒックスヴィルの木暮（晋也）君や後のオリジナル・ラブの田島貴男君が、それから東急ハンズの向こうにあった「ZEST」ではカジヒデキ君がバイトしていたりして、普通に接客してもらったりしたこともあったんですけど、そんな噂が一部に流れて、それを機に渋谷に通うようになった若い音楽ファンも増えてきたということもありましたね。

井上：そうだろうね。

土橋：1980年代末とか90年代初めとかですと、まずファイヤー通りの「Hi-Fi Record Store」に寄って、戻って坂を上って東急ハンズの前にあった「ディスクユニオン」と「レコファン」を見て、その裏の「イエローポップ」と「CISCO」、それから「タワーレコード」「ZEST」に行って、もう1店の「ディスクユニオン」から「WAVE」へ寄って、最後に東口に行って「すみや」へ、なんていう感じで回ってました。

井上：そう、あの辺をグルグル、みんな周遊してましたね。

●「すみや渋谷店」でのベスト・セラーと、通販の売り上げ

土橋：他に渋谷店で突然売れ始めたものとかありましたか？

井上：そうだね、小西君や、橋本（徹）君の『SUBURBIA』なんかの影響で新しいお客さんが

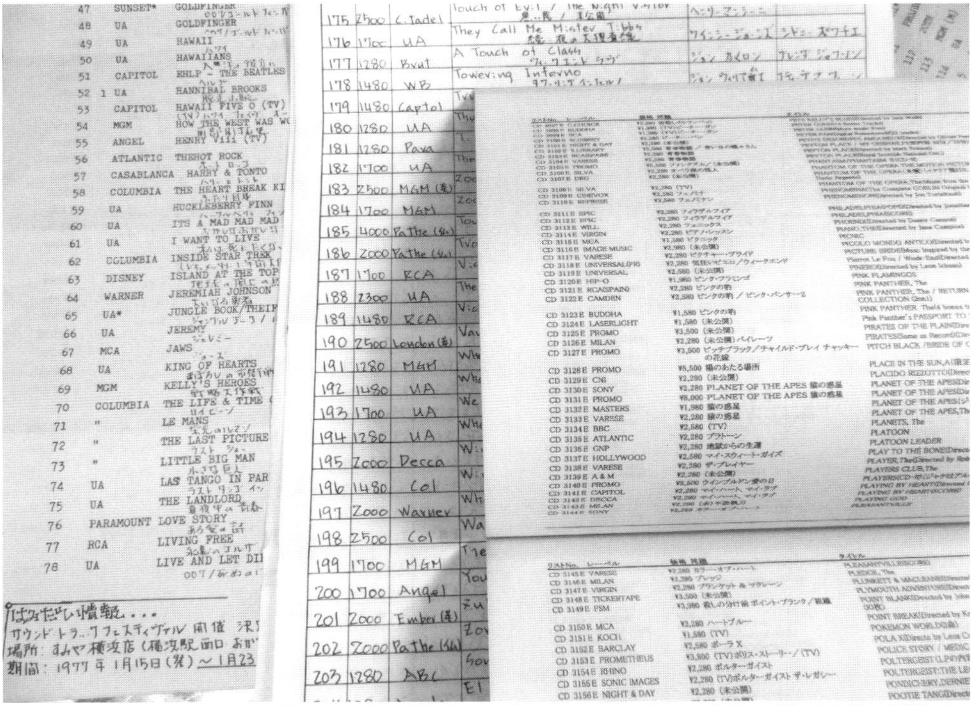

47	SUNSET*	GOLDFINGER
48	UA	GOLDFINGER
49	UA	HAWAII
50	UA	HAWAIIANS
51	CAPITOL	EHLP - THE BEATLES
52 1	UA	HANNIBAL BROOKS
53	CAPITOL	HAWAII FIVE O (TV)
54	MGM	HOW THE WEST WAS WO
55	ANGEL	HENRY VIII (TV)
56	ATLANTIC	THEHOT ROCK
57	CASABLANCA	HARRY & TONTO
58	COLUMBIA	THE HEART BREAK KI
59	UA	HUCKLEBERRY FINN
60	UA	ITS A MAD MAD MAD
61	UA	I WANT TO LIVE
62	COLUMBIA	INSIDE STAR TREK
63	DISNEY	ISLAND AT THE TOP
64	WARNER	JEREMIAH JOHNSON
65	UA*	JUNGLE BOOK/THEIR
66	UA	JEREMY
67	MCA	JAWS
68	UA	KING OF HEARTS
69	MGM	KELLY'S HEROES
70	COLUMBIA	THE LIFE & TIME
71	"	LE MANS
72	"	THE LAST PICTURE
73	"	LITTLE BIG MAN
74	UA	LAS TANGO IN PAR
75	UA	THE LANDLORD
76	PARAMOUNT	LOVE STORY
77	RCA	LIVING FREE
78	UA	LIVE AND LET DI

はなはだしい情報…
サウンドトラックフェスティヴァル開催 決
場所：すみや横浜店（横浜駅西口 おか
期間：1977年1月15日(祭)～1月23

175	2500	C.Tadel	Touch of Evil / The Night Visitor
176	1700	UA	They Call Me Mister Tibbs
177	1280	Bvut	A Touch of Class
178	1480	WB	Towering Inferno
179	1480	Capitol	
180	1280	UA	
181	1280	Para	
182	1700	UA	
183	2500	MGM(英)	
184	1700	MGM	
185	4000	Pathe(仏)	
186	2000	Pathe(仏)	
187	1700	RCA	
188	2300	UA	
189	1480	RCA	
190	2500	London(英)	
191	1280	MGM	
192	1480	UA	
193	1700	UA	
194	1280	UA	
195	2000	Decca	
196	1480	Col	
197	2000	Warner	
198	2500	Col	
199	1700	MGM	
200	1700	Angel	
201	2000	Ember(英)	
202	2000	Pathe(仏)	
203	1280	ABC	

通販リスト。左は1976年12月（青山店時代)、中央は渋谷店初期に作られた手書きのもの、そして右はワープロ打ちで製本された2002年発行のもの

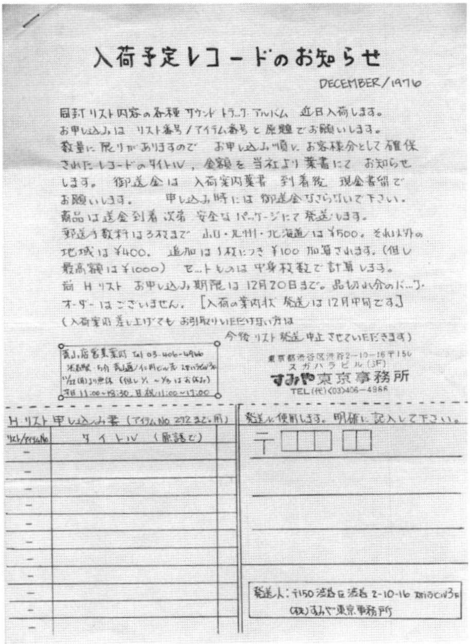

入荷予定レコードのお知らせ

DECEMBER/1976

同封リスト内容の各種サウンドトラックアルバム 近日入荷します。
お申し込みは リスト番号/アイテム番号と原題でお願いします。
数量に限りがありますので お申し込み順に お客様分として確保されたレコードのタイトル，金額を当社より葉書にてお知らせします。御送金は 入荷案内葉書 到着後 現金書留でお願いします。 申し込み時には 御送金なさらないで下さい。
商品は送金到着次第 安全なパッケージにて発送します。
郵送手数料は3枚まで 山口・九州・北海道は¥500。それ以外の地域は¥400。追加は1枚につき¥100 加算されます。(但し最高額は¥1000) セットものは中身枚数で計算します。
前 Hリスト お申し込み期限は 12月20日まで。品切れ分のバック・オーダーはございません。［入荷の案内状 発送は12月中旬です］
（入荷案内 差し上げても お引取りいただけない方は今後リスト発送 中止させていただきます）

青山店営業案内 Tel 03-406-4966
平日 11:00～19:30，日祝 11:00～17:00

東京都渋谷区渋谷2-10-16 〒150
スガハラビル(3F)
すみや東京事務所
TEL(代)(03)406-4966

Hリスト申し込み書（アイテムNo 272まで用）
発送に使用します。明確に記入して下さい。
リスト/アイテムNo タイトル（原題で）
〒
発送人：〒150 渋谷区渋谷 2-10-16 スガハラビル3F
(株)すみや東京事務所

1976年12月、青山店時代の通販リスト。発行が東京事務所になっている

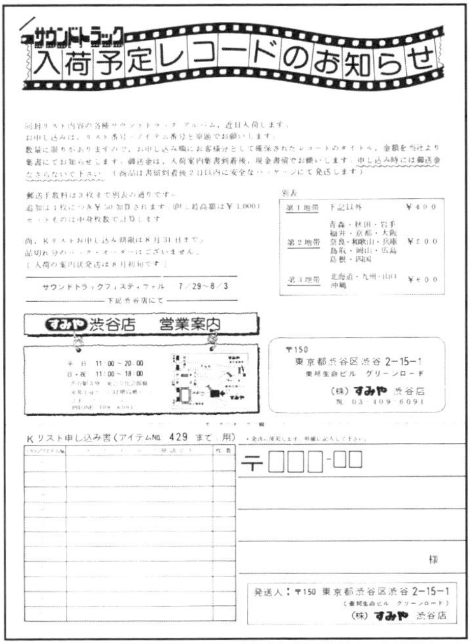

サウンドトラック
入荷予定レコードのお知らせ

同封リスト内容の各種サウンドトラック アルバム，近日入荷します。
お申し込みは，リスト番号/アイテム番号と原題でお願いします。
数量に限りがありますので，お申し込み順にお客様分として確保されたレコードのタイトル，金額を当社より葉書にてお知らせします。御送金は，入荷案内葉書到着後，現金書留でお願いします。申し込み時には御送金なさらないで下さい。（商品は書留到着後2日以内に安全なパッケージにて発送します）

郵送手数料は3枚まで別表の通りです。
追加は1枚につき¥50加算されます（但し最高額は¥1,000）
セットものは中身枚数で計算します

尚，Kリストお申し込み期限は8月31日まで。
品切れ分のバック・オーダーはございません。
［入荷の案内状発送は8月初旬です］

別表

第1地帯	下記以外	¥400
第2地帯	青森・秋田・岩手 福井・京都・大阪 奈良・和歌山・兵庫 鳥取・岡山・広島 島根・四国	¥500
第3地帯	北海道・九州・山口 沖縄	¥600

サウンドトラックフェスティヴァル 7/29～8/3
下記渋谷店にて

すみや渋谷店 営業案内
平日 11:00～20:00
日・祝 11:00～18:00
PHONE 409 6091

〒150
東京都渋谷区渋谷 2-15-1
東邦生命ビル グリーンロード
(株)すみや 渋谷店
TEL 03-409-6091

Kリスト申し込み書（アイテムNo. 429 まで 用）
発送に使用します。明確に記入して下さい。
〒□□□-□□
様
発送人：〒150 東京都渋谷区渋谷 2-15-1
(東邦生命ビル グリーンロード)
(株)すみや 渋谷店

渋谷店初期に発行された通販リスト

来るようにはなったね。それと映画音楽自体がいわゆる正統なものではなくて、『フットルース』や『トップガン』みたいな音楽系サントラ盤に、特にアメリカ映画がそっちに寄ってきたんで、オーソドックスな映画音楽のファンが離れ始めた。だからそういう新作映画に関しては、だいぶ傾向が変わってきたんでね。あとその当時だとVarèse SarabandeとかIntradaとかいうサントラ専門のレーベルがあって、そういうところは未製品化（作品）とか、NEW RE-RECORDED、いわゆるスコア盤を出していたんだけど、そういうものは順調にリリースされていたんでお客さんが離れるっていうことはなかった。でも実際に店に立っていると新しいお客さんやそういうもののファンが増えてきたんで、商品構成が徐々に変わってきたっていうことはあったね。『スター・ウォーズ』なんかはものすごく売れたっていう憶えがあるんだよね。

土橋：ちなみに今までで一番多く売れたのは何ですか？

井上：量的に言えば『スター・ウォーズ』じゃないかな？あとコンスタントにずっと売れていたのはマカロニの『夕陽のガンマン』とかだよね。

土橋:あとよく、渋谷店でしか扱っていない、特にヨーロッパ系のサントラってありましたよね？それはどうやって仕入れていたんですか？

井上：ヨーロッパにはほとんど買い付けは行っていないんで、全部リストで発注だね。フランスだったらフランスのレーベルのリストを取り寄せて、それをチェックして発注して、っていう感じだよね。他にもイタリア、スペイン、ドイツ、イギリス、その辺はほとんどリストからピックアップしていたね。

土橋：それを片っ端からチェックしていたんですね。

井上：流石にイタリア語やドイツ語、スペイン語のリストをチェックするのはしんどかったね。ジャケ写が載っているわけじゃないからなかなか厳しいんだけど。でも店で通販リストをタイプで打って作っていたお陰で、イタリア語は何となくだけど少しずつ分かるようになったね。その時に原題を見ながら邦題を調べるんだよね。これが『夕陽のガンマン』のオリジナル・タイトルだ、とかね。

土橋：きっとそれが面倒で、他のお店はやらなかったのかも知れないですね（笑）。

井上：(笑)。それと個人的に自費出版で、英題から邦題、アメリカ編とヨーロッパ編っていうものを出している方がおられて、それがあったことはすごく助かったね。今だったらネットで検索すれば一発で出てくるんだろうけど、当時はね。このリスト作りが、一番大変だったかな。

土橋：でもこのリストこそがお店にとって一番の生命線でしたよね。

井上:そうだね。半分近くの売上げは通販だったからね。特にリストを送れば、ドーンとオーダーが来るから。

土橋：通販リストはどのぐらいの間隔で出していたんですか？

井上：季刊ということで、年4回の予定だったんだけど、つい色々とあってね（笑)。まあ3回は発行していたけどね。普通の店だったら、期末に併せて発行すれば在庫も減るし、って考えるんだろうけど、そうなかなか上手い具合にはいかないと言うか。

土橋：でも他のジャンルと違って、例えば9月とか年末前の11月とか、3月とか、レコード会社の決算や期末に併せて新譜が多くなるっていう、波がある世界じゃないですよね。

井上：そう。年末だからサントラが売れるっていうわけでもないしね。

土橋:あとサウンドトラックで､例えば国内メーカーから出ているものに関して､渋谷店が関わったりしたことはあったんですか？

井上:オリジナルの復刻なんかもしてたよ。ビクターさんからデッカ、MCAなんかを出したし、当時のポリドールさんからもMGM系のものを出して頂いた。東芝EMIさん､キングさんもあった。結構「すみや」オリジナルっていう形で出して頂いたんですよね。限定で。

土橋：そうなんですね。僕なんかから見たら、今こそ井上さんの監修でサントラを各社から連動してSHM-CDとかの高音質盤でリイシューできたらいいなって思うんですよね。もちろん、サントラは原盤元が移ったりとかして契約関係がネックになって、昔は国内盤が出せたのに今は出せない､というものもありますが。まあ､一度CD化されて出尽くした感じはありますけど、きちんとした形で各社協力してっていうシリーズだったら、まだまだ市場性はあると思うんですよね。

井上：でも僕なんか、本当に細かなところまでは意外と詳しくないから、むしろお客さんの方がよっぽど詳しいと思いますよ。特化したジャンルになればなるほどね。そう考えると、あの店（渋谷店）は僕みたいな者がやったんで良かったんですよ。僕がサントラのコアなファンだったら、もうちょっと違う店になっていたと思うんでね。お店にいるときは、もっとフラットな気持ちで立っているから。例えば店長が（エンニオ・）モリコーネの大ファンで、めぼしいものが入荷するとみんな持って行っちゃうぞ、っていうのだったらそれはそれで問題だしね（笑)。僕はサントラのコレクターじゃないからね。だからカタログから探したり、お客さんから情報があったからこれは売れるだろうな、っていうのは店を常時やっていれば何となく分かってくるもので、それをカタログの中から拾い出すっていうのは嫌いじゃないんで。

土橋：情報収集とか、細かい作業の積み重ねなんですね。僕ら買いに行くユーザーの立場から言うと、よくマニアの巣窟みたいなお店がありますけど、そういうとことは初心者になればなるほど居づらいんですよ。本当は探しているものがあるんだけど、店に居づらくて出てきちゃうっていうことがよくあって。でも「すみや渋谷店」はそういう感じはしなかったんです。

井上：それなら良かったけど。まあ、洋服屋さんとかでもそういうことはありますよね。見たいんだけど、敷居が高すぎるというか、店員さんから「お前なんかが来る店じゃない」って言われるようなね。

土橋：実際に、そういうレコード屋さんがありましたからね。

井上：渋谷店は人様からはマニアックな店だった思われていたかも知れないけど、自分ではそんなつもりはなくて、たまたまそういう店になっちゃったということでね。他に無かったし。まあ、サントラのコーナーはあってもそれを独立させて店を出そう、みたいな考えは無かったからね。

土橋：そう、そういうあるジャンルに特化したお店でありながらも、間口は広げて待っていてくれるっていうのはそんなには多くないですね。ところで井上さんはいつまで渋谷店にいらっしゃったんですか？

井上：上の娘が小学校に上がるタイミングで静岡に戻ってきたから、22～23年前までだね。

●「すみや渋谷店」の終焉とシーンのこれから

土橋：その後、井上さんが渋谷店を離れられて、2008年1月末に渋谷店が閉店するっていう情報を聞かれたとき、どう思われました？

井上：その前に「すみや」が「TSUTAYA」さんに吸収される（※）っていうのがあって、その時点でそうなるんだろうなっていうのは思ったし、そういう時代になってしまった。まあこれまで関わった者としては非常に淋しかったけどね。ただ「TSUTAYA」さんは、音楽は文化ではなくて商品だ、っていうスタイルのところだから、採算だけ考えたら真っ先に無くなってもおかしくない店じゃないですか。一部のファンだけを相手にして採算が取れるか、取れないかっていう店だったけど、まあ採算自体は取れていたんですけどね。ただあの会社にはこういう店を運営できる人はいなかったっていうことだよね。だからすごく淋しかったですよ。確かに昔は輝いていた時代もあったし、だから面白かったけどね。

土橋：そうですよね。これは結果論かも知れないですけど、最近の音楽ソフト市場って「すみや渋谷店」が無くなったあの頃よりもっとひどいですよね。そうなると渋谷店のような強力な得意分野を持っている店でないと生き残れないっていう話になってきて、そうなると広く浅くヒットものを売っていた店はまず淘汰されて、在庫の幅広さでもっていた大型店はある程度は残っているんですけど、それでも売上げの減少に応じて在庫やスタッフの数を縮小させなくてはならなくなる。そうすると残るのは専門店だと思うんですよね。そうなった時にやっぱり渋谷店みたいな店はあった方が良かった、ってなると思うんですけど（笑）。

井上：そうかもね。だけど映画音楽だけに限ってみると、市場的にはすごく小さいんだよね。あと今は、ネットで買えちゃうっていうところがね。だから実店舗は厳しいでしょうね。ネットの場合はピンポイントで、探しているタイトルがあれば買う、無ければ買わないっていうことでね、だからお店みたいに探してはいなかったんだけどこんなものが出ていたんだっていうことで、他のタイトルまで見つけて買うっていう楽しみはネットには無いよね。

土橋：それは無いですね。例えば武蔵小山の「ペット・サウンズ・レコード」なんかにお話を聞くと、やはり他のお店が段々と淘汰されてきて、店頭で買う楽しみを知っている人がどんどんとここに移ってきているみたいですね。もちろんネット通販もやっているんですけど、でもお店に行って店主の森 勉さんのお話を聞いて、知らなかったけどお薦めのものを一緒に購入する楽しみっ

※「TSUTAYA」さんに吸収される：2008年1月31日に「すみや渋谷店」は閉店したが、その約1年半前の2006年7月14日に「すみや」は「TSUTAYA 」と資本・業務提携し、「TSUTAYA」傘下に入っている。

ていうのが確かにあるんですよね。話だけでも聞きに来る人も集まってきたりして。

井上：そうだろうね。そういう情報がまた色々な形で口コミも含めて広がったりしてね。武蔵小山だから、都心ではないからわざわざ行くっていう事になるんだけど、でも仮にあの店が渋谷や新宿にあったら、そこまでは行かないと思うんだよね。

土橋：わざわざ行くっていう立地、そして独自の品揃え、お店のスタッフが音楽をよく分かっていて、っていう要素が揃っているんですよね。

井上：買う方もそういう店なら安心できるじゃないですか。変なものは薦めないでしょうし。でも僕なんかは基本的に音楽は自分で探すものだって思っているから、たくさん失敗もして、その中から良いものにたどり着ければね。今は情報が多すぎるんですよ。だから一発で100を求めちゃいけない。10のうち、2つか3つ当たれば十分ですよ（笑）。でも今の人はそうじゃないでしょ。多分ね。

土橋：手に入るものならネットでも何でも駆使して、片っ端からっていう感じですよね。

井上：土橋君がやってる「ジャケガイ」（『ジャケガイノススメ（リマスター）』土橋一夫＆高瀬康一：編・著／ラトルズ・刊／2014年）じゃないけど、失敗することもあるんですよ。

土橋：失敗だらけです（笑）。

井上：そういうことも含めて、レコードを買う楽しみだから。全て当たりばかりなんていうことは無いよ。

土橋：そういう意味ではお店を自分の足で回ると、鍛えられますよ。

井上：そういう方が、面白いよね。

土橋：そうですね。それである時から自分の中に、知識だけではなく、感覚的なことも含めての蓄積が出来てきて、そうすると初めて見たレコードでも「これは当たりかも知れない」っていう判断をする感覚が芽生えてくる瞬間があるんですよ。それが出来てくると、すごく面白くなりますね。

井上：そうだね。

土橋：そう考えると、渋谷店は色々な意味で特別なお店でしたね。

鷲尾：ああいう店は他に無かったですね。それで売上げも赤黒トントンだったわけですから、十分存在価値のあるお店だったと思いますよ。だから無くなるって聞いた時はショックだった。まあ大きな利益が出るわけじゃないけど、でもタダで販促をしているような違った価値のある店でしたよね。特に関東における1980年代までの「すみや」のイメージは、イコール渋谷店のイメージでしたよね。逆に静岡生まれで、大学に入って東京へ出てきたような人達で僕より年齢層がひと回りぐらい下の世代になると、「渋谷に行ったら「すみや」のレコード袋を持って歩いていた人が何人もいたけど、あれは何でなの？」っていう人もいましたからね。何で東京の人が静岡のレコード屋の袋を持って歩いているの？ってね。静岡では「すみや」は普通のレコード屋さんなんだけど、それが渋谷にもあって、しかもサントラの専門店だっていうのを当時は全然知らないんだよね。静岡では「すみや」はレコード屋さんであるばかりではなくて、楽器なんかも取り扱ってるから、例えばブラバンとかをやっていると一度は通る道なんだよね。特にレコードやCDを買う人じゃなくても「すみや」の袋は知っているから、そういう人が東京に来て「すみや」のレコード袋を持っている人を渋谷で目撃すると、「何で静岡のレコード屋の袋を？」ってなるんだよね（笑）。そもそも静岡の人は「すみや」が関東に出店していたことを知らない人も多いですよね。

土橋：そうですよね。僕は大宮の生まれなんで、近所に「すみや」は無かったから、渋谷に出てくるようになるまではほとんど知らなかったですよ。それもサントラの専門店、っていうイメージでしたから。

鷺尾：でも横浜辺りだと比較的早く出店していたから、でも僕もまさか「すみや」が静岡の会社だったなんて思いもしなかったね。だから静岡の会社だって分かったのは、随分経ってからだった。大学生ぐらいの時に、レコード袋に支店の名前が入ったものがあって、それを見て初めて気づいた。それに「すみや横浜店」でなぜか静岡出身の歌手のイヴェントとかをやるわけ。その一方で輸入盤のセールをやるようなお店で、これは何なんだろうか？って（笑）。ところで(「すみや渋谷店」を作った）佐伯（馨）さんはお元気なんですか？

井上：家のお墓が静岡にあるんで、年に２～３回は戻ってこられるんでね。たまにお会いしますよ。佐伯さんは特にイージーリスニング系だとか、僕が詳しくないものをよく知ってたから、結構影響を受けたよね。

土橋：1970年代の早い時期に自分でアメリカに買い付けに行くとか、そのノウハウは凄いですよね。

井上：まあ、好きなんだよね。英語での会話も全然問題ない人なので、物怖じせずにどんどん行く人だから。

土橋：それが渋谷店の為には良かったんですね。

井上：まず現地に着くとイエロー・ページを見て、レコードを売ってくれそうなところを探してね。

土橋：でも既に電話帳からそのページが引きちぎられていて、それを見て「もう同業者が来てるのか」って気づいたとかっていう話もありますね（笑）。あとバブルの頃には、日本の買い付け業者が現地でバッティングしそうになった、っていう話も聞きましたね。

井上：まあうちの店はサントラ専門だから、あまりバッティングしないし、行っても手つかずのところばかりだったから良かったけどね（笑）。ロサンゼルスのメルローズにエーロンズ・レコーズ（Aron's Records）っていうのがあって、そこはウエスト・ハリウッドの方だから映画関係の人が結構いて、その人達が放出したものが多く並んでいて、ここは倉庫に行って抜くというよりは店頭から抜いてくるっていう店でね。ここは安くて、それで開店前から並んで店に入って色々探していると、「何を探してるんだ？」って言われて、それで「映画音楽だ」って答えると「Crazy」って言われてね（笑）。まあ普通はロックとかを買いに来てるから。あとは個人宅に行って、『PLAYBOY』をごっそり買ってきたこともあるね。それも1950年代とかのものを10箱ぐらい。それはすぐに売れちゃった。それこそファッションやデザイン系の人達が買ってくれて。そういうものを見つけてくる能力は、佐伯さんは凄かったよね。

鷲尾：佐伯さんは着ているものからしてお洒落だったし、そういうセンスは凄い人でしたね。

土橋：でもこうしてお話を伺うと、本当に「すみや渋谷店」はワン・アンド・オンリーなお店でしたね。

すみや渋谷店の通販リストの表紙。製本され、158ページに及ぶ膨大なリストが掲載されている。これは2002年12月1日発行のもの

米ライノと提携して、店内にライノ・コーナーを設置した渋谷店（2000年12月24日撮影）

第3章

老舗レコード店としての使命と展開、そして現在進行形のパッケージ販売

対談

小林万左志（銀座山野楽器本店 AVソフト課 マネージャー）

＋

鷲尾 剛

＋

土橋一夫

2016年7月2日@銀座山野楽器本店にて

●上田育ち、そして音楽との出逢い

土橋：小林さんは何年のお生まれですか？

小林：1964 年です。昭和で言うと 39 年ですね。

土橋：私より２つ年上です。

鷲尾：東京オリンピックの年ですね。僕は小林さんよりさらに 10 歳上の 1954 年生まれです。

土橋：お生まれになられた場所は？

小林：長野県の上田市です。

土橋：そう、上田でしたね。それで以前（2013 年 7 月 28 日)、「第 26 回 上田平和音楽祭」でお会いしましたよね。玉城ちはると大石由梨香が出演した時に。

鷲尾：上田ですか。良いところですね。

小林：「上田平和音楽祭」（※）が行われていたあの会場（上田文化会館）は僕の実家から歩いて５分のところで、あのすぐ横に当時は中学校があって、そこが母校でした。だから毎日通っていた場所だったんです。まさかあそこで土橋さんとお会いするなんて、びっくりしたんです。駅から歩いて 20 分ぐらいのところですね。

鷲尾：僕は城めぐりが趣味で、上田（城）好きで。最初に行ったのは学生時代なので、もう 40 年以上前ですね。それ以来、度々。最近は２年に１回ぐらいは行ってるかも知れませんね。

土橋：うちも実は曾祖父の出身地が上田なんですよ。何だか繋がりがありますよね。

小林：そうですね。私は高校卒業までは上田にいました。それで大学に入るときに東京へ移ってきたんです。

土橋：上田時代に、地元のレコード屋さんと言えばどんなお店があったんですか？

小林：大きなお店では「琴光堂楽器店」というのが繁華街にあって、レコードはほとんどそこで買っていました。ただし田舎で大量に種類があるわけでもないですから、たまに行っては見るっていうことでした。元々は音楽にそれほど興味があったわけではなかったので、テレビから流れてきた音楽、中でも歌謡曲を普通に聴いていた子供だったと思います。ラジオも聴いてましたけど、それは小学校高学年ぐらいから段々と夜更かしを覚えて、深夜放送を中学時代から聴き始めて…。その頃が一番、ラジオを聴いていましたね。当時は音楽に対してあまり執着していなかったんで、民放だとポプコンの流れの番組があったり、「オールナイトニッポン」とか、そういうものを聴いてました。当時は例えばある曲に注目して聴いたり、集めたり、そんな感じではなかったですね。ただ、兄が音楽好きだったものですから、兄が買ったレコードが家にあっ

※上田平和音楽祭：広島での被爆経験を持つ教育学者、長田三郎氏の提唱によって 1987 年から毎年、長野県の上田市で開催されている平和音楽祭。長田三郎氏の詩を合唱曲にした「過ちは繰返させませんから」が毎回歌われ、平和をテーマに様々なアーティストや地元の子供達、団体などが出演する。

たんですね。そういうものを隠れて聴いたりしていて…。邦楽は歌謡曲が好きで聴いていたんですけど、洋楽では「モンキーズのテーマ」が特に好きで、あの曲ばかりをずっと聴いていた記憶がありますね。

土橋：モンキーズって、僕が中学時代ですから1980年頃、日本でリヴァイヴァル・ブーム（※）になりましたよね。

小林：そのタイミングだと思います。『ザ・モンキーズ・ショー』が再放映されたんで、それに併せてレコードが出たりして再び盛り上がったんだと思います。そのレコードが家にあったんで、聴いていましたね。

土橋：当時の上田では、ラジオ（AM）は何局ありましたか？

小林：信越放送とNHKですね。テレビも当時は信越放送と長野放送にNHKでしたから、そのチャンネルで放送されているものしか見ていないんで、だから大学に入って東京の友達と話すと「そんな番組は知らないよ」っていうことになりましたね（笑）。

土橋：どこかの地方では「笑っていいとも！」を夜に放送していたなんていう話を聞いたことありますけど、地方の場合はどうしても東京とはメディアの数も番組数もかなり違うんで、その辺りの共通認識はなかなか持てないですよね。あとはFMですけど、FM長野とNHK FMぐらいですよね。でも1980年代以降ですよね、各都道府県にFM局が出来たのは。

小林：そうですね。僕がいた頃は、まだNHK FMしか無かった気がします。中学時代には民放でやっているベストテン番組とかをよく聴いていて、そのチャートで流行っている曲は何か？とか、その頃から自分で気にし始めましたね。

土橋：輸入盤を買われたのは？

小林：もっと後です。東京に出てきてからですね。ただその前に、上田のデパートの催事場で輸入盤フェアをやっていたんですよ。レコード市みたいな。「琴光堂楽器店」の並びの角に「ほていや」っていうデパートがあって、そこへ行って何枚か買ったことがあります。でも当時は輸入盤についての知識が無いんで、それが何なのかよく分からないんですよ。かろうじて知っている名前を手がかりにして買うっていうことを何回かやりましたね。当時は輸入盤っていう認識よりも、安く売っているレコードっていう感じでしたね。

土橋：当時、東京の輸入盤店や、レコードについての情報は入ってきませんでしたか？

小林：本などで見て、渋谷にこんなお店が出来たとか、聞いてはいたんですが、それがどういう店なのかとかあまりイメージが湧かないんですよ。「琴光堂」と何が違うのか？とか。ですからその面白さが分かるようになったのは、東京に出てきて実際に見てからですね。

土橋：上京されて、当時住んでいたのは、どの辺りですか？

※日本でリヴァイヴァル・ブーム：1980年10月からTBSテレビで『ザ・モンキーズ・ショー』の再放送が始まり、これを発端として中高生など若い世代を中心としたモンキーズのリヴァイヴァル・ブームが起こった。その後は東京12チャンネル（現テレビ東京）でも再放送が実現し、さらにモンキーズのメンバーが来日し、オリジナル・アルバムもリイシューされるなど、大きな盛り上がりを見せた。

小林：神奈川大学なので、横浜ですね。綱島や日吉の周辺に住んでいたんで、東京でも横浜でもどちらにも行ける場所でした。

土橋：さて音楽に本格的に興味を持ち始めたのは、どのような切っ掛けだったんですか？

小林：先ほどの流れで言いますと、上田にいた頃は「この曲は好き」「これは良い曲だ」っていうように思ってはいたんですけど、その後に松田聖子さんのアルバムを買った時に、きちっとクレジットが載ってるじゃないですか。それを見たのが自分にとっての分岐点だったと、今振り返って思うんですよ。そこで見た名前が、他のレコードにも載っているっていうことに気づいて、ここからクレジットを意識するようになったんです。それと大滝（詠一）さんの『A LONG VACATION』が同じクレジットだったりとか。その衝撃じゃないですかね。

土橋：松田聖子さんの『風立ちぬ』と、大滝詠一さんの『A LONG VACATION』の参加メンバーの大部分が同じだ！って。

小林：何で同じ人が演奏しているんだろう。しかも詞を書いてる人（松本隆）も同じだ、っていうところから、裏方にも興味を持ち始めたっていうことが大きかったですね。それから、聴き方もどんどん変わっていった気がしますよ。自分から積極的に「この人の仕事はどういうものか？」という感じで聴き始めたのが1980年代の初めでした。そこから一気に音楽にのめり込んで行きました。ただ聴いていくうちに、それがすごく広すぎて、最初はどうしたら良いのか分からない。どこを掴んでいけば良いのか、とか。今みたいにネットで調べることも出来なかった時代なので、何となく気になったものを少しずつ買っていって、っていうところから手探りで始めましたね。道標が無いので、手探りで進む中で当たり外れがありながら、それでもどんどん聴いていきました。東京に出てきたのが1982年の春ですから、その辺りから２〜３年で一気に進んで行きました。

土橋：大瀧詠一さんの作品とはどんな感じで出会ったんですか？

小林：単純に『A LONG VACATION』が当時、ヒットしていたからですね。だから発売日に買うっていうことではなくて、たまたまみんなが聴いていて、ヒットしていたから聴いてみようっていう感じでした。まだ僕が高校生の頃ですね。

土橋：僕の周辺でもそうでしたけど、僕らの世代でははっぴいえんどやコロムビア時代の大瀧さんは知らなくて、それで1981年に『A LONG VACATION』が売れてきて友達が聴くようになって、それで知ったっていう人がほとんどだったと思いますね。

小林：僕も当時は、大瀧さんがどんな人なのかっていう認識は全く無かったです。ただ良いアルバムだっていうことで聴いていただけです。

土橋：でもそこから松田聖子と繋がり、はっぴいえんどと繋がり、山下達郎と繋がり、っていうことになって行くんですよね。

小林：そう、それで調べていくとはっぴいえんどっていうバンドをやっていたんだとか、って分かるんですけど、でも当時ははっぴいえんどのレコードを探しても無いんですよ。それでどんなアルバムなのか、モヤモヤして思いながら上京してくるわけです。

土橋：僕は最初に聴いたはっぴいえんどのレコードはSMS（サウンド・マーケティング・システム）盤でしたよ。

鷲尾：それは『A LONG VACATION』の前後に、SMSがURCの権利を取って出したリイシュー盤だね。その時は確かオリジナルのWジャケットもみんなシングル・ジャケットにして復刻していた。1980年頃かな。

土橋：大滝（※）さんのコロムビア時代の旧譜って、『A LONG VACATION』が出た時点では既に全部廃盤だったんですよ。その後すぐ（1981年4月1日に）主だったカタログはCBSソニーから復刻されたんですけど、シリア・ポールの『夢で逢えたら』とか『Let's Ondo Again』なんかはずっと再発されなくて、手に入れるのにその後何年もかかったんですよ。そんな中、SMS盤のはっぴいえんどの2枚は手に入れやすかったんで、僕は『A LONG VACATION』とはっぴいえんどを両方、同時期に聴いていました。

鷲尾：そうだよね。さっきのクレジットを見て共通するところを見つけるっていう話ですけど、ちょうど小林さんがそういう聴き方をしていた10年ぐらい前に、僕は洋楽で同じことをやっていましたね。たまたまその頃好きな、例えばジェイムス・テイラーのレコードを見て、そのバッキングのメンバーがこっちのレコードでもベースを弾いてる、ドラムを叩いてるとか、曲を書いてる人が同じだとか、スタジオやプロデューサーが同じだとか…。

小林：そう、まさにですよね。

鷲尾：小林さんは松田聖子と大瀧さんでしたけど、それが僕は洋楽だったんです。そしてその洋楽の匂いがするものとして、はっぴいえんどがあったんですよね。

土橋：そう考えると、それは洋楽的な聴き方なのかも知れないですね。クレジットを見て買うっていうのは。

鷲尾：そうそう。大瀧さん周辺の人達とかは、アイドルを仕掛けていながらも洋楽的な、同じようなことをやってましたよね。ノリとしてはね。

土橋：だから後になって思ったのは、僕は最初に大瀧（※）さんの音楽と出会って良かった、っていうことでした。大瀧さんを中心にして、それこそ歌謡曲からY.M.O.からユーミンから達郎さんや杉（真理）さん、（竹内）まりやさんまで繋がるわけで…。色々なところに枝葉が分かれて、それがみんな繋がっていることに気づけましたからね。

小林：そうですね。僕は今でも、歌謡曲が好きなんですよ。何でも取り入れちゃう歌謡曲のパワーっていうのが、ずっと今でも日本を牽引してると思うんです。あれがなかったら、日本の音楽は成熟していかなかったと思うんですよ。だから1970年代から80年代にかけてそういう動きを牽引していたのが、今思えばはっぴいえんど周辺の人達だったと。それに何となく自分

※：大瀧詠一と大滝詠一：作詞、作曲家、コンポーザーや文章執筆などの際には「大瀧詠一」、アーティスト名（歌手）としては「大滝詠一」と、本人は「瀧」と「滝」の表記を使い分けてきたため、ここでは文脈によって極力それに沿った形での表記を心がけた。

が乗っかって聴いていたっていうことに、後になって気づくんですよ。

土橋：そこに気づくと、音楽をさらに聴き進む大きな切っ掛けにもなりますよね。

小林：そうですね。だからあの時に出会ってなかったら、そういう聴き方はしていないと思いますよ。ただ僕は、そういう意味では洋楽を本格的に聴き始めたのは意外と遅いんですよ。聴いてはいたんですが、あくまでもヒット曲が中心で、上京してからアルバイトを探したときに、たまたま大学の近くにあったレンタル・レコード店で募集していたんで、そこでバイトを始めたんです。そこで仕事を覚えていくうちに、レンタル店なんで封を開けて聴くことも出来るんで、よく借りられるものやヒット曲から始まって、その中で何となくこういうものが好きっていうのが分かり始めたんですね。ヒット曲の中でもこういう傾向のものが自分は好きだとかが分かるようになって、そこからどんどん洋楽を聴くようになったんです。だから当時のヒット曲は今でも大体分かりますしね。

土橋：ちょうど1980年代の前半から中盤ぐらいですよね。

小林：そう、その頃ですね。当時は段々と仕事も1人で任されていましたから、ビルボードのチャートを見て、ヒットしているシングルを横浜の「タワーレコード」に買いに行って、それをレンタル店に並べたりしてましたね。でも当時は、特にシングルはヒットしていてもそれが誰だか、知識としては全然分からないっていうことが多くて、聴いてみても「何でこれが向こうでヒットしているんだろう？」っていうものもあったり、それで色々と調べたりして。それから調べる癖がつきました。そこから洋楽でも自分から動いて知るっていうことを始めるようになっていきました。だからあくまでも最初の切っ掛けはヒット曲のシングルだったんですけど、今度はそのアーティストのルーツとかを探る聴き方を洋楽でもどんどん始めていきました。

土橋：1980年代の前半〜中盤って特に、日本でもヒットした曲がいっぱいありましたよね。

小林：ありましたね。特にシングル・ヒットだけっていう人もいっぱいいましたから、どこからその人が出てきたのかっていうのが全く分からない人もいましたよね。

土橋：あのヒット現象は、何だったんでしょうね？突然出てきて、1曲だけヒットするっていうのがありましたね。あと映画やCM絡みもありましたし。

小林：特に映画絡みは多かったですね。

土橋：アイリーン・キャラの「フラッシュ・ダンス」とか。

小林：（ファイヤー・インクの）『ストリート・オブ・ファイヤー』のテーマ（「Tonight Is What It Means To Be Young」）とか。元々映画もすごく好きだったんで、そのヒットに合わせて映画を見に行ったりして、そうするとそこから今度はその映画のルーツを手繰っていったりして、広がっていきましたね。

土橋：今思うと、アメリカとかイギリスとか関係なく、日本で洋楽のヒット曲が出ていたっていう面白い時代でしたね。もちろんマイケル・ジャクソンとかビリー・ジョエルなんかもすごく売れていましたけど、そんな中でTOTOとか、カジャグーグーやリマールとか、エア・サプライとか、フィル・コリンズとか、スティックスとか、そういう人達もヒットを飛ばしていたっていう不思議な時代でしたね。1980年代はFMがブーム（※）になっていたから、それもあったと思うんですけど。店頭でもそういうヒット曲のシングルは売れてましたよね？

鷲尾：シングルはよく売れてましたね。もちろん邦楽のシングルはさらに売れていたけど、洋楽もかなり売れてました。

土橋：今じゃ考えられないユーザー層がシングルを買ったりしてましたよね。

小林：でもその当時、僕はあまりラジオは聴いていませんでしたけど、今よりも洋楽が身近なところにあった時代でしたよね。当たり前のように洋楽のシングルを買って、チャートとかを見て。MTVの力もすごく大きかったと思うんですけど。

土橋：そうですね。本当にラジオやテレビも、店頭も、活気に溢れていた時代でした。

小林：それに合わせて来日するアーティストもどんどん増えて、ライヴに行く習慣も出来ました。気に入ったら見に行くっていう感じで。それから大学3年の頃から別のバイトも始めていて、その同僚だった1人が「六本木WAVE」に行っていて、ワールド・ミュージック的なものを教わりました。そこからパパ・ウェンバやサリフ・ケイタのライヴに行ったり。

土橋：そういう切っ掛けがないと、なかなかワールド・ミュージックには辿り着けないですよね。

小林：またひとつ、視点が増えましたね。それで相変わらずレンタル店のバイトをしていましたけど、やがて就職を考えるようになって、たまたま大学の掲示板に「山野楽器」の新卒採用の募集があったので、それで受けてみようかなと思って受けたら、受かりました。だからその当時やっていたことと、基本的に今でもあまり変わらないですね。それをずっとやり続けているということですね。「山野楽器」には1988年入社です。会社に入って何が変わったかって言いますと、ずっとレコードが好きだったものですから、アナログをずっと買い続けていたんですが、1987～88年頃になると割とCDプレイヤーを持っている人も多くなってきて、そんな中で意固地になってまだアナログを買い続けていました（笑）。でも段々とアナログの新譜も出なくなってきて、そろそろCDかなって思ったときに、（ビーチ・ボーイズの）『ペット・サウンズ』の初CD化やビートルズのCDボックス（『The Beatles CD Box』16枚組）がほぼ同時に出たりして、そこで買うしかないと思って諦めてCDプレイヤーを買いました（笑）。

土橋：『ペット・サウンズ』の初CD化は1988年のグリーン・ライン2800っていうシリーズで、山下達郎さんがライナーを書かれていましたよね。あのライナーは当時は色々な人に大きな影響を与えましたよね。あれから『ペット・サウンズ』の日本での評価が一変したって言っても過言ではないですから。

鷲尾：僕はビーチ・ボーイズの「Getcha Back」が入っているアルバム（『ザ・ビーチ・ボーイズ』）が出た時に、CDには「Male Ego」がボーナス・トラックで入っていて、アナログには入っ

※1980年代はFMがブーム：この時期、例えばFM北海道やFM仙台、広島エフエム（1982年開局）、FM横浜（1985年開局）、FM富士（1988年開局）、FM NACK5（1988年開局）、bayfm（1989年開局）など、全国の各都市にFM局が次々に開局し、特に若い世代から人気を集めた。またそれに合わせて『FM Fan』『週刊FM』『FM STATION』『FMレコパル』のようなFM雑誌も人気を集めた。

ていなかった。それで CD プレイヤーを買ったんだよ（笑）。

小林：1985 年ですよね。

鷲尾：そう、それがなかったら、CD プレイヤーを買わずにずっとアナログを聴いていたと思いますよ。小林さんと同じです、きっかけは。

土橋：僕は（山下）達郎さんの『Come Along』（※）を聴きたくて、1985 年春にケンウッドの CD プレイヤーを買いました（笑）。これは最初カセットでしか出ていなくて買い逃していたから。でもみんな同じようなものですね。何かそういう切っ掛けがないと、今まで揃えてきたものを全く別のフォーマットに変えるっていう気にならないですよね。

小林：だからなかなか踏ん切りがつかなかったですよね。

土橋：小林さんがお好きなビーチ・ボーイズはそれ以前から揃えていたんですか？

小林:実はビーチ・ボーイズを知ったのは、映画の『アメリカン・グラフィティ』からなんですよ。すごく好きな映画で、その最後に「All Summer Long」が流れるじゃないですか。あれに感動してしまって。それがほぼビーチ・ボーイズの初体験でした。あの最後の瞬間は、今でも思い出すだけでグッときますね。

鷲尾：そうですよね。『アメリカン・グラフィティ』は日本では最初にサントラ盤が出て、まだその時点では映画が入って来ていなくて。だからサントラ盤だけを先に聴いていた人はただのオールディーズのオムニバスみたいに感じた人が多かったと思うんですけど。でも曲の並びも良いし。同時期にチェスから『The Golden Age Of Rhythm & Blues』っていう 2 枚組のドゥー・ワップのコンピが出て、それは割と黒っぽくて、それで『アメリカン・グラフィティ』の方は白っぽくて、当時はそれを 2 枚、並行してよく聴いていた。それで『アメリカン・グラフィティ』の映画が来て、初めて見に行った時に、まさにその「All Summer Long」にはこういう意味があったのか！っていうのが初めて分かってね。あれは切ないですよね。（登場人物）みんなのこれから先が、そこで分かって…。

小林：そうですよね。それでそこからビーチ・ボーイズをインプットして。ただ当時は、買おうと思ってもレコードが無かったんですよ。1980 年代初頭だったと思いますけど、探すんですけどレコードが見つからない。

鷲尾：当時は普通にビーチ・ボーイズのレコードを置いているお店は少なかったのかも知れないですね。ベスト盤ぐらいしか無かったですね。キャピトル盤が 1977 年頃に再発されたんだけど、それはどこの店にも置いてあるっていう感じでは無かったな。

土橋：確かに輸入盤を置いている店だったら別なんですけど、国内盤しか取り扱っていない街のレコード屋さんでは手に入らないものが結構ありましたよね。

小林：ありましたね。だからビーチ・ボーイズはベスト盤だけ何とか見つけて、そればかり繰

※『Come Along』：元々は店頭演奏用に作られたもので、山下達郎氏の代表曲の間に小林克也氏と竹内まりや氏による DJ を加えてノンストップ・タイプに編集されたアルバム。1980 年にカセット・テープで市販され、1984 年 8 月 21 日に初 CD 化（RVC ／ RACD-11）されたが、当時はまだ CD が発売され始めた時期だったため 3,800 円と高価だった。

り返し聴いていて、その状態で『ペット・サウンズ』がCDで出たもので、それで飛びついたんですね。

土橋：山下達郎さん経由でビーチ・ボーイズに辿り着くっていうのは、それまで無かったんですか？達郎さんも『BIG WAVE』（※1）でビーチ・ボーイズをカヴァーしていましたよね。

小林：それは聴いてましたよ。ただその時は「こういう曲もあるんだ」とかいう認識ですよね。結構渋い曲をカヴァーされていたから、原曲をまだ聴いたことが無いわけですよ。

土橋：『ペット・サウンズ』が最初に日本盤でCD化された1988年ぐらいから急に色々なタイトルが出始めましたよね。

小林：それまでの4～5年間は、アルバムの情報だけは分かってきたんですけど、でも店頭にはあまり並んでいない。だから当時は時間さえあれば中古盤屋さん巡りをしていたんですけど、なかなかお目当てのものが見つからなかったですね、あの頃は。あったのかも知れないですけど、まだその当時は専門店みたいなところがあることすら知らなかったので、探すのに苦労しました。それがCD化が始まって、欲しいタイトルがどんどん出てくるわけですよ。怒濤の如く続々CD化される中で、それにハマってしまったので、それからはどんどん集めていきましたね。際限ないですから、大変でしたね、あの時代は。それがちょうど「山野楽器」に入社した1988年頃でした。

●「山野楽器」への入社

小林：それで僕は、最初に横浜そごう店に配属になって、1年間だけそこにいたんですけど、実は「山野楽器横浜そごう店」の中にショップ内ショップという形で、別店舗「ON STAGE YAMANO（横浜店）」というのがあったんです。そこでレアな再発ものの CD や輸入盤のレコードなんかを売ったりしていて、同僚のスタッフから新入荷のものを教えてもらったりしていましたね。

土橋：「ON STAGE YAMANO」が横浜にもあったんですか。それは買いますよね。

小林：その時に一番印象に残っているのは、トッド・ラングレンのアルバムが、ずっと廃盤だったものがオリジナルの形で再発されて、それはすぐに買いました。

鷲尾：ライノ（※2）から再発になった時だね。

小林：そうですね。ちょうど再発になったんですよ。だから飛びついて買いましたね。

土橋：「ON STAGE YAMANO（横浜店）」の広さはどのぐらいでしたか？

小林：10坪ぐらいですかね。完全にレジも別で、（「山野楽器横浜そごう店」とは）通路を隔てた反対側に。

※1『BIG WAVE』：山下達郎氏が1984年にリリースした全曲英語詞によるアルバム。同名のサーフ・ドキュメンタリー映画（監督：ウォルター・マルコネリー氏）のサウンドトラック盤として発表され、レコードのA面にはオリジナル曲が、B面には主にビーチ・ボーイズ関連のカヴァー作品が収められた。なおこの映画のオリジナル・インストゥルメンタル・サウンドトラックとしてパイナップル・ボーイズによるアルバム『BIG WAVE』も同年にリリースされている。

※2 ライノ：1973年にリチャード・フース氏がレコード店として出発し、1978年にはレーベルを創設、パンクからオールディーズの再発、編集盤など独自のラインナップで人気を得た。その後もフィル・スペクター氏の初期仕事を集めた『The Early Productions』や、モンキーズ、トッド・ラングレン氏、ユートピアなど、様々なカタログのリイシューを行い、1992年からはワーナーの傘下に入った。イギリスのAceと並ぶ、いい音としっかりした仕事で定評のある再発系レーベルとして知られる。

土橋：「ON STAGE YAMANO」と言えば池袋のイメージが強かったですけど、他にもこういうお店はありましたか？

小林：当時は池袋と横浜の２店だけでしたね。

土橋：津田沼はもっと後でしたっけ？

小林：もっと後ですね。

土橋:横浜店も基本的に池袋の「ON STAGE YAMANO」とは同じようなお店だったんですか？

小林：ただこの広さですからそんなに多くのものは置けませんでしたけど、内容的にも方向性も微妙に違っていたような気がします。

土橋：池袋店のスタッフが横浜店も見ていたりとか、一緒に何か展開したりとか、そういうことは無かったんですか？

小林：それは無かったですけど、当時の横浜店の担当者は、池袋店の店長の斉藤二朗さんと一緒に仕事をしたことがあるのかな？それで横浜店を任されたんだと思います。

土橋：そうなんですね。小林さんは池袋の「ON STAGE YAMANO」には、学生時代に通われていたんですか？あの品揃えにはビックリしますよね。

小林：何回か行ったことはあります。そう、驚きますね。驚くと同時に、並んでいるものが何だか分からない（笑）。もちろん分かるところもあるんですけど、それ以上に分からないものの方が多いんで、どう探したらよいのか？当時の僕の知識では全く歯が立たなかった。

鷲尾：「ON STAGE YAMANO」さんは、本体の「山野楽器」さんとは全く別のオペレーションでやっていたんですか？例えばそこにいるスタッフは他に行ったりしないで、ずっとその中で回しているとか…。

小林：そう、全然別のオペレーションですね。「ON STAGE YAMANO」の専任スタッフ、っていう感じで。当時の「ON STAGE YAMANO（横浜店)」は社員２人にアルバイト１人ぐらいで回していましたね。

土橋：そういうお店、良いですね！

鷲尾：社員でそこへ配属される方っていうのは、会社的にそういう特別なお店を作ろうっていうのがあって、それに適応できる人を配置したっていう感じなんですか？

小林：恐らくそうだと思います。横浜店の担当者は元々池袋の「ON STAGE YAMANO」で仕事をしていて、その後横浜が出来ることになって担当スタッフとして配属されて、他のスタッフも割とそういう音楽が分かるアルバイトを雇って運営していたと思いますね。

小林万左志氏（2016 年 7 月 2 日撮影）

週末に銀座本店 1 階正面入口前で行われるライヴは、歩行者天国を行き交う人達を巻き込んで大賑わいを見せる（玉城ちはる氏／ 2014 年 9 月 27 日撮影）

土橋：池袋の「ON STAGE YAMANO」のマインドが分かっている人じゃないと、ああいう店は運営できないですよね。特殊技能的なところがありますからね。

小林：そうですね。

土橋:特に池袋店では、よく「こんなものが出てたんだ！」っていう発見があって、特にエレキ・インストの輸入盤とかはすごい品揃えでしたよね。エレキ・インストもので探してるタイトルがあると、真っ先に「ON STAGE YAMANO」へ行ってましたね。

小林:エレキ・インストの世界は、すごく深かったですから。何でもありましたね。あとはクリフ・リチャードも。

土橋：横浜のイン・ショップはいつ頃からいつ頃まであったんですか？

小林：「山野楽器横浜そごう店」のオープンが1985年で、その1～2年後に「ON STAGE YAMANO（横浜店）」も作られていて、1990年代に入ってから改装したので、そのタイミングまではあったから、実質5～6年ぐらいだったと思います。

土橋：他に「ON STAGE YAMANO」のようなコンセプト・ショップは無かったんですか？

小林：クラシックの専門店はありましたけど、それぐらいですね。

土橋：そもそも何で「山野楽器」さんが「ON STAGE YAMANO」を始められたのか、すごく興味がありますね。調べてみたら池袋に「ON STAGE YAMANO」が出来たのは1974年ですね。

小林：「ON STAGE YAMANO」もそうなんですけど、「山野楽器池袋パルコ店」はちょっと特殊なお店で、例えばその隣にヘヴィ・メタルの「HEADBANGING」っていう別店舗の専門店があったり。その当時は色々なことを考えて展開していたんでしょうね。僕が入社した頃には既にあったと思うんですよ。それで僕はその後、1989年に渋谷店に転勤になりまして、それは東急本店にあった店なんですけど、その時点ではまだ池袋のメタル・ショップはあったんですよ。恐らく1990年代の中盤ぐらいまではあったんじゃないですかね。

土橋：いま、本店におられる森（晴美）さんがそこにおられましたよね。僕は1993年10月から1994年終わり頃までの1年強、テイチク本社で洋楽販推をしていて、その時にヘヴィ・メタルの担当だったんで、ここには本当にお世話になりました。来日アーティストのサイン会もやって頂きました。

小林：その後、池袋パルコ店の改装があって、「HEADBANGING」が無くなって、別店舗だった「ON STAGE YAMANO」は池袋店の中に吸収された形になりました。

土橋：最初は池袋パルコ店の隣に「ON STAGE YAMANO」があって、確かその後に別の場所に移って、そして池袋パルコ店の中に入った、っていう形だった記憶があります。特に池袋パルコ店の隣にあった頃の「ON STAGE YAMANO」には珍しいアナログ盤がたくさんあって、例えばピチカート・ファイヴの『ベリッシマ』やプロモ・オンリーだった『女王陛下のピチカート・ファイヴ』のLP（これは非売品でディスプレイ用）とか、オリジナル・ラヴのインディーズ盤（※）とか、クラブ系のリミックス12インチとか、それにリイシュー盤やボックス・セット、他では見かけたことのないものまで。とにかく何軒も回って見つからないものだったら、まずは池袋の「ON STAGE YAMANO」へ行こう、って当時は思ってました。

小林：そういう人は多かったと思いますね。『ミュージック・マガジン』に広告が必ず載っていたんで、それを見て探しに来られる方も多かったと思います。

土橋：僕も必ずチェックして、通ってました。

●地域ごとに特色のある「山野楽器」を展開

小林：それで僕は1989年に渋谷の東急本店に移って、そこはいわゆる百貨店の中のレコード店っていう感じで、特別な色のあるお店では無かったんですけど、個人的にはこの時代に渋谷にいたことが非常に大きくて。僕が移った1年後に「HMV」が近くに出店してきて、あの時に新しい時代が来たのを感じましたね。

土橋：1989年と言えば、「パイドパイパーハウス」が6月に閉店した年ですね。その直前の4月には「タワーレコード池袋店」が明治通りに出来て…。翌1990年11月には「HMV SHIBUYA」と「HMV YOKOHAMA」が出来るというそんな時代でしたね。

小林：そうでしたね。本当の意味で、そこから新しい時代…外資系の時代に入った気がしました。それを実感しましたね。

土橋：特に渋谷はレコード屋さんが多くて、「山野楽器」さんも東急本店と東急東横店の2店があって、1990年代初めですとまだ「タワーレコード渋谷店」は東急ハンズの先にあって邦楽は扱っていなくて、あとは「レコファン」とか「ディスクユニオン」「すみや渋谷店」「CISCO」「ZEST」、それに「Hi-Fi Record Store」に、中古盤屋さんの「イエローポップ」とか「The Perfect Circle」…。それ以外にマンションの一室にもお店がたくさんありましたよね。確かに「HMV」の日本第1号店が渋谷に出来たのは大きかったですけど、でも当時の売れ筋のものは「山野楽器」さんとは違っていましたよね。

小林：全く違いましたね。特に僕がいた東急本店は、外資系でヒットしているものとは関係ないものが売れていましたから。ユーミンが全盛でしたし、いわゆるヒットものを中心に、あとは歌謡曲、演歌、それに当時はまだレーザーディスクが全盛だったんで、映画の需要がすごくありました。ただ東急本店は不思議なお店で、まずここにレコード屋があることを知らない人が多いですし、お客様はどちらかと言えば富裕層が中心なので、意外とアーティストやミュージシャン、芸能人の方なんかもたくさんいらっしゃって、そういう方達と接することも多かったですね。達郎さんもご夫婦でいらっしゃっていました。それで覚えていて下さって、後にお会いする機会があると声を掛けて下さったりして、嬉しかったです。有り難いですね。

土橋：あのお店はゆっくり買い物が出来るっていう雰囲気がありましたね。それに対して東急

※オリジナル・ラヴのインディーズ盤：1988年に自主制作され、JALA JALA RECORDSからリリースされたLP『Original Love』のこと。当時のメンバーは田島貴男氏（Vo, G）、村山孝志氏（G）、小里 誠氏（B, Key）、秋山幸広氏（Ds, Perc）で、プロデュースは和田博巳氏。田島貴男氏がピチカート・ファイヴに加入した時期に、それまでのTHE RED CURTAINからメジャー・デビュー前のオリジナル・ラヴの作品をまとめる意味で発表された。

東横店は常に忙しいイメージでしたね。

小林：銀座線を降りると売り場がすぐでしたから、本当に忙しいお店でした。

土橋：特に1990年代の初めには、大物アーティストのCDがリリースされると「○○DAY」っていう展開をされていたから、そのイメージがあって。他に突出して売れているものってありましたか？例えばクラシックとかは？

小林：他のチェーンに比べたらクラシックの比率は高いと思いますけど、それは棚に置いてあるクラシックのCDの数も多いですから、その辺と比例していたのではないかと。まあ本当に普通のお店っていう構成ですね。渋谷の東急本店には1994年までいまして、その後は福岡に転勤になりました。イムズというビルに入っていたお店で、1989年にオープンして5年経ったので新しい段階へ行きましょう、っていうことでサブ（・マネージャー）として行きました。その時代の九州は、東京でのバブルが弾けたのとちょっと時期がずれている感じがあって、まだバブルが続いているような時間差を感じていましたね。当時は他には「タワーレコード福岡店」とか地元の「印藤楽器店」さんあたりがメインの時代で、うちの店はクラシックが売り場の半分ぐらいを占めていて、その売上げが洋楽、邦楽を含めてすごいんですよ。「こんなに売れるのか！」っていうぐらいに。100坪を超える店でしたけど、それが全部音楽ソフトですから、すごく広いです。

土橋：100坪を超えるって言ったら、「すみや」の広めの郊外店ぐらいの広さですよね。

鷲尾：そう、かなり広いですね。

土橋：「すみや小田原なるだ店」の改装後って、さらにそれを超えるぐらいの広さでしたよね？

鷲尾：そう、でもあの店は音楽ソフト以外のトラベル用品とか、楽器もあったから。

小林：とにかくよく売れる店でした。

土橋：東京のお店と福岡とでは、売れるものに違いがありましたか？

小林：僕が福岡に移った1994年当時は、例えば東京ではちょっと前に「HMV」が出店していわゆる渋谷系と呼ばれるものが人気だったのが福岡にも到達してきて、しかもちょうどフリッパーズ・ギターが解散してコーネリアスや小沢健二がソロ・デビューした直後だったんで、その辺りのファンが多くて、それにクラブものもすごく人気でした。だから東京とは少し時間差があるんだなっていうのを実感しました。そういう感じのもののイヴェントもいくつかやったりしましたし。それと東京では､例えば他のチェーンのお店との交流はあまり無かったんですが、福岡では他のお店のスタッフとも仲が良かったりして、情報交換もしていましたね。それとライヴ・ハウスのスタッフとか、放送局のスタッフとの交流もあったりして、みんなで何かを一緒にやりましょうっていう気運がありましたね。イヴェントをやるにしても一緒にっていう感じでしたし、お店の横にちょっとしたイヴェント・スペースがあったんですけど、そこでイヴェントを何回もやりましたね。

土橋：そういう同業も含めた横の繋がりっていうのは、東京では意外と無いですから面白そうですね。以前、KBC 九州朝日放送の名物ディレクター（岸川均）さんが定年で引退されたときに、達郎さんや浜田省吾さんとかがみんなで集まってライヴをやるっていうのがありましたけど、そういう繋がりがあるからこそ出来るんですね。

小林：それ、「伝説ライヴ」（1998 年 @ 福岡サンパレス）ですよね。僕も見に行きました。そういうのが普通で、アーティストと放送局の人、それにレコード店との結びつきがすごく強いんで、面白かったですよ。それからイムズの上の階にも FM 福岡のサテライト的な小さなホールがあって、ここでほぼ毎日ライヴをやっているんですよ。そこにはうちの店が即売で入っていたりもしたんで、アーティストとの接点も出来たりして、そういう恵まれた環境にありましたね。

土橋:そういう話をお聞きすると、福岡からアーティストが育つその背景が分かる気がしますね。

小林：そうですね。ミュージシャンもレコード店やそのスタッフを大事にしてくれますし、その逆もある。だからそういう繋がりが福岡の音楽シーンを作っているんだなっていうのを強く感じました。割とそういうことを自然に行える場所なんですよね。

土橋：メディアも含めて横の繋がりが強いんですよね。

小林：すごくやり易かったですね。だからこういう動きを東京でも出来たらなって思うんですよね。

鷲尾：そうですよね。広島とか福岡とかの都市としてのサイズが良いのかも知れないですね。それで適度に都会感があって。

小林：FM 局もレコード店も自分たちのところからヒットを出そうっていう意識が強くて、だから自分で良いと思ったら応援しようっていう気質があると思いますね。それはレコード店では、例えば国内盤、輸入盤に限らず。先ほどの渋谷系のものをよく売ったのも、元々はうちの店のスタッフが単純にそういうものが好きで、それでコーナーを作って展開しましょうっていうのが継続して行われていたからだと思うんです。

土橋：でも継続できるっていうことは、お客さんがそれを受け入れてくれて商品が売れていたからこそ出来ることですよね。

小林：そういうことですよね。それと連動して今度はイヴェンターさんが、こういうアーティストを福岡に呼びましょうっていう流れになって、そういうものがずっと何年も続いていたっていうことですね。

土橋：それはある意味、理想的なことですよね。店頭から発信したことがお客さんに伝わり、同時にイヴェンターやメディアにも波及していって、一緒にやりましょうっていう流れになるわけですから。最高ですね。

小林：そうですね。その当時は洋楽の輸入盤も扱っていたんで、ソフト・ロック系のものを揃えて渋谷系のお客様が好みそうなものを中心にしてコーナーを作ったり、それから僕もこの辺の音楽は個人的に好きだったものですから、その中から好きな曲を何曲かカセット・テープに落として無料でプレゼントして、それを聴いて好きになったらまた買いに来て下さいっていう、そんなこともやってました。今ですとこういうことは色々と問題があるのかも知れませんけど、当時はまだ大らかな時代でしたからね。

土橋：そうでしたね。僕も26年前に（店頭で）鷲尾さんが作ったカセットをもらったことがあります（笑）。

鷲尾：そうだったね（笑）。

小林：今では難しいのかも知れませんけど、でも今こそこういう地道な販促活動をちゃんとやらなくてはいけないのかなって思いますね。

土橋：お客さんからしてもそういう記憶ってよく残っているもので、あのお店でこんなレコードやCDと出会ったとか、あのレコードを教えてもらった、特典をもらった、そしてその後でそのアーティストのライヴを見に行ったとか、そういうことはよく覚えているものですね。店頭から得たものを頭の中に記憶して残すっていうのは、音楽を好きな人にとっては大事なことだと思うんですよ。ネット通販で1クリックで買ったものには、そういう記憶は残りませんから。

小林：そう、その頃はスタッフとお客様との接点がすごくあって、だからスタッフに会うためにお店に来る、そこで新しいことを教えてもらう、っていうのが特に福岡時代にはずっとありました。そういうことを経験出来たのは、僕にとっては財産になりましたね。それで僕はその後小倉店に移って3年半、それから東京に戻って来たんです。それが2000年9月ですね。

土橋：福岡と小倉では、違いはありましたか？

小林：ちょっと違いましたね。小倉の方が普通のヒットものが売れました。

土橋：小倉店はどこにあったんですか？

小林：最初は「小倉そごう」ですね。途中から「そごう」の形態が変わるんですけど。

●インストア・イヴェントの重要性

土橋：それで東京に戻られてからは？

小林：府中フォーリス店で店長になって、（川越の）アトレ丸広店、相模大野ステーションスクエア店へと。この頃から会社的にもイヴェントを色々とやっていこうという流れになってきたのと、たまたま府中も川越も相模大野もイヴェントで使えるスペースがあったので、この辺りから店でイヴェントをやろうっていう方向性が強くなりましたね。店頭から新人を育てていこうっていう流れもありましたから、この頃からイヴェントを多くやって力を入れた記憶があります。

土橋：特に21世紀に入ると、インストア・イヴェントがどこのお店でも盛んに行われるようになりましたね。それまでは外資系の大型店のトレードマークだったものが、それが従来からのお店にも広がっていきましたね。1980年代〜90年代ですと、別の場所を…例えばデパートの屋上とか、ホールとかライヴ・ハウスを借りたり、あとビデオ・コンサートみたいなものもありました。1993年頃、広島の「カワイ楽器」の上階のスペースでヘヴィ・メタルのビデオ・コンサートをやったことを今思い出しましたけど…。21世紀に入るとそれがお店単体でもう少し小規模で、しかも身近なイヴェントが増えましたね。

小林：そうですね。福岡時代もそうでしたけど、お店の隣とかにイヴェント・スペースがあって、そこさえ押さえられれば店仕切りのイヴェントが出来るっていう環境でした。東京に来てからはいわゆるインストア・ライヴ的な、自前のイヴェントがすごく増えましたね。

土橋：お店に直結した形でイヴェントが出来ると、CDの売上げにも貢献しますし。

小林：メインのもの以外で、例えば新人とかでイヴェントをやると、その後のことも含めてプラス・アルファがあるっていうのが始めた切っ掛けだと思うんですけどね。

土橋：当時インストア・イヴェントを行ったアーティストで記憶に残っている人はいますか？

小林：風味堂っていうグループがいまして、彼らは僕がアトレ丸広店にいたときに初めてインストア・ライヴをやったらしいんですよ。彼らは福岡出身で、それで福岡にいたことのある僕のところにインストアの話が来たんです。それで音を聴かせてもらって気に入ったからやったんですけど、その後に僕が相模大野に移ってからも何回も、数え切れないほどやってくれましたね。だから彼らは特に印象に残っていますね。そういうのはすごく嬉しいですね。

●「山野楽器」の独自性…セントラル・バイイング・システムを導入しない理由

土橋：他のディーラーさんと比べて「山野楽器」さんはここに力を入れている、とか、敢えて違うところを挙げるとすれば、どの辺りになりますか？

小林：これは他のディーラーさんも同じだと思うんですけど、どうやったらお客様に喜んで頂けるか、っていうことでしょうね。これは常に意識しているところだと思います。でもそのために出来ることは限られているわけで、店の規模などの規制の中で外資系のような品揃えが出来るわけではないですから。うちが出来ることの中でお客様に喜んで頂くには、どうしたら良いのか？っていう考え方ですよね。そのためには例えば接客をきちんとやるとか、あとは年配のお客様も比較的多いので、ニーズに合わせた品揃えを心がけましょうとか、というところからクラシックやジャズなどには力を入れています。それからポップ&ロックでも「ON STAGE YAMANO」じゃないですけど他のところには無い、あったとしても置きづらいものもフォローしましょうっていう考えですね。特に銀座の本店はそうですけど、本店に限らずそういう傾向があると思いますね。どの店に行ってもちゃんと落語のコーナーがありますし、そういうことだと思うんですよね。

土橋：今、例えば新譜の仕入れに関しては各店での対応ですか？

小林：基本的にそうです。ある程度の裁量は、今でも各店のスタッフに任せています。本部でコントロールしているとは言え、基本的な仕入れの権限は店舗にありますから、そこはずっと変わっていないですね。それを本部だけで全て動かしてしまうと、先ほどからお話ししてきた「お客様に喜んで頂く」っていう考え方をスタッフが出来なくなってしまうんですね。自分たちの店だから、こういう仕入れをしてっていうことは、お店を運営していく上で必要なことだっていうことをスタッフは分かっていますから、それを取り上げてしまうとお客様のニーズから離れてしまうんです。この考え方は、これからもずっと続いていくべきだと思いますね。

土橋：それは良いことですね。各ディーラーさんも、特にこの辺で悩みますよね。中には本部主導のセントラル・バイイング・システムを導入して、確かに効率化は図れたかも知れませんけど、同時に店毎やバイヤー毎の個性が失われて、どこでも同じような店になってしまう危険性もありますし、何より自分たちの店っていうモチベーションが薄れて現場の覇気が無くなるっていう話も聞きますから。

小林：社内的には色々あるんですけど、でもそこ（セントラル・バイイング・システム）に全面的に移行させないのは、まさに現場のモチベーションの問題が強いと思うんですよね。

土橋：僕も端から見ていて、ある日突然、仕入れ権限が本社に移ってしまって、各店のバイヤーさんの仕事が無くなると、間違いなく現場の士気は下がるんですよね。それに各店の商品も、本来バイヤーさんが売りたいものと本部から言われて売らなければならないものとのギャップも当然大きくなってきますし、そうすると僕らから見て面白い商品が少なくなって、結果的に品揃えが悪くなる。それは店頭を見れば、分かりますよね。

鷲尾：ある程度は本部でコントロールしつつ、基本的には各店に任せてっていう感じなんですか？例えば新譜のイニシャルをオーダーする時、メーカーのセールスはお店に来るんですか？それとも新譜はメーカーからの注文書だけで見て入れるんですか？

小林：支店に関しては、今はメーカーのセールスは来ません。新譜のイニシャルは、各店が数字を入れてそれを本部に送ってきて、それを本部のMD（マーチャンダイザー）が集計してそこで一度チェックして、基本的には各店からのイニシャルを優先してメーカーにオーダーするっていう流れですね。

鷲尾：「山野楽器」さんはテナント店が多いですよね。標準的なお店の場合、正社員は何人ぐらいで回しているんですか？

小林：うちの店の場合は形態が色々あって、音楽ソフトだけじゃなく楽器や音楽教室もあったりするので一概には言えないんですが、単純にソフト店だけで言えば１店舗で正社員は２人、アルバイトが４人とか、そういう割合だと思います。

鷲尾：アルバイトの方にもある程度の権限を持たせているんですか？

小林：そのアルバイトさんの経験や能力に応じて、いろいろ活躍してもらっています。

鷲尾：新譜のリストを見ながら、お店の人が自分で考えてイニシャルを入れるっていうのは非常に大事な作業ですよね。結果としては同じだったとしても。ヒットものは誰でも数字を入れられるけど、それ以外のものはきちんと考えて入れないと結果的に売り逃がすことにもなりやすい。ちゃんとお客さんの方を向いてオーダーしないとね。他の店では1枚も入らないものでも、自分の店では絶対にオーダーしておかなくてはいけないものってあるんです。それは店の人が一番よく分かるはずなんで。セントラル・バイイング・システムの場合、単純に本部からシェア割とかで数字を各店に振っても、各店の担当が覚醒していないとそのままスルーされちゃう場合があるんですよね。仕入れをする上では、新譜の数字を入れるのが一番楽しいですよね。毎月新譜の注文書やリストを見て、この商品は誰が買ってくれるとか、それを考えるのが。そこをお店が考えなくなってしまうと、ダメになっちゃう。レコード屋さんがダメになってきた理由の1つは、それだと思う。だからそれは絶対に崩さない方が良いですよね。

土橋：単純に効率とか商品の回転率とかだけを考えればセントラル・バイイング・システムの方が無駄は少ないかも知れませんけど、でもコンビニではなくて音楽を扱うレコード店なんだからそれだけで割り切れない部分が多いわけで、だから店毎の特性、お客さんの志向を分かっているバイヤーの裁量が大切になってきますよね。

鷲尾：1枚オーダーするだけでも、そこに自分の責任が発生してくる。そうするとしっかり売ろうと思う。それが無くなっちゃうとね。

土橋：責任を持ってオーダーして売るっていうのは、商売の基本ですよね。

小林：基本中の基本ですね。だから店長なり仕入担当が、自分の店をどうやって運営していくのか、っていうことが一番大事なんで、「こういうものを仕入れて、こういう展開をしたいからオーダーするんですよ」っていうのを自分から提案していかないとお店は面白くならないし、それはお客様が見れば分かっちゃうんですよ。そこが大事だと思いますよね。ただし少しでもリスクを減らすために、本部のMDがチェックをして、もしその中で突出したものがあったら「これ、何でこんなに多く入れてるの？」っていうのを確認するんです。そうすると「これはこういう理由で、だからやりたいんですけど」っていう答えがある。そこで「それなら頑張って展開してね」って。現場のモチベーションも保てるし、本部でもフォローするっていう形になれば、それが一番良いんですよね。

土橋：それと同時に、本部と現場とで情報を共有できるっていうのが一番大きいですよね。それで上手くいけば、それがケース・スタディになって次に生かせますし。

小林：それで良い結果が出れば、これを他の店でもやってみたら、って広げていくことが出来るんです。それで先ほどの話に戻りますが、僕は相模大野の後に、今度は本部の洋楽MDになるんです。でも段々と洋楽のシェアが落ちてきている時期に異動してきたものですから、今の仕入れのやり方ではすごくリスクが大きいんですよね。各店から出される数字はバラバラで、洋楽をよく分かっている仕入担当が出してくればそれなりのイニシャルが出てくるんですけど、洋楽を分かる人が段々と少なくなってきているのが現状なので、そのあたりの教育も含めた形でやっていかなくてはならないっていうのがあったので、最初はちょっと苦労しましたね。その中で「こういうものを展開したいんですけど」っていうのが出てくるお店も少しずつ増えてきたりして、自分が現場（店頭）にいたときと、MDでいるときの現場へのもどかしさの両方が分かるだけに、それではそれを上手くやるにはどうしたら良いのか？っていうのを常に考えていましたね。

土橋：鷲尾さんの「すみや」本社時代と全く同じ立場ですよね。

鷲尾：そうだね。セントラル・バイイング・システムになって、広い郊外店で社員2人で、マクドナルドのようにアルバイトを時間帯を分けて何人も使っていて、朝10時から夜11時とかまで営業していると、社員同士が顔を合わせる時間もほとんど無かったりして、そうすると商品も流していく感じになりがちなんですよね。しかもレンタルや本も扱っていたりすると。そうなると現場ではいちいち単品のオーダーまで考えない人も出てきがちで…。

土橋：勤務時間内に与えられたことをやるだけで精一杯ですよね。

鷲尾：特に関東エリアでは競合が厳しいから、ちょっと基本が崩れると一気にダメになっちゃう。そこが一番つらいところだったのかも知れない。郊外店ではベーシックなジャズやクラシックは売れないイメージがあるんですよ。でもきちんと展開すれば、売れる。お客さんも、きちんと品揃えしていない店には来なくなるだけなんですよね。

小林：結局、そこなんですよね。

土橋:特に郊外店の場合はお客さんは車で移動するから、ちょっと遠くても関係無いんですよね。面白い方の店へ行くんですね。「すみや」で言うと、玉川高島屋に入っていた店が比較的「山野楽器」的でしたよね。

鷲尾:そう、近かったね。雰囲気的にも。あとあの店はお客さんから品揃えについての要請が色々と来るから、商品知識もどんどんついてきて、例えアルバイトでもしばらくすると他の店の社員よりも詳しくなっちゃうっていうのはあったよね。

小林：それはありますね。お客様から教えてもらうっていうのは。

鷲尾：特にああいうテナントの店は、お客さんと相対してっていうのは年配の客層が多ければ多いほど質問も多いだろうし、コミュニケーションはありますよね。どちらかというと郊外店は、あまりそういうやりとりが無かったっていうのもありますね。だから「山野楽器」さんみたいなところが生き残るのかなとも思いますね。

小林:ただしそれはそれで問題もあって、スタッフが減ってくる中でそれをやると回らなくなってしまうっていうところもあって。必要だとは分かっていても、それを今の時代にやっていくのは大変なんです。そのジレンマをどうやって乗り切るのかっていうのが課題でもありますね。

土橋：社員教育で特にこれに力を入れている、っていうことはありますか？

銀座本店ではイヴェントも積極的に展開（さらさ／2016 年 7 月 2 日撮影）

銀座山野楽器本店全景

銀座山野楽器本店正面入り口

小林：それ、不思議なことに、それほど目立った独自の社員教育っていうのは無いんですよ。正社員は入社したときに研修をやりますし、楽器に関しては計画的に専門研修を行っています。音楽ソフトに関しては、クラシックや落語など、特殊なジャンルの研修のみとなっています。

鷲尾：社員教育と言えば、例えば商品知識的なものと、計数的なもの、あと接客があるじゃないですか。商品知識に関する研修みたいなものはあるんですか？

小林：入社して行う研修は、例えば会社の歴史や組織、社会人としての常識、規律訓練等ですが、一通りそれが終わると各部署に配属されるんですよ。それで音楽ソフトに関しては、ほとんどが本人の知識や経験と、現場での教育に任せています。

土橋：でも「山野楽器」さんは接客が素晴らしい、っていう感じがしますよね。

小林：接客に関しては、全社で積極的に取り組んでいます。ただお店の店長や先輩によってはどうしてもバラツキは出てしまうんですけどね。

鷲尾：そう、最初についた店長の影響は、大きいんですよね。

土橋：会社でも直属の上司に恵まれるかどうかで、その後が変わりますよね。

鷲尾：お客さんにも、そしてお店の中の人にも鍛えられるんだよね。

土橋：でも人と人のコミュニケーションですから、接客にしても日頃の態度にしても、きちんと出来ないと結局は自分に返ってきますからね。それが分かれば、みんな自分から勉強するんですよね。

小林：僕も、学生時代からレンタル店で仕事をしていて、それなりに商品知識とかは分かっているつもりでいましたけど、その後「山野楽器」に入社して、実際に点では理解していたことが、線としては全然結びついていないっていうことが分かったんですよ。それがすごくショックで、だからもう必死で勉強しましたね。特に洋楽は。これはどういう人かっていうことを突き詰めていって、ルーツを探っていくことを。本もかなり読んで勉強しましたね。それをやったから今があると僕は思っているんで…。あの頃は本当に敗北感を味わいましたよ（笑）。すごい敗北感を。自分ではある程度、知っているつもりでいましたから、色々なことを。

鷲尾：それ、ありますよね。レコード屋さんに入るくらいだから、それなりに音楽が好きでなきゃ、っていうのがありますけど、でも入ってみると上には上がいるんですよね。

小林：そうですね。あとお客様の方がよほど知っている。「そんなことも知らないの？」って言われる。それが悔しいから勉強するしかないんです。その繰り返しで今があると思っています。でもその時代に、そういうことを経験出来たのは有り難いと思うんですよ。逆に今の若い人達は、なかなかそういう経験をしないで何年も過ごしてしまう、そんな時代になってしまっているので…。銀座本店は別ですけど、一般的にはお客様の方からそういう話をしてこられる方が減った気がするんです。だから自分から積極的に勉強して、っていう流れになかなかならないのが現状ですよね。そのあたりは会社としても今後どうしていくかを模索しているところですね。商品知識は結局は自分で身につけるしかないんです。長いロックやポップスの流れを1～2週間で教えて覚えられるものではないですから。ただそれとは別に、先程申し上げたように接客は、地道な取り組みが必要なので、店舗間のバラツキも無くすようにして、会社の中にプロジェクトを作って最重要項目として取り組んでいます。そこだけは（他店に）負けないように、と思っていますね。

土橋：そこが基本であり、一番の財産ですよね。

小林：接客が悪いと、お客様が離れてしまいますから。

土橋：そして小林さんは、本部の洋楽MDの次は調布パルコ店の店長でしたよね。

小林：そうですね。MDを7年ぐらいやりまして、一昨年（2014年）から2年間、現場に戻って調布パルコ店の店長をやりまして、今年（2016年）4月から銀座本店の洋楽のマネージャーになりました。今までやってきたことがやっとここで生かせるかなと思っています。MDの時も洋楽の専任でしたけど、特に本店は必ずしも自分が思うように動かせるわけではなかったので、これからやっと思い描いたようなことを実践できるかなと思います（笑）。そんな気持ちでいます。

土橋：これを機に、僕は是非本店の中に「ON STAGE YAMANO」を復活させて欲しいですね（笑）。今こそ。

小林：そうですね。でもそれに近いことをやることが出来るのは、やはり本店だと思います。今でも本店には「ON STAGE YAMANO」からの流れでいらっしゃるお客様も多いですから、そういう方ともお話ししながら、満足して頂けるようなお店にしたいなとは思っていますけど。

土橋：「ON STAGE YAMANO」っていう看板はすごく大きくて、僕らも学生時代から通っていたっていうのもありますけど、そういう経験を持つ方はいっぱいおられると思いますし、特に洋楽のレアなものを求めて集まって来る方々にとってはすごく大きな存在だったと思いますね。もしあの看板が今、復活したとしたら、「パイドパイパーハウス」の「タワーレコード」での復活に匹敵するぐらいのインパクトがあると思うんですよね。

小林：その看板に値するような品揃えが出来るかどうかっていうのが、難易度としてはかなり高いんですけどね。でもそれが出来たらいいなと思いますね。お客様が「ON STAGE YAMANO」を覚えて下さっているっていうのは、会社としての財産だと思いますし、逆に今でないと出来ないかなって思いますね。今年はビートルズの50周年が話題ですけど、その原点を体験された方たちも何年かすればご高齢で少なくなっていくのは確かですし、そうなる前に何らかの形として残していく必要がある。それはビートルズに限らず、1960年代やそれ以前のものはみんなそういう時代に来ているわけですけど。そういうことを僕は非常に感じています。だからここ何年かが、それを出来るチャンスだと思うんですけどね。

土橋：そうですね。例えば今はネット上では、こういう商品があるっていうのは「Amazon」

なんかで検索すれば分かるんですけど、実際にそこから横の広がりはあまり生まれないですよね。まあ、これを買ったあなたには、これもオススメっていうのは出てきますけどね。でも昔のリアル店舗の時代は、隣に並んでいる関連したものも見つけて一緒に買うとか、お店の方に教えて頂いたり、店頭発信の情報が色々とあったと思うんです。今はネット上では情報が溢れているがために、逆に見逃しているものもあったり、実際に品切れしていればネット上では予約までして買わないことも多いですし。だからリアルな世界でお客さんが集まることが出来る「ON STAGE YAMANO」のような場所があれば、みんなそういうところを求めて集まって来る気もするんです。だからそれに気づいた人達がいるから「パイドパイパーハウス」も復活するし、「ペット・サウンズ・レコード」に来るんだと思いますね。みんなで集まれる場所、その1つの受け皿として「ON STAGE YAMANO」があったらなって。それは音楽ファンとして素直に思うことなんですよね。

小林：そういうご要望をたくさん頂けるのであれば、個人的には考えてみたいですね。

土橋：せっかく小林さんが本店の洋楽マネージャーになられたんですから、是非（笑）。

小林：はい、ありがとうございます。頑張ります（笑）。

（文中の店名は、当時の表記に沿っています）

第4章

街のレコード店としての役割と、音楽ファンに愛され続けるその理由

対談

森 勉（ペット・サウンズ・レコード店主）

＋

鷲尾 剛

＋

土橋一夫

2016年7月23日＠渋谷／シャイグランスにて

●東京生まれ、東京育ち

土橋：森さんは何年のお生まれですか？

森：1951 年、昭和 26 年です。

土橋：東京生まれの東京育ちですよね？

森：はい。

鷲尾：ずっと武蔵小山ですか？

森：そう、ずっと品川区の武蔵小山の辺りです。父の田舎は浅草なんですけどね。

土橋：浅草ですか！どの辺りですか？

森：浅草の今戸です。今戸神社の近くですね。確か今戸神社の先代の宮司さんだったかが父と同級生らしいですけどね。今戸神社と言えば、最近はパワー・スポットとして有名ですけどね。ですから小さい頃には、割と浅草の方にも行ったりしてましたね。今でも父方の親戚はそこに居ますけど、全然辺りの雰囲気は変わってしまいましたね。

土橋：そうですね。私の親戚も浅草の寿町に住んでいるんで、あの辺りのことは何となく分かります。近いですからね。

森：歩いて行ける距離ですよね。それでこれは後になって知ったんですが、父方の父、つまり私の祖父は都電の運転手をしていたらしいです。

鷲尾：僕は子供の頃、滝野川の近くにいたことがあるんですよ。

森：それでは今でも都電が走っているところですね。いいですね。

鷲尾:4 歳までだったんですけど、その頃は都電に乗ったり飛鳥山公園に行ったりしていました。その後で横浜に引っ越したんですけど。

土橋：ちなみに（今この取材をしている）この場所のすぐ近く、現在 TBS の住宅展示場がある、こどもの城の裏の辺りは、昔は都電の車庫（※）だったんですよね。

森：青山車庫前という停留所もありました。僕なんかは小学生の頃に遅刻しそうになると、この（宮益）坂を駆け上がるのが良いか、都電に乗った方が良いのかって考えましたね。地下鉄だと渋谷から表参道まで行っちゃうんですけど、都電だと青学の真ん前に停まっていたんで、青山車庫前で降りてね。ただ渋滞していると全然動かなくてね（笑）。だから都電がある頃は便利だったんですけどね。

※都電の車庫：国連大学や、先日惜しくも閉館したこどもの城、青山劇場などがあった渋谷 1 丁目～神宮前 5 丁目付近のこの地にはかつて、都電の青山車庫があったが、1968 年 9 月 29 日、青山電車営業所が廃止され、この車庫も姿を消した。元々、このすぐ近くには東京都職員共済組合青山病院があり、さらにこの一帯はかつて山城淀藩稲葉家の下屋敷であった。なおその当時からある琵琶池は TBS ハウジングの敷地内に現存する。

土橋:ということは、お生まれになったのは武蔵小山で、そこから渋谷を経由して青山学院に通っていたと。

森：重いランドセルを背負って、通っていました。

土橋：恐らくその頃だと思うんですけど、一番最初に音楽を意識して聴くようになったとか出会った切っ掛けはどんな事でしたか？

森：やはり最初はラジオなんですけど、父がジャイアンツが好きで僕も野球が好きだったんで、ナイターの放送を聞くために親がラジオを買ってくれたんです。小学校５年の誕生日に。それで野球の中継を聞いていたら、その途中途中や、それが終わると音楽が流れてきて、そこで洋楽のポップスに親しむようになりました。だから最初は野球中継からなんです。後楽園球場にも父に連れられて何度も行きました。

土橋：その頃のジャイアンツと言えば、川上（哲治）さんの監督時代ですよね？

森:そうですね。僕が小学校２年の時に、長嶋(茂雄)が入団しますから。だからその前の水原(茂)監督も少し覚えているんです。

鷲尾:川上さんが監督になったのが、そのちょっと後の1961年ですよね。僕も親父に連れられて、その頃に後楽園へ行ってますからよく覚えていますよ。

土橋：巨人ファンにとってはその４年後から栄光のV9が始まるという、華やかなりし時代ですね。

森：楽しかったですね。

鷲尾：あの頃のプロ野球は、今のサッカーの比ではないくらい人気がすごかったですよね。相撲と野球は大人気だったからね。

土橋：特に巨人は、スター選手ばかりでしたよね。

森：もちろんテレビやラジオで中継されているのは巨人戦なんで、他のチームのことは断片的にしか覚えていませんけど、それでも他のチームにも魅力的な選手が一杯いて、もちろんジャイアンツ・ファンだったんですけど、他のチームにも好きな選手はいましたね。

土橋：どんな選手がお好きだったんですか？

森:今でもすぐ思い出すのが大洋ホエールズの近藤和彦でしょうか。独特のバッティング・フォームが印象的でした。バッティング・センターに行く時は、左打席で時々マネしたりしていました。それから意外とパ・リーグの試合も見ていて、駒沢に東映フライヤーズ（※）の本拠地があって、土橋さんと同じ姓の土橋（正幸）投手という方とか、山本八郎っていう暴れん坊…すぐ暴れて退場になる選手なんですけど…とか、毒島（章一）とかがいて。とにかく後楽園球場と駒沢球

※東映フライヤーズ：1954 年～ 1972 年に存在したパ・リーグのプロ野球チームで日本ハムファイターズの前身。戦後間もなく発足したセネタースの流れを汲み、1947 年には東急フライヤーズに、翌年には急映フライヤーズに改称。この頃からフランチャイズを後楽園球場としたが、1953 年には自前の駒沢球場が完成し、ここを本拠地とする。1954 年からは東映フライヤーズとなり、さらに東京オリンピックの影響で駒沢球場の取り壊しを経て再び後楽園球場へと戻り、1973 年には日拓ホームへ球団を売却され、日拓ホームフライヤーズとなった。そして 1973 年 11 月に日本ハムへ球団は売却され、日本ハムファイターズとなり今日へと至る。

場の雰囲気が全然違うんですよ。駒沢はまるで田舎の球場みたいでね。それで時々ブルペンの見えるところに行くと、左投げの橋詰（文男）っていう元祖ワン・ポイント・リリーフのピッチャーがいて、その人に初めてサインをもらったんです。それで左利きだから、その人は字を反対に書いていたんですよ。それでサインをもらったら逆版のようになっていたんで、読めないなって思って。だからその人がワン・ポイント・リリーフで出てくるときは、本当に嬉しくてみんな拍手で…。球場は空いてましたけどね。

土橋：今と違って特にパ・リーグの試合はテレビ中継が少ないからほとんど見られませんでしたよね。

森：ラジオでもあまり放送されませんでしたね。あと大毎オリオンズ（※1）が後楽園をフランチャイズにしていたんで結構、後楽園へ大毎の試合を見に行ったりとかして。その頃は山内（一弘）とか葛城（隆雄）とか小野（正一）とか良い選手がいて、それもあって日本シリーズにも出られたんですけどね。国鉄スワローズ（※2）も後楽園がフランチャイズだったんで、だから後楽園では毎日のように試合が見られたんです。

土橋：大毎オリオンズのフランチャイズとして東京球場があったのは、いつ頃でしたっけ？

森：その後ですね。

鷲尾：東京球場は短かったよね。

土橋：10年ぐらいの短い期間でしたね。僕の母は、親と一緒に東京球場に行った話をしてくれますけどね。

森：あの球場も残しておいてくれれば良かったんですけどね。駒沢球場は東京オリンピックの時に解体されて、今のような施設になってしまってね。

土橋：と言うことはかなりのパ・リーグ通だったんですね。

森：好きでしたね。鉄腕稲尾投手を擁した西鉄ライオンズは憎らしいほど強かったし。

土橋：僕も子供の頃はパ・リーグが好きだったんですけど、森さんより15年も下なんで、近鉄の鈴木啓示とか、東映フライヤーズですと末期で張本（勲）とか大杉（勝男）とか、西鉄の末期から太平洋クラブライオンズの東尾（修）とか、そういう時代でした。

森：だから当時のパ・リーグは、直接球場に行かなければ日本シリーズで見るぐらいしか詳しく知る方法がないような時代だったんですけどね。でも例えば今のソフトバンクは元は南海ホークスだった訳で、その南海は当時は日本シリーズの常連で、杉浦（忠）とか野村（克也）とか、そういうスター選手もいましたし、良い選手が揃ったチームでしたね。鶴岡（一人）監督でね。南海の外人投手の（ジョー・）スタンカと、（巨人の）エンディ宮本（宮本敏雄）のボールの判定を巡って、日本シリーズで乱闘寸前までいったりとかしてね（笑）。

※1大毎オリオンズ：1958年から1963年まで存在したパ・リーグのプロ野球チームで、千葉ロッテマリーンズの前身。1949年に毎日新聞社を母体とする毎日オリオンズが誕生し、その後1958年に大映ユニオンズとの対等合併によって毎日大映オリオンズ（＝略称：大毎オリオンズ）となった。大映社長の永田雅一氏がオーナーに就任し、1962年には本拠地を後楽園球場から南千住に建設した自前の東京球場へと移し、1964年には東京オリオンズとなる。1969年にはロッテとの業務提携によりロッテオリオンズに改称し、県営宮城球場〜川崎球場を使用しながら1992年からは千葉マリンスタジアムに本拠地を構え、千葉ロッテマリーンズと改称し今日へと至る。

土橋：当時はキャラクターが濃い選手が多かったですね。

森：特に僕も野球に熱中していた時代だったからこそ、そういう濃いキャラクターに反応するものがあったんだと思いますね。でも現在では、自分の中で野球はひとつの時代が終わっちゃったな、っていうのがありますね。長嶋さんや王（貞治）さんの引退なんかを見て、そういう感じがしましたね。

●音楽との出逢いと、当時のレコード店

土橋：さてラジオの野球中継が切っ掛けということですけど、音楽への道はその後どうなりましたか？

森：当時はテレビでは『ザ・ヒットパレード』とか洋楽が放送される番組は、音楽が好きになるちょっと前から見ていた気がするんですけど、実際に外国の人が歌う洋楽に興味を持ったのは小学5年生の後半ぐらいから6年生になる頃だったと思うんですよね。最初はクリフ・リチャードとかコニー・フランシスとかが気になりだして、最初に自分でレコードを買ったのはジョニー・シンバルなんですよね。「僕のマシュマロちゃん」という思い出の曲なんですけど。「ミスター・ベース・マン」を歌っている人っていうのは、当時はまだ知らなかったんですけど、でも後にLPを買ったらそこに「ミスター・ベース・マン」が入っていて、大ヒット曲が既にあったっていうことが書いてあって。あと当時は東芝のアーティストがすごくプッシュされていて、気がつくとクリフにしてもみんな東芝のアーティストばかりだったり。そしてそのうちにビートルズが出てくる、っていう感じだったんですよね。

土橋：当時の情報源としては、やはりラジオとテレビですか？

森:テレビは純然たる洋楽というよりは、日本人のアーティストが歌う洋楽という感じでしたね。『シャボン玉ホリデー』とかもね。

鷲尾：テレビだとあまりオリジナルのアーティストが映るっていうことが無かったですよね。

土橋：当時は映像も少なかったでしょうしね。

鷲尾：ビートルズなんかもどちらかと言えば風俗的な取り上げ方で音楽的ではなかったですし。

森：今こそ『シンディグ！』とか『アメリカン・バンドスタンド』（※3）」なんかの映像を見ることが出来ますけど、当時の日本ではああいうものは全く見られなくて、本格的に海外のアーティストのパフォーマンスを見られるようになったのは、1965年の『エド・サリヴァン・ショー』からだと思うんですよ。1年遅れで日本人はビートルズを見られるようになって、しかも日本では半年ぐらいしか放送されていなかった番組だと思うんですけど。それでその後に『ゴーゴー・フラバルー』とか『アンディ・ウィリアムス・ショー』とかが出てきて、そういうものを通してちょっとずつ日本でも映像を見られるようになってきたんです。

土橋：だからアメリカとは時間差があったんですよね。

※2国鉄スワローズ：1950年に国鉄と繋がりの深い団体が中心となり結成され、セ・リーグに加盟。後楽園球場を本拠地とし、金田正一投手を代表格に話題を呼んだ。1964年に神宮球場へ移転し、1965年には経営権が産経新聞とフジテレビに譲渡されサンケイスワローズと改称。翌年には鉄腕アトム人気にあやかってサンケイアトムズとなるが、1969年にヤクルトへ経営権が売却され、翌年からはヤクルトアトムズに、1973年10月からはヤクルトスワローズと改称。2006年からは東京ヤクルトスワローズとなり今日へと至る。

※3『シンディグ！』とか『アメリカン・バンドスタンド』:『シンディグ！』は1964年9月から1966年1月までABCを通じて全米で放送された音楽番組で、ジム・オニール氏が司会を務めた。『アメリカン・バンドスタンド』は1952年から1989年までABCなどで放送され、ディック・クラーク氏の司会で人気を誇った。ともにアメリカを代表する音楽番組として知られるが、当時の日本では放送されなかった。

森：かなりありましたね。ビートルズなんかは特に、アメリカで『エド・サリヴァン・ショー』に出て視聴率がどうとか言って騒いでいる時から、日本では１年も放送が遅いんですからね。

土橋：そうですよね。当時、そういうものを見聞きして気になったアーティストのレコードはどこで買っていましたか？

森：地元にレコード屋さんが４軒ぐらいあったのかな？武蔵小山の商店街の中とか、外にもありました。その中でも僕は小山台高校わきの西口商店街にあった間口が 2m ぐらい、奥行きも３～4m ぐらいしかない小さなお店に行っていました。元は電気屋さんだったと思うんですけど、電気製品が置いてあるその隣にレコード・コーナーもあるっていう。レコードの数としては本当にちょっとしか置いてなかったんですけど、そこへ見に行くのがすごく楽しみで、そこではとんど買っていましたね。「東京電蓄商会」っていうお店でした。

土橋：ということは電蓄を売っていたんですね。

鷺尾：昔は時計屋さんとか電気屋さんとか宝石屋さんとか、そういうお店がレコードを扱っていることも多かったですよね。

土橋：地方に行くと、今でもそういうお店はあると思いますね。

森：そうですね。当時はあまり買えないんですけど、でもそこにしょっちゅう行ってレコードを見ていましたね。それとその店に行って「ラジオでこういう曲を聴いたんですけど、これはいつ出ますか？とかね、そういう話をして教えてもらったりとか、そういうことをよくしていましたね。そのお店は家族で経営しているようなところで、僕よりも 10 歳ぐらい年上だったと思うんですけど若い店員のお姉さんとそのお母さんがいて、色々な事を教えてくれて…。

土橋：そのお店にはいつ頃まで通い続けたんですか？

森：高校生になるぐらいまでですかね。その後は巣立ってしまった感じでしょうか。渋谷とかに大きなお店があって、そういう中で色々選びたいっていうことと、それから高校生ぐらいになるとレコードを沢山欲しくなってきて、「ハンター」なんかの中古盤屋さんへ行くようになっていました。例えばビートルズなんかはその「東京電蓄商会」で買うって決めていたんですけど、それ以外のものは違うお店で探すみたいなことでね。

土橋：森さんは小さい頃からずっと青山学院ですよね。ということは武蔵小山から目黒を経由して渋谷に通う学生時代だったわけですよね。

森：そうですね。でも中学の頃までは渋谷で買い物をしてっていうのは無かったんですけど、高校に入ってからは自由さも出てきたのかも知れないですけどね。

土橋：高校に入学されたのは…。

森：1967 年ですね。

土橋：その頃の渋谷のレコード屋さんはどんな感じでしたか？

森:渋谷の「ヤマハ」がその前年に道玄坂に出来たんですよ。それでかなりヤマハに通いましたね。試聴させてくれる円形のコーナーがあって、まるでシャワーヘッドのようなものがあってそこに耳を付けて試聴できるんですよ。

鷲尾：それ、「すみや」にもありましたよ。「すみや」は同じ静岡県で「ヤマハ」とも繋がりが深いから、「すみや横浜店」や「すみや静岡本店」をはじめ、昭和40年代の「すみや」の試聴機はヘッドフォンじゃなくて全部この形だったんですよ。

森：それで聴いて1枚も買わないのはダメみたいな雰囲気があるんで（笑)、3枚ぐらい聴いてその中から1枚は買うみたいなね。あと輸入盤を少し置いてあったりしたんで、まあ高かったんですけどそういうものも買ったりして。時々、輸入盤のバーゲンもあってめちゃくちゃ安い値段で出ているものもあったんで、何も知らないけれども買ってみるみたいなね。そこで買ったのは、例えばハーパース・ビザールの1st（『Feelin' Groovy』）とかね。全然彼らのついて詳しいことは知らなかったんですけど、ジャケ買い感覚でね。あと渋谷ですと、今は無くなってしまった東急プラザの中に「コタニ」さんがありましたね。

土橋：「コタニ」ですか！ここは私は仕事をするようになってからもプロモーションで通っていました。

森：それから目黒の「スミ商会」さんとか、あと好きだったのが自由が丘に「東光ソハラ楽器」さんっていうお店があって。ここが出来たのはもうちょっと後だと思うんですけどね。それと中古盤屋さんでは、渋谷の線路沿いの、1990年代に「芽瑠璃堂」さんがあった並びに1960年代には「都堂」さんっていうお店があったんですよ。お爺さんが経営しているようなお店が。それでここに時々行っていたんですけど、店内が電車から見えるんですよ。平屋の一軒家だったんですけどね。電車から見たらスウィンギング・ブルー・ジーンズのジャケットが見えたような気がしたんで、それで行ってみたらやはり置いてあって、それで買ったのをすごくよく覚えてますね。恐らくこのお店は音楽業界の人が出入りしていたようで、中古のサンプル盤なんかもすごく多くてね。今思えば、もっと色々なものを沢山買っておけば良かったなって思いますけどね（笑)。

土橋：そのお店の話は、初めて聞きました。

森：昭和30年代から40年代の中頃までしか無かったお店かも知れないですけどね。

鷲尾：渋谷だったら大体のレコード屋さんには行ってますけど、でも僕もそのお店の話は、初めて聞きましたね。

森：学校が休みの日は、銀座でレコード店回りをしました。現在もある銀座の「山野楽器」さんでは『キャッシュ・ボックス』のベスト10なんかを書いた紙を配ったりしてくれていて、それを時々もらいに行ったりしましたね。それとその先の、今のアップルストアの方に向かったところに「十字屋」さんがあって、銀座に行くとともかく「ハンター」も含めてレコード屋さんがいっぱいあるんで楽しくて、1日いられましたね。

鷲尾:「十字屋」では、輸入盤のバーゲンの時にバイトしたことがありますよ。前にも話したけど、インポーターのOPA（オーヴァー・パシフィック・エージェンシー）がここに卸していたんで、それで1人で行かされてずっと店番をしながら（ニック・デカロの）『イタリアン・グラフィティ』を聴いていた思い出があるんだよね。だから1974年頃じゃないかな。

土橋：「十字屋」さんは今も健在で、レコード部門は止めちゃったみたいですけど、ハープなどの楽器の販売を続けていますね。元フジテレビで現在フリー・アナウンサーの中村江里子さんのご実家ですよね。

森：昔は今ほど、店内の商品を幅広く見ようっていうのが無くて、自分の好きなところしか見ていなかったから、お店の全体像はよく分からないんですよね。

土橋：「ハンター」もありましたね。

森：中古盤と言えば「ハンター」でした。テレビCMもやっていましたね。大井町とか、都立大とかにもありましたね。一番よく行った数寄屋橋の「ハンター」では、本当に何時間もかけてレコードを見ましたけどね。例えば渋谷の「ヤマハ」でシーメイル（船便）の輸入盤が2800円とかしていたものが、「ハンター」に行くと1300円とかで売っていて、だからバッファロー・スプリングフィールドの1st（『Buffalo Springfield』）なんかは「ハンター」で輸入盤を買ったんです。高校生になるととにかく数を欲しいっていうことで、こういう中古盤屋さん回りもよくしていましたね。それから高校時代に友達が本八幡にいたんで、総武線に乗る機会が結構あって、そこから足を伸ばして浅草の「宮田レコード」にも結構行きましたね。掘り出し物を探しに。

土橋：浅草では「宮田レコード」さんにしても「ヨーロー堂」さんにしても、今でも頑張ってますからね。

森：今でもうちの店に例えば踊りのレコードのお問い合わせがあると、「宮田レコード」さんを紹介したりしてますけど（笑）。

土橋：森さんの地元の武蔵小山と言えば「フォノ」さんっていうレコード屋さんが今でもありますけど、あそこも古いですよね？

森：古いですね。一時期は武蔵小山に3店舗を構えていて、地下のお店と、戸越の方へ向かったパルム4のところ、それからパルム2のてんやの隣と。今でも2店舗がありますね。それから蒲田と新宿の武蔵野館の前にも支店がありましたね。

土橋：それと秦野にもありました。ヨーカドーの中のテナント店で。僕はテイチクの営業時代、ここを担当していたことがあるんですよ。「フォノ」って不思議なお店で、普通のヒットものも売るんですけど、特にダンス音楽に強いという…。社交ダンス用の音楽の専門店としても有名で、例えば武道館とかでソシアル・ダンスの全国大会があるんですけど、その即売で入っているのは「フォノ」さんでした。僕も手伝いに行ったことがあります。

森：ここは今でもオリジナル商品を作っているんです。例えばキングレコードにお願いして、楽団を用意してもらって CD を作って、それを売るっていう…。だからこそ続いているんだと思いますよ。

鷲尾：それはすごいですね。

森：だからこんな CD が売れない時代に、武蔵小山っていうローカルなところに「フォノ」さんとうちが残っているのも、不思議な話ですよね（笑）。

鷲尾：でも商店街のレコード屋さんって良いんですよね。

土橋：他に覚えておられるレコード屋さんってありますか？

森：それからだいぶ経ってからですけど新宿にも行くようになって、中古屋さんですが印象的だったのは「トガワ」さんですね。初めて行った時には本当にショックを受けて、店内の半分以上のものが欲しいみたいな感じでね（笑）。

土橋：「トガワ」さんはレコードとジャケットが分けて置かれていて、欲しいもののジャケットを持って行くと、中身のレコード盤を出してくれるんですよね。

森：ここには本当によく行きましたね。それから「ディスクユニオン」にも通いました。それで 1970 年代の中盤になってくると、色々な所に輸入盤だけを扱うお店が増えてきて、「ディスクロード」とか「CISCO」とかそういうところには広告を見てピン・ポイントで安い盤を買いに行くみたいな感じでした。

土橋：『ニューミュージック・マガジン』の広告ですよね。たまたま手元にあるのが、これは1976年10月号ですけど、「パイドパイパーハウス」「CISCO」「Honky-Tonk」「DUKE」「新宿レコード」「K&T RECORDS」「Kinnie」「オム」「disk otsuka」「AMINADAB」「芽瑠璃堂」「RECORD PLANT」「レコード舎」「MUSIC SHOP HORUN」「音盤洞」「蓄晃堂」「GOBANGAI」…。

森：でもほとんどブート屋さんには行かなかったんです。初めに深入りはやめようと思ってね。吉祥寺の「芽瑠璃堂」も衝撃的でしたね。それと好きなものがありそうだと思って、下北沢の「カリフォルニア・ミュージック」にも行きましたね。

鷲尾：僕も行ってました。

森：そこでファンタスティック・バギーズのアルバム（※）を 3500 円で買いました。

土橋：この『ニューミュージック・マガジン』の広告は、今見ても楽しいですよね。上野の「蓄晃堂」とか池袋の「GOBANGAI」などは今でもありますよね。当時のレコード屋さんは、どこも個性的ですよね。

森：特徴を出そうということで、まず店主の好きなものがプッシュする商品になるっていうね。

※ファンタスティック・バギーズのアルバム：ソングライター・コンビとして活躍していた、スティーヴ・バリ氏と P.F. スローン氏によるファンタスティック・バギーズが、1964 年にインペリアルからリリースした 1st アルバム『Tell 'Em I'm Surfin'』のこと。ビーチ・ボーイズやジャン＆ディーンなどによって人気が高まったサーフン＆ホット・ロッド・ブームに乗って制作されたものだが、ポップでクオリティも高く、今なお人気の 1 枚。

土橋：「カリフォルニア・ミュージック」（※）なんかも、この当時のことを考えると店主の趣味性が強くなかったら、店名からしてこういうお店を出すことはあり得ないですよね。ビーチ・ボーイズも概ね低迷していた時代ですし。

鷲尾：でもちょうど 1970 年代の後半からビーチ・ボーイズは東芝での再発が始まって、その後で「Japan Jam」で日本に来て、江ノ島でライヴをやって、っていう時代ですよね。

土橋：この当時、まだ西新宿にはレコード屋さんは集まっていなかったんですかね？

森:「新宿レコード」さんをはじめ、それなりにあったと思いますね。僕が「ディスクユニオン」にいた 1977 ～ 78 年頃、市場調査で西新宿に行ったことがありますから。どのお店に行ったかは覚えていませんけど、結構あったと思いますよ。

土橋：ということは、既に西新宿にもレコード屋さんが集まり始めていたんですね。東京では例えば「山野楽器」さんや「十字屋」さんのような老舗があって、一方では 1970 年代からは新たに輸入盤を扱うお店も出来始めて、それと並行して中古盤屋さんが…。

森：まだ音楽的にも、メガ・ストアみたいなものは必要ない時代だったんですよね。

土橋：個人商店が主流の時代ですよね。森さんは高校ぐらいからそういったお店に通うようになられて、その後大学を経て、レコード屋さんに入って働いて、ご自身のお店を持つようになられるわけですけど、この道に入ることを決断された契機というのは、どんなことだったんですか？

森：僕らが大学生の頃は 70 年代安保があって、普通に就職して働くのは悪だっていうような風潮があったんですよ（笑）。それで髪を伸ばして…僕も少しは長くしていたんですけど、それで髭も生やしていたのが、大学 4 年になった途端に周りのみんながリクルート・スーツを着て、急に変わったんですよ。僕はそれに馴染めなくて、これからどうしようかと思った時に、何を勘違いしたのか先生になろうと思った時期があったんです。社会科教師の免許が取れるっていうこともあって経済学部に入っていたんですけど、4 年の時に大田区の中学校へ教育実習に行ったら、教える楽しさを覚えてしまって…。

土橋：それは鷲尾さんと同じですね。

鷲尾：僕も中学へ教育実習に行って、社会科の教員免許も取りました。

森：そうですか。同じですね。それで本気で先生になろうとしたんですが、たまたまその年は東京都でも千葉でも教員採用試験が無くて、神奈川しか無かったんです。学部の先生からは難しいだろうって言われたんですが、どんなものか受けてみなさいっていうことで受験したんです。でも何も分からないような難しい試験で、ダメだと思っていたら、その時に私立の学校だったらって声を掛けて下さる方がいて。免許さえ持っていて推薦があれば先生になれるからっていうことで、それでお願いしたら、持って来て下さったのが女子校だったんです。でも頭の中には共学しか無かったんで、女子校じゃなぁって拒否していたら、二度と話は来ませんでした

※カリフォルニア・ミュージック：ビーチ・ボーイズのメンバーでもあったブルース・ジョンストン氏が、グロリア・グライネル氏とケニー・ヒンクル氏と共に結成し、シングル 3 枚を発表したカリフォルニア・ミュージックを店名としている辺りに、ビーチ・ボーイズ周辺の音楽や西海岸サウンドへの愛情が感じられる。

ね（笑）。そういう事情もあって、自分で何が出来るんだろうと思ったときに、やはり音楽に携わる仕事をしたいなって思うようになって。レコード会社とかの選択肢もあったんですけど、自分がお客さんとして一番近い位置にいたのがレコード屋さんだったということで、それを自分でやってみたいなって思いました。21 〜 22 歳の頃ですね。

●レコード店への就職

鷲尾：元々、今やっておられるようなレコード屋さんを作りたい、という目標があって初めからレコード屋さんを目指されたんですか？

森：具体的な考えは無かったんですけど、夢のようなものはありました。自分でやってみたいという。いくらかかってどうのっていうような具体的なものは全く無くて、でも頭の中だけではあくまで希望という感じで、自分のお店を作ってみたいっていうのはありました。それをやるにはまず内情をよく知らなくちゃいけないだろうということで、まずはレコード屋さんで働いてみようと思って募集を見て、たまたま「京橋堂」さんがやっていた、八重洲の地下街にある「八重洲レコードセンター」っていうところに就職することになったんです。最初はアルバイトみたいなものだったんですけど、たまたま銀座の松屋デパートのレコード売り場をその「京橋堂」さんが担当していたんで、そこへ配属されて、そこで 1 年ぐらい働きました。これが初めての就職経験でしたね。1974 年のことだと思います。ここは本当にデパートの中の一角で商品数は少ないんですけど、日本舞踊のレコードから、クラシック、ディスコ、ロックと何でもあるようなお店でした。だから大きな売上げがある店では無いんですけど、でもヒットものに関してはシングル盤が 100 枚単位で入荷して、すぐに売れるという感じで、あとはデパートが屋上でイヴェントを盛んにやっていた頃だったんで、浅野ゆう子さんとか、荒川務君とか、敏いとうとハッピー＆ブルーとか、そういう方のイヴェントをやったのをよく覚えていますね。そこで即売があって、それから時々催事場で輸入盤セールがあって、それにも「京橋堂」さんが出品するんで、「京橋堂」さんの倉庫に行って 1 日中値付けをしたりとか、そんなこともありましたね。

土橋：「京橋堂」さんは輸入盤も普段から扱っていたんですか？

森：多分、そういうセールの時だけだと思いますけどね。デパートの中のお店ということもあって、松屋の外商部が抱えている上得意様用にレコードを納めたりとか、そういうこともありましたね。あとデパートの全体朝礼にも出ていましたし。それに社員食堂があって、これは助かりましたね。

土橋：デパートの中のレコード売り場ですと、他の売り場の店員さんと一緒ですから、そういうものが利用できるんですよね。僕も町田の東急百貨店に入っていた「山野楽器」さんを担当していたときに、仕入れの打ち合わせを社員食堂でランチをとりながらしたことがありました。

森：それでここには 1 年ぐらいいて、当時はとにかく色々なお店を見てみたいっていう気持ちが強くて…。デパートの売り場はすごく楽しかったんですけど、タイプの違うお店でも働いてみたいということで、その後で「ディスクユニオン」さんに入社するんですよね。1976 年のことなんですけど。ここは中古盤も輸入盤もやってるし、たまたま募集があったんで受けたんですけど、この当時は正社員しか採用しなかったんです。面接会場に行ったら多くの人が来ていて、しかも２人しか採用しないって言うんで、これじゃ絶対に受からないなって思っていたら、運良く受かったんです。

鷲尾：1976 年と言えば、ちょうど僕が「ディスクユニオン」に通うようになった頃ですね。

森:でもその前に、実は何店か押しかけで行っているんですよね (笑)。採ってもらおうと思って。「東光ソハラ楽器」さんにも働かせて下さいって行ったら、「今は空きがないから」って言われて、でも「将来的にこういうお店をやってみたいんです」って相談したら色々とお説教されて (笑)。「すみや」さんにも行ったんですよ。東京事務所ですか。渋谷のビルの 3F に面接を受けに行って、良いところまで行っていたんですけど最後に「あなたは静岡県の店舗でも働けますか？」って言われたんですよ。それでその時は結婚もしていましたんで、「無理だと思います」って言ったらダメでした (笑)。

鷲尾：(笑) それ、必ず言われるんですけど、僕らのような関東の人間はみんな「行けます」って言って入っているんですよ。実際、関東での採用で静岡に行った人はほとんどいないんです (笑)。森さんがその時「大丈夫です」って言っていたら、「すみや」に入っていたかも知れませんね。そうしたら僕と一緒に働いていたのかも (笑)。

森：そうですよね。でも正直だったんでね (笑)。残念でした。それと「新星堂」さんも荻窪の本社に行って面接を受けて、「君は何が好きなのかね？」って訊かれて色々な話をしたんですけど、面接官の方が洋楽に興味がなかったみたいで話が噛み合わなくて (笑)。そんなことがあって結果的に「ディスクユニオン」さんに入るんです。

土橋：最初の勤務地はどこだったんですか？

森：新宿店ですね。今ある新宿本店のビルの、当時は 1 階と地下だけでした。1 階がロックで、地下はジャズですね。

土橋：その後ですよね、中古盤のフロアが上の階に出来るのは。

森：それは随分後のことですね。まだその頃は渋谷店も無いし、お茶の水と新宿にしかない時代ですね。お茶の水は丸善店と明治大の前の店の 2 店舗。それで新宿店では最初は地下のジャズ売り場に配属されて、1 日中ジャズだけを聴くっていう辛い思いを 1 週間から 10 日ほどしました。当時の新宿店のジャズ売り場は割とアヴァンギャルドなものばかりを店頭演奏していたんですよね。

土橋：そういう時代ですよね。

森：まさに不協和音の連続で、それで「これ、何ですか？」って訊いたら「これはセシル・テイラーっていうものなんだよ」って言われて (笑)。あとウェス・モンゴメリーの『フル・ハウス』のオリジナル盤が何万円もするとか、それで「これ国内盤で 2000 円で出ているのに何が違うんですかね？」っていうようなことを訊いたりとかしていたんですけどね。そしてジャズ売り場の音が途切れると上のフロアからロックが聴こえてくるんですよ。それでいいなって思って、10日ぐらい経ったときに店長に「実はロックが好きなんで、ロック売り場でやってみたいんですけど」っていう話をしたら、たまたま一緒に入った人が優しい人で、彼はロックでもジャズでも両方良いと思っていたそうで、それで「僕はジャズの売り場でも働いてみたいです」って言ってくれて、店長も優しい方だったんで入れ替えてくれたんです。それでロック売り場で働けるようになったんです。1976年の2月に入社したんですけど、その頃は日本人のミュージシャンがよく「ディスクユニオン」に来ていたんですよね。大瀧（詠一）さんとか、大貫妙子さんとか、細野（晴臣）さんとか。ソウルも置いてあったんで、ソウル好きなミュージシャンも。あとジャズ売り場には坂本龍一さんも来ていたらしいですね。そういうアヴァンギャルドなものを買いに。それで当時の店員だった人達は、みんな日本人のアーティストのことをあまり知らないんです。当時の「ディスクユニオン」には日本人のレコードを全く置いてなかったんで。大瀧さんと言えども、『A LONG VACATION』が出る前ですから、それほど知られていなくて、だから僕は一人で興奮してるんですよね（笑）。大瀧さんが買いに来たって。でも当時は会社の決まりとして、レジで会話なんかしちゃいけないんですよ。

土橋：大瀧さんが買いに来られても、普通に接客だけしか出来ないと。

森：ただ大貫さんが来られたときは、たまたまシュガー・ベイブの解散コンサートのすぐ後だったんで、しかもその時は大貫さんはヴァン・ダイク・パークスの『Clang Of The Yankee Reaper』を買って行かれたんですね。それで思わず「大貫さんはヴァン・ダイク・パークスもお好きなんですか？」って訊いたら、「細野さんに薦められて、それで聴いてみようと思うんです」っていう会話だけはしましたね。ちょうどこのアルバムが出た時ですね。

土橋：それは貴重な体験でしたね。

森：それに『SOUL ON』（※1）なんかも扱っていましたから、桜井ユタカさんがいつも納品に来られたりとか、『POP-SICLE』（※2）を持って木﨑（義二）さんが来られたりとか、そういう時代でした。

土橋：ミュージシャンの他にも評論家や出版社など、色々な方との接点が出来ていたんですね。

森：さすがにフランクな会話までは出来ませんでしたけど、さすが新宿の「ディスクユニオン」はすごいなって思いましたね。

●ミュージシャンとの繋がり…これも不思議な縁

土橋：それから話はちょっと戻りますけど、青山学院時代には林立夫さんや浜口茂外也さんと同級生でしたよね。その辺の繋がりは、どんな感じだったんですか？

森：林立夫と浜口茂外也とは小学校から一緒だったんですね。浜口は高校から他の学校に行ったと思うんですけど、林とはずっと一緒だったんで、中学〜高校の頃は彼のバンドを見に行ったりしていました。そういうところから日本人がやっているものにも興味を持つことが出来た、という部分はありましたね。

※1『SOUL ON』：1972年から音楽評論家の桜井ユタカ氏によって発行されたソウル／R&Bを専門とした月刊誌。2004年まで発刊された。桜井ユタカ氏は2013年6月11日、71歳で逝去されている。

※2『POP-SICLE』：1976年から1988年まで、音楽評論家の木﨑義二氏が創刊し編集長を務めた音楽専門誌。執筆陣には木﨑義二氏の他、亀渕昭信氏、朝妻一郎氏、湯川れい子氏、福田一郎氏、桜井ユタカ氏、長門芳郎氏、細野晴臣氏、山下達郎氏といった豪華メンバーが名を連ね、バリー・マン氏やフィル・スペクター氏の特集など、他にはない濃い内容で人気を誇った。

土橋：シュガー・ベイブを見に行かれたのは…？

森:それはこの繋がりとは全く別の流れで、たまたま池袋の「シアターグリーン」（※1）に「ホーボーズ・コンサート」（※2）を見に行ったんですよね。

土橋：他にその当時、見に行かれたライヴで覚えているものはありますか？

森:はっぴいえんどは好きでしたね。アルバムが出る前にURCのイヴェントみたいなものがあって、五つの赤い風船や遠藤賢司、金延幸子とか、色々な人達が出ていて、そこで運良く出会いました。有名な、ヴァレンタイン・ブルーからはっぴいえんどにバンド名を変えて名乗るライヴ（「ロック反乱祭」1970年4月12日@文京公会堂）も見ました。はっぴいえんどに出会ったのはちょうど高校生から大学生になる頃に、日本語で音楽を聴くという、しかも主張のある音楽を聴きたいなと思っていた時期だったんですよね。その頃に彼らがちょうどいたということですね。

土橋：ということは、既に高校から大学の時期、そして卒業して就職された頃にはそういう日本語のロックに触れていたわけですね。森さんが録音された「VAN99ホール」でのセンチメンタル・シティ・ロマンスのライヴ音源が後にCDに収録されていますけど、そういうところにも行かれていたんですよね。

森：たまたまそうなりましたね。そういう場所には中学生や高校生だと行きづらいんですけど、GSの時にジャズ喫茶、例えば銀座の「ACB」とか、そういうところに飛びこんで行けたんで、小さなライヴ・ハウスに行くのはそれほど苦では無かったんですね。コンサートに行くのも好きだったんで、レコードとは違う音に興味があって、だからこそコンサートを見たいと思ったんですね。

土橋：はっぴいえんどは何度か見られているんですか？

森：解散コンサート（1973年9月21日@文京公会堂「CITY -Last Time Around」）が最後でしたが、その前には「ロック反乱祭」を見て、それから「ウッド・スモッグ」（1971年6月15日）っていう日比谷野音でやった、「ウッドストック」を真似たスモッグ反対コンサートでも見ましたし。それから遠藤賢司のゲストで出た時も見ました。地方まで見に行くことはさすがにしなかったんですけど…。

土橋：中津川まではさすがに行かなかったんですか？

森:中津川には行ったんです（笑）！岡林信康さんのバックではっぴいえんどが出た時です。はっぴいえんどだけのステージもありました。

土橋：それは1970年ですね。

森：今思えば、よく中津川まで行きましたよね（笑）。もう勢いだけですよね。当時の僕は録音機とカメラを持って行くのが常套手段だったんですけど、なぜかその時はそれを持って行かず

※1シアターグリーン:池袋にある小劇場。1969年に創立の池袋アートシアターを前身とし、1972年に名称をシアターグリーンと変更、以来今日まで若手劇団の登竜門としてその役割を担っている。

※2ホーボーズ・コンサート：1974年1月～12月にシアターグリーンで毎月1週間ずつ行われた、企画集団HELPの主催、キングベルウッドレコードとシアターグリーンの後援によるライヴ・イヴェント。ベルウッドに所属していたアーティストを中心として、フォークからロック系まで様々なアーティストが登場し、シュガー・ベイブ、はちみつぱい、センチメンタル・シティ・ロマンス、布谷文夫氏、めんたんぴん、遠藤賢司氏、小室 等氏、高田 渡氏、中川五郎氏、細野晴臣氏、南 佳孝氏など錚々たる顔ぶれが出演した。

に、ギターを持って行ったんです(笑)。若いですよね。何でギターを持って行ったんだろう(笑)。

土橋：でもそういう方も多かった、って聞きますよ。

森：地ベタに座ってライヴを見ているんですけど、セット・チェンジの間とかに周りの人達と友達になるわけですよ。するとそういう人達もギターを持って来ていて、みんなで一緒に歌い出したりとか、「オリジナル曲なんだけど、聴いてくれる？」って言って自作の曲を聴かせたりとか、もう今考えると恥ずかしいですよね（笑）。

鷲尾：そういう時代ですよね（笑）。

森：新宿地下街のフォーク・ゲリラじゃないですけど、あの時代はそういうことがありましたし、音楽で時代が変わるんじゃないかっていう幻想を抱いていた頃でしたから。

土橋：学生運動に参加されたりは？

森：表だってはしなかったんですけど、ベ平連（※1）のデモぐらいには参加しましたけどね。

土橋：当時、自分で音楽活動はなさらなかったんですか？

森：それは全く無かったですね。友達と一緒にギターを弾いたり、曲を作ったりはしていましたけど、その頃に自分で才能がないことは分かっていたんで（笑）。

土橋：でも1970年代の初頭って、そういう時代だったんですよね。

森：そう、特にURC関連の音楽を聴いていたことも、そういうことに影響したんだと思いますね。本当に少数派だったんですけど、自分を勢いづかせてくれる何かがありました。そういう歌とか、運動とか、『フォークリポート』（※2）という本からも影響を受けました。

土橋：シュガー・ベイブとは、そういうはっぴいえんど〜大瀧詠一さんの流れで出会ったんですか？

森：はっぴいえんどの解散コンサートで、シュガー・ベイブがコーラスで出ていた、っていうのは実は後から知ったんです。ある時、たまたま何らかの切っ掛けでセンチメンタル・シティ・ロマンスに興味を持ったんです。長い名前だし、雰囲気が良いなっていうことで。それでセンチが東京に来て池袋のシアターグリーンでの「ホーボーズ・コンサート」（1974年6月26日）に出るっていうんで調べたら、シュガー・ベイブとの対バンだったんですね。センチが先に出て、シュガーが後だったんですけど、コンサートが終わる頃にはシュガー・ベイブのファンになっていました。初めて聴いてすごく衝撃を受けましたね。まだ初代のメンバーで、パーカッションに木村シンペイさんがいた頃ですね。それでたまたま村松（邦男）さんのアンプかエフェクターの調子が悪くなって、直している間に「この時間を利用して、僕が一人で歌います」って言って山下達郎さんがギターを持ってビーチ・ボーイズの「Your Summer Dream」を歌い出したんですよ。当時は「Your Summer Dream」を知っている人なんてほとんどいないわけ

※1ベ平連：正式名称は「ベトナムに平和を！市民連合」。作家の小田 実氏を代表とし、ベトナム戦争への反戦や反米を掲げた市民団体として、その前身が1965年に活動を始め、翌年にこの名称となった。当初は無党派層による平和運動で多くの学生が参加したが、次第に左傾化し、ベトナム戦争の終結を受けて1974年に解散。

※2『フォークリポート』：1969年1月にアート音楽出版によって創刊された、関西フォークに関する季刊情報誌。1970年10月号までは西岡たかし氏が編集を担当し、レコード店、楽器店などURCレコードの特約店を中心に販売されたが、1973年春に廃刊。中でも1970年冬号に掲載された中川五郎氏による小説の内容を巡って警察がわいせつ物として押収、その後は1976年3月に無罪となるものの検察側が控訴し、その後の裁判を経て1980年11月に逆転有罪が確定。これが世に言う「フォークリポートわいせつ裁判」である。

ですよね。ビーチ・ボーイズだってどん底の時代で、『サーファー・ガール』の中のシングルでもない曲を、なんでこの人はここで歌うんだろう？と思って。（達郎さんたちの自主制作盤である）『Add Some Music To Your Day』のことも当時は知りませんから、それでライヴが終わったら絶対に声を掛けに行こうと思っていたんですね。一言、声を掛けてあげたいなと思って。

土橋：森さんはその時に既に「Your Summer Dream」を知っていたんですね。

森：そう、知ってて。でもその日、異常にお客さんの数が少なかったんですよね。それで終わってから楽屋に行く勇気が無くて（笑）。その場には長門さんもおられたらしいんですけど、結局声を掛けられなくて、その日はそのまま帰ってきて、その後に渋谷の「ジァン・ジァン」かどこかで初めて達郎さんに声を掛けてお話したんです。それで「何で「Your Summer Dream」なんですか？」って訊いて（笑）。シュガー・ベイブのオリジナルももちろんすごかったんですけど、そこでビーチ・ボーイズっていう接点が見つかって、ビックリしたんですよね。それからはコンサートが終わるとよく達郎さんとお話をしていて、その時はシュガー・ベイブの話ではなくて、最近はどんなレコードが出たとか、誰々の作品が良かったとか、そんな話ばかりなんですよ。カリフォルニア・ミュージックのシングルがどうのとか。そのうちに生まれた年も近いし、聴いてきた音楽もみんな一緒で、改めて接することでフレッシュな感覚でそういうものがまた聴けるような感じがしたんで、それで達郎さんが『オールナイトニッポン』の第２部（※）をやっているときに結構ハガキを出したりしましたね。そうしたらリクエストにも応えてくれて、それでシュガーのライヴが終わった後に会いに行って「ハガキを読んで頂いてありがとうございました」って言うと「リクエストをもらえるのは嬉しいから、どんどん下さい」って言ってもらって。３曲ぐらい、リクエストをかけてくれましたね。

土橋：そのハガキを一緒に読んでいたのが、（番組ディレクターの）佐藤輝夫さんですよね。

森：佐藤輝夫さんとは、1980年代半ばに別の形で出会うことになって、NHK-BSやJ-WAVEの選曲を一緒にさせて頂くことになるんです。

土橋：不思議なものですよね。後に僕と長門さんが始める番組『ようこそ夢街名曲堂へ！』にとっても恩人の方ですから。

森：ビリー・ジョー・ロイヤルの「Down In The Boondocks」とか、ラジオでかからないような曲に、達郎さんは反応してくれましたからね。ロバート・ナイトの「Everlasting Love」をリクエストしたら、ロバート・ナイトは持ってないからイギリスのバンドのラヴ・アフェアーで勘弁してって言ってかけてくれたりね。

土橋：でも考えてみれば1970年代初頭からはっぴいえんどやシュガー・ベイブ、センチメンタル・シティ・ロマンスと関わりがあるわけで、その方達が後に森さんのお店に来られたりさらに繋がりが出来たりっていうことを考えると、感慨深いものがありますよね。

森：縁とは不思議なものです。

※『オールナイトニッポン』の第２部：1976年１月から９月に放送され、これが山下達郎氏にとって最初のレギュラーDJ番組だった。その時のディレクターを務めていたのが、後にシャ・ラ・ラ・カンパニーと立ち上げ、大瀧詠一氏や佐野元春氏などの番組を制作する佐藤輝夫氏だった。ちなみに2001年４月から土橋一夫と長門芳郎氏が出演しているラジオ番組『ようこそ夢街名曲堂へ！』が諸事情により存続の危機を迎えた際に、その報を聞き入れてシャ・ラ・ラ・カンパニーの制作番組として迎え入れてくれたのは佐藤輝夫氏だった。

●「ディスクユニオン」での仕事とターニング・ポイント

土橋：話を戻しますが、「ディスクユニオン新宿店」でロック・フロアの担当になられて、そこにはどれぐらいの期間、おられたんですか？

森:この頃から支店がどんどん出来始めて､異動が多くなってきたんですね。僕は結果的に「ディスクユニオン」に５年間いたんですけど、１年に１箇所ぐらいのペースで５回異動になって。新宿店の次がお茶の水店で、お茶の水店はジャズもロックも一緒のフロアでした。最盛期でとても忙しくて、すごくやりがいはありましたね。でもこの頃、例えば渡辺貞夫のレコードを扱うのなら、高中正義も扱っていいのではないか？っていうことを提案したら、それならとりあえずジャズの分野でなら許そうっていうことになって。まだその頃の「ディスクユニオン」は、シュガー・ベイブやナイアガラなんかは扱ってはダメだったんですよ。でもインストの高中正義ならいいっていうことになって、ジャズのコーナーで高中正義なんかも扱うようになったんですね。そこへフュージョン・ブームが来て、どんどんそういうものが売れるようになったんです。その後も日本人のレコードを扱いましょうよ、って本部には何度も提案したんですけど一向にダメでね。当時の本部の方々はやはり輸入盤屋であるっていう自負と、日本物を扱い出したら他の店と同じになってしまうっていうのがあったんでしょうね。特にお茶の水は「石丸電気」さんとかの強力なお店がありましかたら、そこと競合してもしょうがないだろうっていうのがあったと思うんですよね。ただ「ディスクユニオン」のお客さんの中にも日本人のアーティストが好きな方もいるんですから、僕も好きなんですから、って言ったんですけど、なかなか説得できなくて（笑）。要するに売上げがあがれば良いんですよ。当時、レコード・メーカーのセールスが「ディスクユニオン」に来るんですよね。そこで「この前の「およげ！たいやきくん」売れましたよね！」っていう話になって､それで「うちは置いてないんですよ」って言ったら「嘘でしょ！」って驚かれて。「売れたものを何で置かないんだ。置かなきゃ損ですよ」ってね。「それは本部に言って下さいよ」って（笑）。

土橋:そうですよね。時々､突然大売れする商品ってありますからね。当時の「ディスクユニオン」は、メーカーとは基本的に直契約だったんですか？

森:ソニーとか何社かとは直契約で､あとは「星光堂」さんを通していましたね。当時から各メーカー､扱う量はかなりあったと思うんですけど､返品の関係でね。（メーカー毎ではなく）各メーカーのトータルで（「星光堂」は）返品できるっていうのがかなり大きかったと思うんですよ。まだ景気の良い時期でしたから、「星光堂」さんも条件が良かったんですよね。

土橋：輸入盤はどうやって仕入れていたんですか？

森:輸入盤の仕入れに関しては、本部の担当者が行っていたので、詳しいことは分かりませんが、英米とも結構珍しいものが入ってきていました。トラッド／ルーツ・ミュージック関連を例に挙げると、イギリス盤のトピック・レーベルとか、アメリカ盤のフォークウェイズ・レーベルや、ブルースのヤズー・レーベルのものなども､コーナーを作るほど入荷した時もありました。あと、お茶の水店はカントリー／ブルーグラスがすごく売れる店だったんです。セルダム・シーンとか、トニー・ライス、デヴィッド・グリスマンとかが100枚ぐらい簡単に売れちゃうんです。すごいんですよ。当時はカントリーとソウルでいつも売上げを競っていて、売り場の面積も在庫の枚数も同じぐらいなんですけど、1タイトルで100枚も売れるものがあると、簡単に負けてしまうんですよね（笑）。でもソウルはカット・アウト盤で良いものが入ってくると、すごいんですよ。1,200円ぐらいで手に入らなくなった名盤が店頭にたくさん並ぶんですから。

土橋：それはすごいですね。だから「およげ！たいやきくん」を売らなくても、っていう話になりますよね。

森：だから新品もしっかり売れるし、中古の入荷量も半端じゃなかったんで、その当時はとにかくその店で買い取ったものをその店で売る、っていうことでした。30分前に買い取りで入って来たものを、とにかくすぐ店頭に出して売るっていう感じで。

土橋：でもそれをやるには、そこにきちんと査定の出来る人がいないと…。

森：そう、だから当時は社員しか採用しなかったんですよ。責任感を持って査定できる人が店の中に沢山いたんです。それで分からないものは、例えばジャズの担当が今日は休みだとか食事に出ているっていう時には、他店に電話して細かく説明して査定してもらったり。

土橋：当時はコンピューターのデータ・ベースもありませんから、個人の能力がそのまま仕事に即結びつく、そんな時代ですよね。

森：まあ若いから出来たんですけど、家に帰ったらグッタリっていう毎日でしたね。その後、横浜店が出来るっていうんで、僕はお茶の水店から一回本部に戻って、その後で横浜店の準備期間っていうのがあって、1979年だと思うんですけど横浜店へ行きました。ここはレコードとオーディオが半々のお店で、それも上層部が思っていた以上にすぐに売上実績があがって。横浜店はレコードの買い取りがすぐ出来るような状況では無かったんですけど、中古盤を他店から優遇して回してもらったりして。横浜店は他の店と違って一種の治外法権的なところがあって、それがすごく良かったですね（笑）。

鷲尾：僕は横浜だから、オープンしたときからずっと行ってましたよ。近くに出来たんで、もう嬉しくて、嬉しくて。

森：オーディオは「オーディオユニオン」さんが入っていたんですけど、同じフロアにあったんで、相乗効果がすごくあったんですね。例えば良いスピーカーが出たっていうと、それでこのレコードをかけてってお願いすると、すごいんですよ。そのレコード試聴の効果が。あんなにいい音のレコードなら、って言ってかけたレコードがバンバン売れるんです。

土橋：やはりいい音で聴かせて売る、っていうのは大事ですね。

森：そうなんですよね。だから音の抜けの良いロック、例えばスティーリー・ダンとか、フュージョンだったらクルセイダーズとか、ジョー・サンプルのピアノの音とかは、とにかくかけているとどんどん売れましたね。ここにもちょうど1年ぐらいいました。横浜店の時は店長の下のチーフっていう役職になって、給料よりも責任感はすごく与えられたんですけど（笑）、その後は渋谷店に行くんです。公園通りにあって、またここがすごく忙しい店で、そこでもチーフだったんですけどね。(新品の)日本盤は、粗利が中古盤よりも低いですよね。でも渋谷店は特殊な店で、店自体は「パルコ」の向かい側にあったんですけど、「パルコ」の持ち物っていう店だったんで、売上げも全て「パルコ」に報告してっていう形だったんです。だから売上げも何割かは「パルコ」に取られてしまうから、あまり売るなっていう変わった店だったんです(笑)。つまり売上げよりも粗利を大切にして欲しいっていうことで、それなら日本盤や輸入盤の新品よりも中古盤を強化しなくてはならないっていうことでね。当時はもう1980年代ですから、日本盤ものすごく売れたんですよ。今でも覚えているのは、スティーヴィー・ワンダーの『ホッター・ザン・ジュライ』とかスティーリー・ダンの『ガウチョ』が出た時も、1日で100枚ぐらい売れちゃうんですよね。それをいちいち検盤していたから本当に忙しかったんですけど、それから達郎さんの『RIDE ON TIME』なんかもやっと渋谷店に日本人のレコードを置けるようになっていて…。そういうものがものすごく売れる時代になったんで、渋谷店の店長もそういうものに積極的で、本部と掛け合ってくれて置けるようになってね。それで試しに何種類か置いてみましょうっていうことになって、それで達郎さんの『RIDE ON TIME』を置いたらめちゃくちゃ売れたから、そこから各店でも置かなくちゃダメだっていう流れになって。

土橋：ちょうど変わり目の時期だったんですね。渋谷店はどんな特徴のお店だったんですか？

森：他の「ディスクユニオン」と同じような品揃えなんですけど、新宿店は前の店長なんかの影響力でアメリカのシンガー・ソングライター系が強かったりとか、例えばチーフがプログレが好きだっていうのもあってプログレがすごく売れていたりっていうのがあったんですけど、渋谷店はちょうどAORの走りみたいなところで、ボズ・スキャッグスが「Jojo」を出した頃だと思うんですけど、そういうものがものすごく売れるようになったんですよね。だから新宿と渋谷では売れ筋がちょっと違いましたね。

土橋：渋谷店は最初はここだけですよね。その後で移転して何店舗かになりますけど。今では新宿にはそれこそ「新宿プログレッシヴロック館」とか「昭和歌謡館」とか細分化された店もありますけどね。

森：1970年代後半の私が在籍していた時代の話ですが、とにかく人の使い方が上手いんですね。スタッフが好きなものを生かすやり方と言うか、その人にしか分からないものだけれども、その人に任せてみようっていう考え方があるんですよね。例えば仕入れなんかも、ちょっと無謀じゃないのって思っても、売ろうというパワーがあると、店頭でのプッシュの力が違うんですよね。

土橋：そうですよね。それで結果的に売ってしまうんですよね。

森：だからそういうことが、見ていてすごく勉強になりましたね。やり方とか見せ方によってすごく違ってくるんだっていうのがね。

●念願の「ペット・サウンズ・レコード」開店

土橋：もうその当時から、自分でお店を開こうっていうのを考えてやっていらしたんですか？

森：横浜店にいた頃から、最終的にはあと何年か先には自分でお店を持ちたいなと思っていました。それで少しずつ準備はしていたんですけど、それでその後に行った渋谷店には1年もいなかったんですけれども、移った頃からもう何ヶ月か後には辞めることを切り出そうと思っていて、それでちょうどお正月が終わった頃に本部の人から呼ばれて、「森君、○月から次は店長をやってもらおうと思っているから」って言われたときに、「いや実は、○月で辞めたいんですけど､すみません」って…。それで「ディスクユニオン」を退職したのは1981年の2月ですね。そこから準備して、自分で「ペット・サウンズ・レコード」を開いたのが1981年の4月でした。

土橋：初めから地元の武蔵小山で店を開こうっていうのは決めていたんですか？

森：その土地を知っているかっていうのが重要だと思っていて、当時から地元密着っていうことを考えていたんで、武蔵小山にしました。

土橋：その当時、子供の頃に通っていた地元のレコード屋さんはまだありましたか？

森：「東京電蓄商会」はまだありました。だからちゃんと挨拶に行きました。その頃は演歌などに特化したお店になっていましたね。

土橋：開店当初から、今の「ペット・サウンズ・レコード」に繋がるような商品のラインナップやお店のコンセプトなんかは既に出来ていたんですか？

森：とにかく尻切れトンボにならないように、始めたのにすぐお店が終わってしまったのではしょうがないから…もちろん生活もあるし、店を長持ちさせなくてはいけないから。これまでに色々なレコード屋さんを見てきましたが、そこに自分の主張を入れることも大切なんだけど、お客さんのニーズに応えるっていうのも大切だっていうことは分かっていたんで、いわゆるヒットものも揃えつつ、店の一角では自分の主張も出していこうっていう形にしたんですよね。

土橋：それはまさに、「ディスクユニオン」時代に見てきた良いところに加えて、「およげ！たいやきくん」の話のような反面教師的な部分も含めて取り入れた、っていうことですよね。

森：そうですね。まあ「ペット・サウンズ・レコード」では中古は扱っていないんで、例えば100万円分売ってやっと25万円ぐらいの利益が出るっていう感覚しかないんで、そこから色々な経費を引いていくと、それではいくらぐらいが最低ラインなんだろう？って考えると、これは相当大変だぞと。だから最初は本当に厳しかったですね。正直、(「ディスクユニオン」を)辞めなきゃ良かった、って思った時もありました（笑）。

土橋：そうですよね。特に経費のこととかは実際に自分でやってみないと分からない部分はありますしね。

鷲尾：そこはサラリーマンとは全然違いますよね。

森：そう、文句は自分に言うしかないんです。ただ初年度には大滝さんの『A LONG VACATION』とか、寺尾聰さんの「ルビーの指輪」とか、そういうヒットものがあったのは助

ペット・サウンズ・レコード旧店舗（2004 年 12 月 19 日撮影）

ペット・サウンズ・レコード仮店舗（2007 年 1 月 13 日撮影）

ペット・サウンズ・レコード新店舗（2014 年 8 月 28 日撮影）

かりましたね。そういうものである意味凌げたというか。

土橋：あと「ペット・サウンズ・レコード」の場合、取引先が「星光堂」さんでレコード・メーカーと直契約じゃないですよね。それは敢えてそうしたわけですよね？

森：そうですね。当時は（グロスに対して）10%ぐらいの返品枠がありましたから。商品を見ていると絶対に不良在庫っていうのが出てくるんだというのがあって、それではそれをどうやって新しいものに替えていくのかって考えると、やはり返品しかないわけで。一番リスクがない形でね。売れるものと売れないものを入れ替えることによって、店を活性化させていくっていうのが大切だなって思いました。中古盤を扱っていないんでね。

土橋：契約形態に関しては、メーカーと直契約の場合と、間に「星光堂」さんのような卸を通す場合とで、それぞれメリット、デメリットがありますよね。

森：直（契約）は、羨ましいなとは思いましたよ。武蔵小山の商店街の中にあるお店は直で、あの頃のメーカーのセールスマンの方は本当に音楽好きだったんですよ。だからうちの店とは直取引が無くても、寄ってくれるんです。それでレコードを買っていってくれたりもするんですよ。そういうところから新しい情報が入って来たりもするんでね。決して直取引をして下さいっていうことではなくて、純粋に音楽が好きで、音楽業界の一員として色々な情報交換が出来たっていうのが良かったですね。

土橋：そのセールスの方も純粋に音楽が好きで、この店に寄ってみて買いたいっていうのがあったんでしょうね。直取引ではないことで、不便を感じたことは無かったですか？

森：例えば委託商品…売上げをすぐ立てずに一定期間店に置いて、あとで売れた分を精算するやり方とか、メーカーのセールスが来て店頭をチェックして、これはあまり売れていないから年に何回か入れ替えましょうと言ってくれるとか、そういう利点は無かったんで残念でしたけど、それは自分でやるしかありませんでしたね。

土橋：「星光堂」さんから、そういう働きかけは無いんですか？

森：年に一度ぐらい、特別に返品を受け付けましょうっていうのはありましたけど。

土橋：あと例えば年末の拡売セールなどで、売れ残った分は返品OKですよとか、そういうものはありますよね。

森：少しでしたけど、メーカー直だと…。デパートの売り場にいた頃からそうでしたけど、メーカーのセールスが毎月訪ねて来て、店頭を見て残っているものを返品しますからとか、それからメーカーで品切れしているものは、どこかのお店から転売できるとか、そういうことはありましたけどね。そういうことを毎月やっていたんですよね。だからきちんと商品が入れ替わっていました。そこがメーカー直の良さですよね。

土橋：特にメガ・ストアではない比較的小さい規模のお店では、不良在庫が命取りになるとこ

ペット・サウンズ・レコードにて、ラジオ番組「ようこそ夢街名曲堂へ！」700 回記念放送の収録時に
左から長門芳郎氏、森 勉氏、土橋一夫（2014 年 8 月 28 日撮影）

ペット・サウンズ・レコード旧店舗 1 階のレジ・カウンターにて。森 陽馬氏と森 勉氏（2000 年 12 月撮影）

ろがあって、不良在庫が増えるほど売上げが下がって店を圧迫するし、売れないから益々返品枠は小さくなるし、っていう悪循環に陥る可能性があるんですよね。だからその店を担当する個々の会社のセールスマンが在庫の状況を把握していて、そういう返品や入れ替えを提案してあげないといけないですよね。

森：だから最初の頃は、もう少し売上げが上がるかなって思っていたものが意外と上がらなかったり、これだけ仕入れちゃったけど全然売れないなというものが一杯出てきちゃったりとかして（笑)、その連続でしたね。

土橋：返品枠は、基本的にグロスに対して固定ですよね。そうするとその枠の中で返品はやりくりしないといけないんですよね。

森：それが大変でした。ただ、昔の方が色々な形で融通が利きましたよね。あと、お店ではコメント・カードを自分のお薦め品に好きなように書いて、商品に付けていたんですよね。するとお客さんから反応があるんです。「何でこんなものを付けてるんですか？」って言われるんで、「このアルバム、とにかく好きなんですよ！」とか（笑)。他のレコード屋さんではまだそんなことはしていなかった時代なんで、それでお客さんも興味を持ってくれて反応してくれる人もいましたし。

土橋：結局のところ、それも店頭でのお客さんとのコミュニケーション手段のひとつですよね。

森：あと、この店の名前に反応してくれる人は、昔は少なかったんですよ。今でも時々電話を掛けてくる人がいますけど「犬が、猫が…」とかってね（笑)。依然としてありますね。

土橋：それと同じようなことで、昔キティ・レコードが出来たときにキティちゃんの会社、サンリオの関連会社か何かと間違えて電話してくる人が多かったっていう逸話がありますが。何しろここも「ペット・サウンズ・レコード」ですからね（笑)。ビーチ・ボーイズの『ペット・サウンズ』が日本で再評価される遥か前の話ですからね。

森：でもビーチ・ボーイズ・ファンの何人かが反応してくれたのはすごく嬉しかったですね。

土橋：ちなみに他に店名の候補はあったんですか？

森：最初は弟と一緒に店をやっていたんで、「ブラザー・レコード」にしようか？っていう案はありましたね。

鷲尾：それも良いですね（笑)。

森：でも最終的には音が店名に入っている方が良いんじゃないかっていうことで、「ペット・サウンズ・レコード」にしたんですけどね。

鷲尾：ちょっと話が逸れますけど、昔「すみや」の頃に研修でマネージメント・ゲームっていうのがあって、仮想店舗を作って、投資をして仕入れをして、４人ぐらいで利益を競い合うっていうゲームなんですけど、そこで自分の店に名前を付けるじゃないですか。それが1984～85年頃だったんで、「ペット・サウンズ・レコード」が既にあるのを知っていたんで、僕は「ワイルド・ハニー・レコード」にしたんですよ、誰も反応してくれませんでしたが（笑）。

土橋：さて1981年にオープンして、当初は『A LONG VACATION』や「ルビーの指輪」なんかのヒットもあって良いスタートを切ることが出来ましたが…。

森：まあ思っていた以上に売上げがあがるわけではなかったんですが、どうにか生活できる程度の売上げは確保できて、あと『ベストヒットUSA』などもあって洋楽が元気な時代でしたから、よく売れましたね。

土橋：その当時は、売り場は旧店舗の1階だけでしたよね？

森：そう、1階だけでした。今思えば、通路が狭かったんですよね。でも当時は他の店もみんなそんな感じだったんでね。

土橋：特に駅前の路面店は、みんなああいう感じでしたね。お店の広さはどのぐらいでしたか？

森：バック・ルームも入れて17坪、だから店内は15坪ぐらいですね。レコード以外にカセット・テープのコーナーもありましたし、当時は結構カセットが売れた時代だったんですよ。それに武蔵小山にはスナック街もあったんで、「お宅、カラオケも置いてないの？」っていうお客さんもいて。8トラのカラオケ（※）が売れていた時代なんで、「星光堂」さんに訊いたら「置いた方が良いですよ」って言われて、それで置いていた時期もあったんですよ。でも大量に売れるわけではないんで、すぐに止めてしまいましたけどね。

土橋：当時は全国的に見れば8トラのカラオケは、バカ売れだったみたいですね。

森：まだ通信カラオケがない時代ですからね。歌うためにはそういうものをスナック側が用意しておかないといけないですし、お客さんは自分で8トラのカートリッジを持ち込んでも良いっていう、そんな時代でしたね。

土橋：僕もテイチク時代に先輩から聞いたことがあるんですけど、地方の営業マンはパックカーっていう会社のライトバンに乗って営業に行くんですって。それで行きに8トラのカラオケのカートリッジを山盛りに積んで出掛けるんですけど、数店レコード屋さんを回ると全部売れて空っぽになるんですって。それぐらい売れたそうですよ。でもそれは、森さんのお店にとってはメインの商品ではないですよね。

森：そう、メインにはしなかったんですけど、「武蔵小山でカラオケを置かなきゃ商売にならないよ」ってよく言われましたよ（笑）。

土橋：その当時、一番よく売れたのはどんなものでしたか？

森：『A LONG VACATION』は出てからちょっと経ってからこの店が出来て、そこから売れ

※8トラのカラオケ：8トラック・カートリッジテープを用いたカラオケ・テープ及びその再生装置のこと。元々はカー・オーディオ用として1965年に開発されたが、カラオケ用やバスの車内放送テープなどにも用いられた。カラオケ用として一世を風靡したが、その後はカセット・テープの普及やCD、レーザーディスクの登場により1990年代初頭を境に急速に姿を消した。

始めましたんで、初動（※）が良かったという意味では大滝さんの『EACH TIME』でしたね。まだレコードの時代でしたけど、あれはすごかったですね。一度、11年ぐらい前に移転で店を閉めたときに、倉庫から色々な資料が出てきて、その中に『オリコン』に毎週チャートの報告をしていたときの資料が見つかったんですね。毎週うちの店のチャートを書き出したものが出てきて、それを見たら3週間で200枚ぐらい売れているんですよ。つまり『A LONG VACATION』が如何にすごかったかっていうことで、これを聴いて期待した人がみんな『EACH TIME』を初動段階で買ってくれたんですよね。

土橋：それはすごいですね。大滝さんは『EACH TIME』で初めて『オリコン』で1位を獲得したんですよね。

森：ファンとしても嬉しい瞬間でした。ソニーは最低50万枚売らないと赤字になるって言ってましたよね（笑）。そのチャートが出てきて改めて見て、そんなに初動からすごかったのかって思いましたね。

土橋:客層としては当時、店頭に並んでいるものを見て、ナイアガラや達郎さんやティン・パン・アレー系なんかのお客さんが徐々に増えていったんですか？

森：囲われたファンと言うよりは、当時のヒット曲の中の1つとして大滝さんも達郎さんも存在していたっていう感じだったんですよね。だから達郎さんの『FOR YOU』も当時のヒットものの1つとして売れているっていう感じでしたね。だから、たまたまお客さんと会話をした中で達郎さんが好きだと分かって、そこから広がっていくっていうのは、だいぶ経ってからのことでしたね。当時はまだ特典を付けるとかいう時代でも無かったんで、好きなものを主張する方法はコメント・カードを付けるとか店頭演奏するとか、そのぐらいでしたね。それから当時ちょうどムーン・レコードが出来て、村田（和人）さんがデビューしたり、達郎さんの『メロディーズ』が出たり、そこからまた広がって行ったっていうのはあるかも知れないですね。

土橋：村田さんがデビュー当時、一人で「ペット・サウンズ」にプロモーションで来たっていう話もありましたね。地元が中延で近いっていうこともあってね。

森：村田さんとは音楽的にも性格的にも気が合ったんです。現在の店舗に移ってからは、恩人と言ってもいい存在でした。当時はライヴを見に行くと仲良くなっちゃう人が多かったんですよ。斎藤 誠君なんかも当時ちょうどデビューして、たまたま他人のライヴを見に行ったら彼がゲストで出ていて、それで色々と話したら彼も同じ青学の出身なんだっていうことで、それで新譜のアルバムを聴いたらとても良かったんで、それ以来親しくなって。3枚目のアルバムが出るときに、プロモーション・ビデオをうちの店の中で撮りたいって言うんで、閉店後にスタッフが来て撮影したこともありましたね。今でも活動しているミュージシャンと親しくなれたっていうのは、良かったと思いますね。

土橋：現在でも多くのミュージシャンが来られますよね。

森：ありがたいことです。それに1980年代、90年代は、佐久間（正英）さんのスタジオが武蔵小山にあって、そこにレコーディングに来た方が寄って下さるっていうのが多かったんです

※初動：店頭にレコードやCDなどのソフトが入荷・発売後、初期段階でどの程度の枚数が実売できたかを指す場合に用いる用語。例としては「初動の3日間で50枚売れた」「初動2週間で動きが止まった」など。通常、入荷後数日からせいぜい2週間程度を指すことが多い。

よ。最初は分からなかったんですけどね。何でこんな人達が来るんだろう？って。GLAYのメンバーとかね。でもそういう人達が買っていくものは、意外と自分たちの音楽とかけ離れたサウンドのものだったりするんですよね。

土橋：本来的に好きなものや、ルーツとしてあるものだったり…。

森：ヒットを連発している頃、中西圭三さんもよく来てくれてましたね。最近でも地元ということもあって古田たかしさんとか、あと地下に（ライヴ・カフェの）Againが出来てからは色々な方が寄ってくれるんで、有り難いですね。ただ、何でこの人が来てくれたんだろう？っていう現象もありますね。何かの機会があっていらっしゃったのか、たまたま通りかかったのかも知れないですけど、例えば商店街の中に音楽教室があって、そこにドラムを教えに行っていた先生が寄って下さったりね。

土橋：あと、今の店に移転する前の仮店舗の頃に、山崎まさよしさんのテレビ・スポット（※）のロケを店内でしたことがありましたね。あれは大宮エリーさんでしたよね。

森：彼女がフリーで活動する前に、うちの店で色々なものを買ってくれていて、それでたまたまテレビ・スポットを撮るっていうときに仮店舗でどうかっていう話を頂いて。CMスポットを何パターンも撮りましたね。あんな短いサイズなのに、1日がかりで撮影してましたね。ただユニバーサルのスポットだったんで、他のメーカーのものが映っちゃいけないっていうんで、ポスターをみんな貼り替えたりとかして。でも何故か『A LONG VACATION』だけは残ってましたね（笑）。

土橋：あとよく見ると、森さんと僕らで作った『ザ・ビーチ・ボーイズ・ダイアリー』っていう本は実はしっかり映り込んでいるんですよ（笑）。

●2階の思い出と、駅前再開発による立ち退き

土橋：さて話を戻しますけど、最初の店舗の2階も一時期、売り場でしたね。あれはいつ頃まであったんですか？

森：2階は1990年代の初め、3年間ぐらいでしたね。短かったんですよね。ちょうどバブリーな時代だったんで、一般的な商品を売る1階と、ちょっとマニアックなものを売る2階に分けたかったんですよね。とにかく1階の店が忙しかったんで、マニアックなものを買いにくいわけじゃないんですけど、それでそういうものを1階に置きづらくなってきていて。それでそういうものをきちんと置こうということで2階に売り場を作ったんです。それとオリジナルのヴィンテージなシングル盤を仕入れるルートが、当時ちょうどあったんで、そういうものも売りたいなっていうことで作ったんです。

土橋：ちなみにそれ以前の2階は、喫茶店でしたっけ？

森:そう、ちょうどその頃、喫茶店が退店したんで、空けておくにはもったいないということと、次までの繋ぎということも考えてやることになったんです。

※山崎まさよしさんのテレビ・スポット：2006年5月31日にペット・サウンズ・レコードの仮店舗で、山崎まさよし氏のアルバム『ADDRESS』用テレビ・スポットの撮影が行われた。CMのディレクターは大宮エリー氏。山ちゃん繋がりで、南海キャンディーズの山里亮太氏も出演している。

土橋：それで3階が歯医者さん、4階が学習塾でしたよね。

森：現在、GREAT3やChocolat & Akitoで活躍中の片寄（明人）君が通っていた学習塾でしたね。

土橋：学習塾に通っていたのに、そのうちに1階でレコードを見る方が楽しくてここに通うようになるっていうエピソードがありますよね。

鷲尾：いい話ですね（笑）。

森：昔から後に有名になる人も通っていたみたいですけど、でも当時は気づかなかったり、分かっているんだけど声を掛けちゃ失礼かなって思ったり。小沢健二君とか、のちに女優さんになった女の子とか、ミュージシャンだけじゃなくて色々な方が来ていましたよね。爆風スランプのファンキー末吉さんのお店が武蔵小山にあったんで、そんな関係もあったのかも知れないですけど。

土橋：その頃から並んでいるジャンルはあまり変わっていませんか？

森：一般のお店では見かけないようなレコードも多くあったと思います。でも基本は駅前にある街のレコード屋ですから、例えば普通におニャン子クラブが並んでいたり、工藤静香や米米CLUBも実際にものすごく売れていたんですよね。

土橋：その後、例えばCDの時代になっても、浜崎あゆみやドリカム、宇多田ヒカルもすごく売れていましたよね。

森：その当時、全国で100万枚売れたらその1/10000がうちの店で売れているっていう感覚だったんですよ。だから50万枚売れたらうちの店では50枚売れるとか。もちろんそうじゃないジャンルも、例えば全国で5000枚だけど、うちで200枚とか、そういうものもありましたけどね（笑）。

土橋：でも実は、そういう得意なものを持っているお店は強いんですよね。一般店はヒットものが売上げの中心ですから、ヒットものが無い時は売上げが極端に下がる。でも得意分野がいくつかあると、ヒットに左右されないですからね。上野の「リズム」さんや浅草の「ヨーロー堂」さんや「宮田レコード」さん、十条の「ダン」さんのように演歌が極端に強いとか、「フォノ」さんのようにダンスもののシェアがすごいとかと同じように。あとは旧譜とか、洋楽の名盤だとかリイシュー盤とかの売上げも大きいですよね。

森：だから1990年代になると「星光堂」さんがマーケティングをしっかりやった方が良いって店に色々と振ってきたことがありましたけど、その頃は色々な他店の例を紹介されて、「今はアニメの時代です。アニメを充実させた方が良いです」って散々言われましたけどね（笑）。

土橋：でもアニメはアニメで「アニメイト」さんとか「石丸電気」さんとか「ソフマップ」さんとか、専門店もありますからね。

森：でもそういう特典になびいてしまうジャンルって、普通の店でやってもダメなんですよね。

なかなか特典の対応が出来ないですからね。1990 年代はまだ、そのアーティストのファンの 10%ぐらいがマニアックで、残りの 9 割は普通のファンっていう構図があったと思うんです。でも今は 95%が普通のファンではないみたいなね。だから情報も行き渡っているし、どの店でどんな特典が付くとか、そういう情報が流れると、一気にその店になびいてしまう。

土橋：特典ありきですよね。でもそれって、本当にその音楽を愛しているかとは、また違うところのことですよね。

森：難しいところですね。そんなに初回特典を求める人がいるなら、メーカーは予約を取って追加生産すれば良いのにって思うんですけどね。色々あってなかなかそうはならないんですよね。

土橋：森さんのお店を見ていてすごいなって思うのは、どこの店で買っても同じっていう商品を、わざわざ「ペット・サウンズ」で買いたいって思うお客さんが多いっていうことですよね。近所のお店で買っても、「Amazon」で買ってもいいものをわざわざ森さんのお店で買う人が沢山いる。それがすごいと。

森：本当に有り難いことですね。昔はわざわざ電車に乗って来て下さる方って少なかったんですけど、最近は 50%以上は電車に乗って来て下さる方ですね。あとは会社の帰りに寄って下さる地元の方も多いんで。

土橋：旧店舗は 1981 年 4 月からいつまで営業されていたんでしたっけ？

森:旧店舗は 2005 年 1 月までで、日本でちょうどブライアン・ウィルソンの「スマイル・ツアー」の最中で（笑)。

土橋：武蔵小山駅前の再開発で立ち退きになって、あの時は本当に大変でしたけど、私もその時は少しだけ周りで関わっていたんで、当時のことは分かっているつもりです。

森：あの時は本当に色々な方にご協力頂いて、心の支えになりました。でも 1990 年代の後半のネット社会が出来始めた頃から地元以外の方が寄って下さるっていうことが多くなってきましたね。ちょうどビーチ・ボーイズの『ペット・サウンズ・セッションズ』が出た 1997 年には、割とこれを買いに来て下さる方が多くて、それまでもビーチ・ボーイズはそれなりに売れてはいたんですけど、この時を境にブレイクしたみたいな感じがあったんですよね。ちょうどその頃、1980 年代にうちの店で使っていた紙袋の取っておいたものがあって、『ペット・サウンズ・セッションズ』が縦長のケースだったんでその紙袋に入れて差し上げます、みたいなことを始めたら、それがまだネットではなく口コミで広まったみたいで、その袋が付くんですかっていう問い合わせが来たりして（笑)。

土橋：やはり『ペット・サウンズ・セッションズ』ですから、「ペット・サウンズ・レコード」のロゴ入り袋で買いたいっていうお客さんが多かったんでしょうね。お客さんの心理って、そういうちょっとしたもので動くのかも知れないですね。

森：その後、ネットが広まるにつけ、店に来てくれたお客さんがmixiとかで情報を発信してくれたり、それを見て来て下さったお客さんが増えたりして。だからお客さんに感謝する部分が大きいですよね。

土橋：僕も旧店舗が閉まる最後の1ヶ月間ぐらい、常連の仲間を集めて「ペット・サウンズ感謝祭」っていう催しを企画して実施しましたよね。仲間内ではお互いの音楽の趣味やどんなことをしているかは大体知っていたんですけど、最終日近くに4階で大きなイヴェントをやりましたよね。その時に蓋を開けてみたら仲間内だけではなくて、全然存じ上げない方が大勢来られていて、しかもかなり年配の方から若い人まで。それを見て本当にすごいなって思ったんですよ。それは僕らが直接声を掛けたりした人じゃなかったし。だから本当に色々な方々に愛されているお店なんだなっていうのを実感しましたね。

森：あの時には色々なことが凝縮してそこで起こって、ちょうど旧店舗を閉める3ヶ月前ぐらいですかね、2004年10月に武蔵小山がテレビ東京の『出没！アド街ック天国』で紹介されたんですよ。その時にうちの店がチャート・インして。その10年ぐらい前にも武蔵小山が取り上げられたんですが、その時は紹介されなかったのに、何故かその時は入れて下さって、しかもベスト30の22位だったにも拘わらず、結構長い時間を使って紹介されたんですね。その影響力もすごかったですね。テレビってすごいな、恐いなって思いました。あの時はインタヴューしている後ろに色々なものが映り込むように、並べたんですよね（笑）。わざと持って来て。あのスタッフの方は以前からうちの店に来て下さっていた方だったこともあってすごく親切で、協力してくれて有り難かったですね。

土橋：「ペット・サウンズ・レコード」は他に何回もメディアには取り上げられてますね。加山雄三さんの『若大将のゆうゆう散歩』（テレビ朝日）とか。

森：「加山さん、来たんですよね？」って今でも言う方がいますね（笑）。

土橋：一時は、「ペット・サウンズ・レコード」と地下の「Again」は加山さんのファンの聖地みたいでしたね（笑）。訪ねて来られるファンが多かったそうですね。

森：メディアの力は大きいですね。たまたま1980年代末から90年代にかけてJ-WAVEで選曲をさせて頂いた時にも、別に「ペット・サウンズ・レコード」っていう名前は出さずに、私も森勉ではなくてBen Moriっていう名前でやっていたんですけど、それも結構、店の方には反響があったんですよね。曲紹介もしないし、今みたいにネットで曲名が出ていないから、放送されるとすぐ電話をかけてきて本人に訊いた方が早い、っていう人もいましたね。それでレコードがあれば欲しいって言ってくれる方もいて。開局当時のJ-WAVEはすごい影響力がありましたね。これもシャ・ラ・ラ・カンパニーの佐藤輝夫さんの伝手でやらせて頂きました。最初は輝夫さんが夕方に一人でやっていた、J-POPだけをノン・ストップでかけるっていう番組があって、それを輝夫さんが1週間一人でやるのは大変だから手伝って、って言われて、それで週の半分をやらせてもらって、しかも好きにやって良いって言うんで好き放題に選曲していたんですけど、店もやっていたんでそこに新譜も加えつつやっていました。そうしたら斎藤（茂）さんっていう編成の方を輝夫さんが紹介して下さって、洋楽もお願いしますっていうことで。『Non Stop Power Play』という番組の選曲をさせてもらいました。1989年から足掛け5年間、

ペット・サウンズ・レコード旧店舗全景（2004年12月11日撮影）

ペット・サウンズ・レコード旧店舗店内（2004年5月5日撮影）

ペット・サウンズ・レコード旧店舗の看板。右上には「2F 名盤・珍盤・奇盤」という表記がある（2004年12月11日撮影）

ペット・サウンズ・レコード旧店舗 1 階の店内（1990 年 3 月 12 日撮影）

ペット・サウンズ・レコード旧店舗 1 階の店内（2004 年 5 月 5 日撮影）

ペット・サウンズ・レコード旧店舗２階の店内と森 勉氏（1992 年 9 月 16 日撮影）

ペット・サウンズ・レコード旧店舗２階で開催された「ペット・サウンズ感謝祭」にて展示された、初期店舗にまつわる貴重写真（2004 年 12 月 23 日撮影）

約120本の選曲をしたわけです。楽しい夜更かしをたくさんしました。あの頃は原稿も書き、選曲もしていて。もちろん店にもほぼ毎日出て、若いから出来たと思いますね。

土橋：でもラジオって楽しいですよね。しかも好きに選曲できるなんて、最高ですね。それから2000年の終わりに、現在「Again」店主の石川（茂樹）さんが蓄音機を買って、みんなに聴かせたいって言うんで仲間内の音楽イヴェントを始めて、そのうちに旧店舗のビルの空いた上のフロアを使って課外活動を始めて（笑）、石川さんが鍵を管理してそのうち有志が自由に出入りするようになって。僕や島村（文彦）さんは仕事が終わるとここに集まって部室のように使いながらレコードを聴いて、っていうことを繰り返していたんですね。「武蔵小山ポップス研究会」って名付けて。それがすごく楽しくてね。

森：それから2階で「ペット・サウンズ感謝祭」をやった時は、土橋さんを中心にこの店の歴史が分かる写真展を開催して下さって、あれを見るために色々な方が集まって下さって。

土橋：あの課外活動と「ペット・サウンズ感謝祭」が無かったら、恐らく石川さんは「Again」を始めることも無かったと思いますよ。

森：張本人として、責任を感じています（笑）。

土橋：僕もあの課外活動が無かったら「ペット・サウンズ感謝祭」をやろうっていうアイディアを思いつかなかったかも知れませんね。しかもあの場所で、みんなでレコードを聴く快感を石川さんも覚えてしまって、イヴェントを主催し、後にバートン・クレーンのCD化まですることになるんですから。そこに同調したみんなが今も「Again」に集まって来てくれて。

森：そう、そこから始まっていますね。しかも新店舗オープンからもうすぐ10年ですからね。

土橋：石川さんはもちろんですけど、僕も島村さんも、ある意味あそこから人生が変わっていますからね。あの時から繋がった方もたくさんいますし。特に「ペット・サウンズ感謝祭」は大学の学園祭の延長みたいで、楽しかった！

森：本当にあんなイヴェントをやって頂いたんで、思い残すこともなく引退するつもりだったんですけどね（笑）。

土橋：でもその後、仮店舗で復活し、今は新店舗でご活躍中ですから。

森：その仮店舗とか、ちょっとのんびりしていた時代にも、『ザ・ビーチ・ボーイズ・ダイアリー』（※1）の監修をやらせてもらって、有り難かったですね。

土橋：『ジャケガイノススメ』の時も、仮店舗で森さんがマントを着けたコスプレ写真（※2）を撮りましたね（笑）。

森：本当はそういうキャラじゃないんですが。あれは長門さんにずるいって言われました（笑）。

※1『ザ・ビーチ・ボーイズ・ダイアリー』：2005年に毎日コミュニケーションズ（現マイナビ）から発売された、キース・バッドマン氏の著によるビーチ・ボーイズの歴史を膨大な資料を基にまとめた書籍の560ページに及ぶ日本語版。宮治ひろみ氏が翻訳を、森 勉氏と土橋一夫が日本語版の監修を担当した。

※2コスプレ写真：書籍『Beautiful Covers／ジャケガイノススメ（リマスター）』に掲載されているコラムには、森 勉氏がマントを羽織り、共に掲載されたLP『The "You Know Who" Group』のジャケット写真を真似たカットが掲載されている。

土橋：僕は「ペット・サウンズ・レコード」には、大学に入った1986年から通っていますけど、そこからまさかこんな形で今までお世話になるとは、不思議なものですね。しかも森さんも石川さんも、偶然にも同じ青学の先輩だったり。それは僕だけじゃなく、それぞれが森さんやお店と繋がりを築いていて、それが現在にまで生きているって考えると、感慨深いものがありますね。

森：だから「好きな音楽を共有できる」っていうのが大切なんですよね。そう考えると運の良い商売を選んだなって思いますね。共有できると嬉しいじゃないですか。もちろん家に帰ると反応を示してくれる人はいないかも知れませんけど（笑）、お店でも、他の場所でも仲間とか知り合った人なんかと好きな音楽を共有できたら、こんなに楽しいことはないですよね。

土橋：そしてその共有できる場として「ペット・サウンズ・レコード」があるっていうのが、僕らにとってはすごく大きいことですよね。だからあの駅前再開発の時にその場が無くならないで、さらにパワー・アップして新たな形で今あるというのは、すごく嬉しいことなんです。

森：だから再開発の立ち退き問題がマイナス要因でしかないと、その時は思っていたんですよね。でも今思うと、ものすごくプラスで、チャンスで、あの時に引いてしまったら何も出来なかったんですけど、上手く進めて行ったら今の形になって「Again」が出来てっていうことになったんですね。

土橋：あの時に、知らなかったお客さん同士も含めてみんなが繋がりましたよね。

森：それに「Again」を立ち上げる石川さんが、変にプロな方じゃなくて良かったんですよね。アマチュア精神に則ってっていう方でね。

土橋：石川さんとはネット上で1996年頃から知っていて、1999年に渋谷の「Hi-Fi Record Store」で偶然に会ったんですよ。店主の大江田信さんに紹介してもらって。島村さんも僕は鷲尾さんを通じて間接的に1990年から知っていたんですけど、実際に会ったのは1996年頃で、しかも全くの別ルートで森さんと島村さんが早くから知り合っていたっていうことを考えると、縁って不思議ですね。

鷲尾：僕は島村君に初めて「ペット・サウンズ・レコード」に連れて行ってもらったんだよ。

土橋：そうだったんですね。島村さんは、鷲尾さんが「すみや横浜店」で働いていた時代の常連だったんですよね。

●「ペット・サウンズ・レコード」の未来像

鷲尾：さてこれからの「ペット・サウンズ・レコード」はどうなっていくと思いますか？

森：売るものが、パッケージ文化が無くなってしまってはどうしようもないんですが、またアナログも復活してきましたし、CDも無くさないで欲しいという気持ちは強いですね。

土橋：それと音楽が好きな人にとっての「場」としての「ペット・サウンズ・レコード」の必然性はすごく高いと思うんですよ。それを考えると無くてはならないお店だと思いますね。

森：ありがとうございます。音楽の現状はそんなに悪い状態ではないと思うんですよ。ビッグ・ヒットというか1アイテムが大量に売れることは少なくなりましたけど、でも以前のそんな時代が特殊だったんだと思ったほうが良いと思いますね。あの時の幻想を断ち切れない人達が多すぎるんですよね（笑）。

土橋：あの1990年代から2000年代にかけてのメガ・ヒット連発の異常だった時代をベースに考えている人がまだ多いと。

森:元々、僕たちが音楽を聴き始めた時も、要するに少数派だったんですよね。洋楽を聴くとか、日本語のロックを聴くのは少数派だった。だから誰もが音楽を聴いているのかも知れないけれど、それぞれが本当に好きで聴いているものは多数の人と共有出来るものではないと。そういうことをずっと思っていますけどね。

鷲尾：まさにそうですね。まあチェーン店だと、全部が全部とは言わないけれど、どうしても大きなヒットものを待っちゃうところはありますけど、本当はもう少し小さいサイズで積み上げていかなくてはいけないんでしょうね。

森：あと音楽業界はずっと薄利多売でやってきて、経費など色々なお金がかかるにも拘わらず、（物価上昇の割に）商品の価格を上げられなかったっていうところがね、業界としてまずい部分だったと思いますね。

土橋：それと再販制度もずっと今まで撤廃できませんでしたから。ただ今振り返ってみると、1990年代から2000年代にかけての、数百万枚っているメガ・ヒット連発の時代が特に異常で、大滝さんが『A LONG VACATION』を出した1980年代初めにはそんなことは考えられなかった。せいぜい20万枚、30万枚の世界で大ヒットですよ。その時代をベースに考えれば、今の売上げも決して悲観すべきものではないのかなって思うんですよね。

森：そう思いますよね。

土橋:あとは内容で、良いものを作らなくてはいけないっていうのは、いつの時代も一緒ですし。お客さんがパッケージも含めて手に取って欲しいと思うものが店頭に並ばないと、売上げには繋がらないですから。

森：それとマスコミとかメディアとか、そういうものを紹介してくれる場所がこれからも多ければいいなと思いますね。それと今でも一番大きいのはテレビなので、例えばCSチャンネルみたいに契約しなくては見られないものじゃなくて、地上波でそういう音楽にまだ触れたことのない人達が触れられるような音楽番組があるといいなと思いますね。『ベストヒットUSA』を見ていた人達は今でも、「あの番組があったからこういう音楽を好きになった」ってみんな言いますからね。例えば5曲のビデオがかかって、その中の4曲が好きじゃなかったとしても、残りの1曲が好きだったから広まっていったとかね。そういうものがあって欲しいですね。ビー

建設中のペット・サウンズ・レコード新店舗（2007 年 1 月 13 日撮影）

ペット・サウンズ・レコード新店舗（2014 年 8 月 28 日撮影）

ペット・サウンズ・レコード新店舗のレジ・カウンター付近（2014 年 8 月 28 日撮影）

トルズなんかも1966年の日本公演があったから日本のファンも増えていったわけですけど、その中でもテレビ中継の影響がすごく大きかった。僕は武道館でやった実際のライヴよりテレビ中継の方が、圧倒的に与えた影響は大きかったと思うんです。あれだけの人がダイレクトに、ビートルズが日本にいる間にテレビで見ることが出来た、それもゴールデン・タイムに。中にはぼーっとテレビを見ていた人でも「Yesterday」は良い曲だとか、そういう意見も当時は多かったんですよ（笑）。だからそういうことも含めて、意識せずに見られる音楽番組があると、少しは違うだろうと思いますね。ビートルズの影響は時間差で出てきていて、アメリカでは『エド・サリヴァン・ショー』を見た若者が多くいて、1965年にはザ・バーズとか、ビートルズ系のバンドがいっぱい出てくるんです。でも日本ではやはり1966年なんですよ。来日公演を見た人達が音楽を始めてGSブームが起こるんです。ベンチャーズなんかも実際に見に行った人は多いかも知れないですけど、当時はテレビ中継があったんですよね。だから視聴率がどうのこうのと言うよりも、メディアがこれから良い音楽番組を作ってくれればと思いますよ。

土橋：それにメディアという意味合いで考えると電波媒体の他に、ある意味レコード店の店頭もメディアの一つだと思うんですよ。店頭にどんな商品を並べて、どんなアイディアや切り口でアピールするか。それも立派なメディアだと思うんです。そういう意味でも「ペット・サウンズ・レコード」とか、その昔の「パイドパイパーハウス」なんかは中でも大きな影響力を持つメディアだと思いますよ。ここから発信していくもの、例えば若いインディーズ・バンドの作品とか、他では入手出来ない自主制作盤だとか、そういうものも含めて「ペット・サウンズ・レコード」が推しているものは、僕らもチェックしたくなりますから。そういう発信力はこれからどんどん必要とされると思いますね。

森：何よりも作品に愛情やシンパシーを感じられるものがどれだけ出てくるかにかかっているんですけどね。今年アルバムが出たマイクロスターなんかも、本当に薦め甲斐がある音作りでね、そういうものがあると店も活性化しますね。メーカーがイチ推しのものより、そういうものが出た方が店頭は賑わうんですよね。

土橋：そういうものは、逆に他のお店では売り逃している可能性も高いですし。

鷲尾：静岡のラジオのディレクターにマイクロスターの1stアルバムを聴かせたら、40歳ぐらいの人なんですけどすごく驚いていて、それ以来「この人達、次はいつ出るんですか？」なんて言い続けていたんですけど、この前ニュー・アルバムを「ペット・サウンズ・レコード」の通販で買ったって言ってましたよ。

森：嬉しいなぁ。今回のアルバム用の特典で、マイクロスターにインタヴューしてリーフレットを作ったんですが、こんなエピソードがあって、以前マイクロスターの佐藤（清喜）さんは僕に気に入ってもらおうと思って「スウィート・ソング」のデモを作ってCD-Rを持って来てくれたんです。それを聴いたら本当に良い曲だったから、「すごく良かったよ」っていう話を当時した記憶があるんですよね。その時、佐藤さんはうちの店を出た後で「よっしゃ！」って思ったんですって（笑）。

土橋：そういう客観的な反応って大事なんです。作っている方はどんどん入り込んじゃうから、俯瞰で見て聴いて善し悪しをジャッジしてくれる人の存在は大切なんです。

鷲尾：実際にお店の売り場に立っている方が良いって言ってくれて、しかもその先には確実にお客さんの姿が見えるわけだから、そういう意味では嬉しいだろうね。

土橋：だからそういうお店の存在は、アーティストにとってもすごく大きいんです。

鷲尾：僕は「ペット・サウンズ・レコード」のホームページを定期的に見て、これは何なんだろうか？とか…。あの文面を読んで引っかかると聴いてみようと思うんだけどね。

森：「今日の1曲」ですね。あれはスタッフが三人三様で、僕は古いものしか挙げていないんですけど（笑）、若い二人は色々なものを知っているんですよね。

鷲尾：イックバルなんかもあれで知りましたけど、すごいですね。

土橋：星野みちるちゃんからTWEEDEESのアルバムにまで、参加していますね。インドネシアのシュガー・ベイブって呼ばれているらしいですね。

森：インドネシアと言えばアディティア・ソフィアンなんかもうちの店ではめちゃくちゃ売れるんですよね。

土橋：最近はインドネシアとかタイにも面白いアーティストがいますよね。でも「ペット・サウンズ・レコード」に行くとそういうものが見つかるっていうのも、お客さんにとっては面白いんだと思いますよ。

森：でも本来なら、そういうものはソニーやワーナーやユニバーサルから出して欲しいんですけどね。みんな小さなレーベルからなんですよ。ミュージシャンの方もそういう束縛とか契約とかの厳しい条件を上手く乗り越えてくれると、またそういうジャンルからもスーパー・スターが生まれると思うんですけどね。インディーズのままだと、ビジネスに長けた人がいないわけですよね。達郎さんも大瀧さんもそうですけど、良い音楽を作って、しかも周りに朝妻（一郎）さんとか小杉（理宇造）さんとかそういう優れたスタッフがいたことが大きかった。でも今は良いミュージシャンはいても、優れたビジネス・スタッフは少ないと思うんですよね。

土橋：そうですよね。でもミュージシャン側からすると今はその逆で、そういったメジャーのシステムにまず組み込まれたりするのが嫌だって言って、メジャーから話が来てもそれを蹴って自分たちの好きなようにインディーズでやりたい、っていう人も多いですね。

森：その方が精神衛生上は良いのかも知れないけど…。

土橋：自分のペースで制作できるっていうことで言えば、その方が確かに楽ですけどね。まあメジャーでもインディーズでも、良い音楽ならば森さんのお店のような店頭からこれからも情報を発信していってもらいたいですし、ネットでは味わえない楽しさがそこにはありますから。

森：お店に来て下さる方が、ネットでも見ていたけれども、実際に店で見てみるとあれこれ発見があると言ってくれますね。今日も渋谷の「タワーレコード」にオープンした「パイドパイパーハウス」を見てきましたけど、やはり楽しいですよね。「パイド」ならではのコーナーがあって…例えばローレル・キャニオンとか…これは長門さんに訊いたら「ジョニ・ミッチェルっていうコーナーにしちゃうと全タイトルを並べなくちゃいけなくなるから、これにしたんだよ」って（笑）。

土橋：他の店にはない仕切り板ですよね。僕らはこれからもこういうレコード屋さんがあり続けてくれないといけないと思っていますし、もう一度店頭からっていう考え方を大事にしていきたいんです。最近はネットで買うっていうことに飽きてきた感じも、少しはするんですよ。あとネット上では情報があまりにも多すぎて、本当に欲しい情報を見逃しているっていうのもありますし。昨年（2015年）に横浜の赤レンガ倉庫で「パイドパイパーハウス」が復活していたことですら知らなかったっていう方が実は意外といたりとか…。今回の「タワーレコード」とのコラボを切っ掛けに昨年のことを知ったっていう方も結構いるんですよね。僕らも最近は、ネットでニュースを流せばみんなが知るだろう、っていう感覚で宣伝した気になってしまいがちなんですが、実は全然そんなことは無くて、情報過多のために知らないっていうことも起こるんですね。だから原点に帰って、店頭や口コミや雑誌や電波媒体や、ライヴ・ハウスなんかも含めて地道な宣伝活動をしなくてはいけないと。それが正しいやり方だと思いますね。

鷲尾：新品の商売の場合、新譜のイニシャルを入れて在庫を持たなくてはいけないっていうのがお店にとっては一番大きいですよね。「星光堂」さんのような卸の傘下で新しいレコード店を開くといっても、それなりの金額を最初に積まないと開けないですし、例えば個人で5000枚を持っているのならそれなりの枚数ですけど、それがショップで5000枚となると、レコードの時代ならともかく、CDとなると小規模で必要最低限のものを揃えただけでそれぐらいの枚数には行っちゃいますよね。静岡でも最近は空き店舗が出始めているんですよ。でもそういうところに若い人が出店するとなると、だからレコード屋さんじゃなくてみんなカフェとか雑貨屋なんですよね。イニシャル・コストが少なくても済むお店になっちゃうんです。

森：レコード店は最初の段階での先行投資が多過ぎるんですよね。「星光堂」さんにしてもメーカーにしても、倉庫にCDを置いておいたんじゃしょうがないから、まずはそれをどうにかしなさいよって言いたいんですよ（笑）。新規に店をやろうとする人に（商品を）貸し出したりとか…。

鷲尾：そうですね。買う場さえあれば開ける世界っていうのがあるじゃないですか。今、静岡で元「すみや」の人達でやってる「サウンド・キッチン」っていう店があるんですけど、ここも中古は扱っているんですが新品は扱えないんですよ。それは単純に投資する金額の問題です。ヴィヴィド・サウンドとかのインディーズからワン・ショット（※）で仕入れるのなら新品を取れますけど、メジャーの場合は色々ありますからね。

森：それに益々、仕入れの掛け率が悪くなってきているんで、8掛けとか、85掛けとかもありますからね。

鷲尾：その辺り、考えなくちゃいけない部分がまだまだたくさんありますよね。場があって物があって人がいれば、その辺さえクリアになればレコード屋さんをやりたいっていう人もまだまだいると思うんですけどね。

※ワン・ショット：「1回だけ」の意。レコード会社やレーベルと取引契約を結び、多くのカタログを仕入れるのではなく、ここでは単品でCDやアナログ盤を仕入れるために取引すること。なおレコード会社がアーティストの契約やリリースに関して「ワン・ショット」と言う場合は、アーティスト契約（あるアーティストについて契約年数や、その間に発売するアイテムの総数などを予め織り込んだ契約）の対義語として、1作だけの契約を意味する場合に用いる。

森：あとは大手のメーカーがいかにそういうしまってある物を放出するか、在庫を活用するか、そういうところも大事ですね。売れないからって潰しちゃうっていうのは、勿体ないですからね。

土橋：一度、「星光堂」さんの倉庫なんかも見てみたいですね。特にB在庫を。

森：もう30年も前の話ですが、昔、柏とか小岩の「星光堂」さんに、B在庫の倉庫があったんですよ。うちの店も実績が上がっている時代だったんで、そこへ見に行って仕入れが出来たんです。しかもかなり良い条件で、もちろん全部買わなくても、その中から最終的に何割かの商品を買ってくれればいいと。もちろん面白い物だけではないんですけど、とにかく店頭に並んでいない物がいっぱいあるんですよ。それを店頭に並べると、意外にも1ヶ月のうちにその何割もが売れるんですよ。それでお客さんも目ざとくて、いつもと違う物が入ってるって気づくんです。だから店頭商品の入れ替えはすごく大事ですね。それはレコードの時代だったんですけど、そんな形でB在庫を活用させてもらっていた頃は本当に助かりましたね。

土橋：僕らもメーカー時代に経験がありますけど、廃盤セールをやるときに各メーカーの倉庫やNRCやジャレードから廃盤商品を引き上げてきて集めますよね。僕らは手伝いでそれを並べるんですけど、その中には意外な商品とか欲しいものもかなりありましたから。中には「これは森さんのお店に持って行けば、絶対に欲しがるお客さんがいるだろうな」っていう物もありましたね。CDなんかは廃盤セールで売らなければ、償却で産業廃棄物扱いですから、もったいないですよね。それはともかく、これからも森さんのお店らしい品揃え、そして音楽への愛情溢れるお店作りを期待しています。ありがとうございました。

森：今後、音楽ソフト販売界はどうなるか不透明ですが、いい音楽はどこかで永遠に作り続けられると思うので、出来る限り「ペット・サウンズ・レコード」は今のような感じで続けて行きたいと思っています。幸い、若い頼もしいスタッフが2名いてくれるので…。今日はありがとうございました。

ペット・サウンズ・レコード新店舗にて接客中の森 勉氏、森 陽馬氏（2007年3月15日撮影／オープン初日）

第 5 章

一時代を築いた WAVE の役割と セゾングループの理念、そしてその興隆と消滅

対談

石山（旧姓：池）佐和子（元クアトロ WAVE 2F ロック＆ポップス・バイヤー）

＋

鷲尾 剛

＋

土橋一夫

2016 年 6 月 25 日＠渋谷／シャイグランスにて

●西武・セゾン文化への憧れと音楽との出逢い

土橋:石山さんが「クアトロ WAVE」におられた1993年から1997年っていう時期は、「WAVE」全体を見てもかなり店舗数が多かった頃でしたよね？

石山：そうですね。「WAVE」に加えて「ディスクポート」もありましたし。

土橋：「WAVE」と「ディスクポート」との区分けは、どんな規準だったんですか？

石山：多分その頃は、西友に入っているレコード店が「ディスクポート」のケースが多かったと思います。売り場は「WAVE」より小さめで。

土橋：そうなんですね。以前読んだ中村文孝さんの『リブロが本屋であったころ―出版人に聞く4』（論創社・刊／2011年）にも、セゾン・グループである西武百貨店の中にある「リブロ」と西友の書籍売り場とではちょっと色合いが違うっていう話が出てきましたけど、きっとあれと同じようなことなんでしょうね。

石山：私達の入社時はちょうど、「ディスクポート西武」から「ウェイヴ」、そして「ピサ ウェイヴ事業本部」に社名が変わった頃でした。同期は26人ほどで、各地の「WAVE」や「ディスクポート」に配属されました。みんな都内の「WAVE」で働きたくて入って来てるんですけど、個性的なこの人が地方の「ディスクポート」に行っちゃうの？っていうこともあったりして。

土橋:「ディスクポート」は西友の中のお店ですから、規模としてもそんなに大きくないですよね。

石山：小さいですね。それに商品の品揃えに関しては、「WAVE」のような自由度は無かったと思います。逆に、マニアックで個性の強い人が「ディスクポート」に配属になっていたのかも？

土橋：それは修行としてですか？

石山:そう、まずは全体を見られる小規模の店で基本的なことを学んで欲しいっていうのがあったのかも知れないですね。だから当時は希望通りの店に配属になった人は少なかったと思います。恐らくみんな、入社したら渋谷か六本木か池袋の「WAVE」に行きたかったと思うんですけどね。

土橋：「WAVE」と言えば、お洒落で、輸入盤も扱っていて、しかも例えば1980年代のレコード屋さんと言えば、普通は邦楽と洋楽とでフロアやコーナーを分けて売り場を作っていた時代に、「WAVE」はそれを融合して、洋・邦関係なく関連のあるアイテムなら一緒に並べて展開するっていう売り場をいち早く作っていましたよね。例えば細野晴臣さんの隣にヴァン・ダイク・パークスが並んでいるみたいな。ああいう売り場は、従来からの街のレコード屋さんしか知らない人達にとっては憧れの的だったと思うんですよ。もちろんそれは西武・セゾン系全体に共通していた雰囲気なのかも知れないですけど、すごく意識が高いというか、センスの良いお店っていう感じがしていましたよね。そもそも「WAVE」に入社したいと思う、その切っ掛けはどんなことだったんですか？

石山：私は実家が新潟なんですよ。それも新潟市内とかじゃなくて。1980 年代に中・高校時代を新潟の田舎で過ごしたわけですね。当時はインターネットもないから、情報源は雑誌とかになるんですけど、行ったことはなくてもセゾン文化はお洒落なものだっていうのは田舎の小娘と言えども感じていて。当時『Olive』だったかな？…に載っていた「六本木 WAVE」の写真を見て、「東京にはこんなレコード屋があるんだ！」って憧れていましたね。

土橋：当時、新潟に西武・セゾン系のものは何かあったんですか？

石山：少なくとも、私の住んでいた所にはありませんでした。後に新潟市内にも「WAVE」が出来たんですが、私が住んでいたのは小千谷市という長岡に近い内陸部だったので、縁もなくて。

土橋：田中角栄の越山会のお膝元ですよね。

鷲尾：小千谷ですか。（戊辰戦争で薩長と戦った長岡藩家老の）河井継之助で有名ですよね。

石山：よくご存知で！（河井継之助と新政府軍の岩村精一郎が会談をした、いわゆる小千谷談判の舞台となった）慈眼寺ですよね。

鷲尾：社会科の教員免許持っているんです（笑）。

土橋：おまけに城マニア、歴史マニアなんです。

石山：まさかここで河井継之助の名が出るとは！

土橋：当時の小千谷は、新潟市内とは違った感じだったんですか？

石山：全く違いましたね。小千谷は雪深くてのんびりした田舎ですもん。新潟市内へは高速バスで 1 時間半ぐらいかかりましたし、新幹線を利用することが多かったですね。

鷲尾：元々新潟は天領だとか長岡藩とか、その地を治めていた大名が違うから、そこで文化も違うのかも知れないですね。

石山：自分にとって新潟市内と東京は、気分的な距離感はあまり違わなくて。同じ新幹線に乗るんだったら新潟市内へ行くよりも東京へ出ちゃった方がいいじゃんみたいな感覚はありましたね。だから上京もし易かったのかも知れないですね。

土橋：東京に出てこられたのはいくつの時だったんですか？

石山：高校を卒業して進学で出てきたんです。それで念願のセゾン文化にも触れることが出来、その後就職を考える時期になるとやはり音楽に関わる仕事がしたい、ということで「WAVE」を受けようと思ったんです。

鷲尾：「WAVE」はいつ出来たんでしたっけ？

石山：「六本木 WAVE」は 1983 年ですね。

鷲尾：昔、渋谷西武 B 館の地下は、僕らが学生の頃は Be-in だったんだけど、その後にそこへ大きな「ディスクポート」が入ったんだよね。それが 1976 年ぐらいだと思うんだけどな。

土橋：渋谷に「ディスクポート」があって、その流れで後に「六本木 WAVE」が出来ることに繋がるんでしょうね。

鷲尾：「六本木 WAVE」が出来た時に、見に行ったな。僕は当時、高崎にいたんだけど、オープンしたって聞いて、見に行った。

石山：私はオープンした頃の一番華やかな「六本木 WAVE」は体験していないんですよね。

土橋：「六本木 WAVE」は 1983 年 11 月 18 日のオープンですね。僕は当時、高校生ですね。

石山：私はまだ小千谷にいて中学生でした。

土橋：あのお店は、他とは違ってましたよね。

鷲尾：驚異的だったよね。

土橋：「六本木 WAVE」はもちろん六本木という立地もありますけど、品揃えもフロアの作りも他とは違ってましたよね。

石山：そうですね。敢えてちょっと薄暗い照明とかもレコード屋らしからぬ感じで。私にとって「WAVE」を含むセゾン文化と Y.M.O. っていうのは、まさに東京の象徴だったんです。新潟の田舎で憧れを膨らませながら、絶対に上京しようと思っていましたね。

鷲尾：そう考えると、セゾン文化はアルファ（※）と結びついているんだね。僕が大学に入った時に渋谷にパルコが出来て、その前の通りを公園通りって名付けて、ガロが（「公園通り」を）歌った。ガロはアルファだよね。だからそこから繋がっているんだよね。

石山：そうか。パルコは（イタリア語で）公園っていう意味だから、それでパルコが出来たから公園通りになったんですよね。

土橋：あれは西武系が主体になって開発したんですよね。

石山：戦略的に。

鷲尾：そう。それで CM ソングを作ってね。だからその頃から西武・セゾン系とアルファの繋がりがあるんだろうね。

石山：とにかく強烈でしたね。それは田舎にいても感じ取れました。

※アルファ：1969 年に村井邦彦氏が立ち上げた音楽出版社を基とし、制作部門であるアルファアンドアソシエイツからアルファレコードを設立。荒井由実氏、赤い鳥、GARO、小坂忠氏、サーカス、カシオペア、Y.M.O. などをリリースし、ニッポンを代表するレーベルへと成長した。1994 年にアルファミュージックとなり、翌年には田町にあった自社スタジオ「Studio A」を閉鎖、現在は原盤管理会社となっている。

土橋：もちろん渋谷、原宿、表参道、六本木っていうところは最先端というイメージがあって、そこと音楽の最先端が繋がるっていうことがありましたよね。

石山：何しろ Y.M.O. が大好きでしたから。

土橋：僕もそうだけど、みんなテクノ・カット（※）してましたからね（笑）。

石山：田舎であれをやったら、ちょっと大変ですよ（笑）。当時は（NHK FM で放送されていた、坂本龍一のラジオ番組の）『サウンドストリート』を毎週チェックして、（雑誌の）『サウンドール』を舐めるように読んでましたね（笑）。

土橋：それとこれは後で知ることになるんですけど、「六本木 WAVE」の上の階には SEDIC っていうスタジオがあって、細野さんはここでよくレコーディングをしていたんですよね。

石山：そうそう。私もそれは後で知って、おおっとなりました。

土橋：それで何でこのスタジオを 1980 年代中盤のノンスタンダード（・レーベル）の時代に使っていたんですか？って聞いたことがあるんです。細野さんにインタヴューした時に。そうしたら「あそこは下の階に下りれば「WAVE」があるから、制作の作業が行き詰まったりした時に行くと気分転換になるし、音楽的なヒントももらえるから」って言ってましたね。

石山：確かに、そうですよね。それに 1 階には「雨の木」（レイン・ツリー）っていう喫茶店もありましたから、いつでも一息つけますしね。

土橋：そういう意味ではすごく良い環境の使いやすいスタジオだったんですね。

石山：その頃の「六本木 WAVE」を経験したかったですね。

●「WAVE」への入社

土橋：それで短大を出て「WAVE」を受けて就職したと。

石山：そうなんです。同期には、後に音楽評論家や中東料理研究家として活躍するサラーム海上さんとか、個性的な人が沢山いて。

土橋：入社されたのは何年ですか？

石山：1990 年入社ですね。

土橋：それで最初の赴任地は？

石山：「川崎 WAVE」でした。西武百貨店の 3 階に入っていた中型店舗ですね。隣に「Loft」がありました。確か「WAVE」と「Loft」と「ムラサキスポーツ」で 1 フロアだったと思います。

※テクノ・カット：もみあげを短く鋭角に切り揃え、襟足を刈り上げた髪型で、日本では Y.M.O. がこの髪型を当時していたことから、テクノ・ミュージックの大ヒットと共に一世を風靡した。

新入社員ですから、最初はレジから一通りやって、鍛えられました。

土橋：例えば「WAVE」独自の新入社員研修のようなものは無かったんですか？

石山：私達の頃は、入社して各店舗に配属される前に、同期だけで２週間ぐらいの集合研修がありました。元CAの方が講師として来られて接客の研修とか、グループに分かれて渋谷の街のレコード屋さんをリサーチしたり、各店舗に行って店頭実習したり、お客さんにアンケートを取ってマーケット調査をしたり、そんなことをしましたね。同期にクラブ・ミュージックに詳しい人…現在P-VINEの山内（善雄）さんがいて、研修が終わった後に同期の何人かで芝浦の「GOLD」に遊びに行ったっけ（笑）。まだこの頃はバブリーな空気が残っていた時代でした。

鷲尾：「WAVE」は入社してお店に配属されると、すぐに担当のカテゴリーを与えられるんですか？

石山：「六本木WAVE」や「池袋WAVE」といったWAVE館（ビルの大型店）の場合だと、各フロアの各ジャンルに配属されて、まだ仕入れは任されないですけど、そこの所属で働き始めるんです。でも川崎店のような割とコンパクトなお店では、まずは一通り覚えてくれ、みたいな感じでしたね。

鷲尾：その当時、商品はカード管理でしたか？それともPOS管理？

石山：カード管理でした。カードを書くのが大変でしたよね。

鷲尾：と言うことはアナログな管理で、売れた商品のカードを見ながら手作業で発注するとか、そんな感じですよね？

土橋：1990年代の初めだと、FAXとか電話で発注していましたよね。そのちょっと後になってらくらくネットっていう専用の発注端末がNRC系なんかでは出来ましたけど、それでもカードを見ながら打ち込んでいましたよね。

石山：そう、そうでした。

鷲尾：そのカードはABC分析に基づいて…例えばこれはマストな商品で絶対にリピートをかけろとか、これは売り切りとかの区別がされていて、それが書かれていたりはしなかったんですか？

石山：その辺はバイヤーにお任せでした。多分バイヤー毎にこれはマストとか、分かるように印を付けていたと思うんですけど、「WAVE」全体では統一してやってはいなかったと思いますね。

土橋：バイヤーさん個人に任されている部分が大きかったんですね。

石山：かなり大きかったと思います。だからこそダメになった部分もあった気が…。

土橋：でも上手く回っているときには、それが最大の魅力になりますよね。

石山：そうですよね。ある意味、それってジレンマですよね。

鷺尾：まあ、売れればそれで良いわけだからね。

土橋：「川崎 WAVE」には何年ぐらいおられたんですか？

石山：3 年ぐらいです。1993 年に「クアトロ WAVE」のオープニング・スタッフとして異動になりました。

●衝撃を与えた「クアトロ WAVE」のオープン

土橋：調べてみたら、1993 年 3 月 20 日に「クアトロ WAVE」がオープンしていますね。ちなみに翌日にピチカート・ファイヴの『INSTANT REPLAY』が、また 5 日後にブリッジの 1st アルバム『Spring Hill Fair』がリリースされていますね。そんな時期でした。

石山：運命的なものがあったんでしょうかね。それで「クアトロ WAVE」があったのは、たった 4 年間ぐらいで。

土橋：クローズしたのが 1997 年 2 月 23 日ですね。

石山：たった 4 年間ほどでしたけど、濃密な時間でしたね。

土橋：確か閉店の日は、カジヒデキ君が 1 日店長をやって。

石山：1 階でインストア・イヴェントもやりましたね。「クアトロ WAVE」の最後を盛り上げて下さいました。あの頃は閉店に向けて、日に日に在庫が少なくなっていくのが、悲しくて。

土橋：1990 年代に入ると一気に外資系ショップの日本での出店攻勢が始まっていますね。例えば 1990 年 9 月 22 日には新宿に「ヴァージンメガストア」の国内 1 号店が、11 月 16 日にはこれも国内初となる「HMV 渋谷」と「HMV 横浜」が、1992 年になると 6 月 10 日に「HMV 池袋」が、9 月 18 日には「ヴァージンメガストア横浜店」が、11 月 10 日には「タワーレコード新宿ルミネ店」が、1993 年 5 月 1 日には「HMV 銀座」というように…。その中で「WAVE」は、1992 年 10 月 16 日に「六本木 WAVE」がリニューアル・オープンしていますね。そしてそれに続いて 1993 年 3 月 20 日に旗艦店として「クアトロ WAVE」がオープンという流れですね。

石山：そんなに次々とだったんですね。「六本木 WAVE」にいたバイヤーが何人も「クアトロ WAVE」のオープンで移ってきました。名物ワールド・ミュージック・バイヤーの原田尊志さんとか。

土橋：フロア構成は 1 階から 3 階まで、それでその上に今でもあるクラブクアトロという形でしたよね。それに 1 階にはスペースシャワー TV のサテライト・スタジオもありましたよね。

石山:そうそう。番組の出演者の楽屋が、3階にあった社員休憩室の中にあって。だから、スタッフが寛いでる前をタレントさんやアーティストが行き来していましたね。

土橋：1階は左側がJ-POPフロアで、そして入って右側にアナログ盤コーナーがあって。

石山：それで2階が洋楽全般。ワールド・ミュージックも2階で、あの一角だけはカラーが違っていました。3階はクラシック、ジャズ、映画音楽、映像商品など。3階には、紙コップ式の自販機があって、コーヒーを飲みながら試聴できるスペースもありました。確か、リスニング・カフェという名前だったかな？

土橋:最初、このお店が出来るっていう話があって、転勤の話が出たとき、どんな感じの説明だったんですか？

石山：「クアトロWAVE」がオープンするから、2階のロック＆ポップスのスタッフとして行ってくれっていうことでした。

土橋：それはご自分から手を挙げて希望したとか？

石山：いえいえ、手を挙げて好きな部署に行けるほど、甘くはなかった（笑）。よほど突出した才能でもあれば、そういうこともあったのかも知れないですけどね。私の場合は言われるがままです。

土橋：でも川崎店から旗艦店の「クアトロWAVE」へ異動っていうのは、何かあったんじゃないですかね？

石山：もしかしたら（本部の上司たちに）妙に覚えられていたのかも知れません。たまたま印象に残っていたから声を掛けられただけじゃないかな（笑）。

土橋：例えば「クアトロWAVE」では、当時の2階なら何人ぐらいのバイヤーさんがおられたんですか？

石山:ジャンルで言うと、普通のロック＆ポップス、UKインディ＆北欧ポップ、USインディ、オールディーズ＆ソフト・ロック、ブラック・ミュージック、ワールド・ミュージック、クラブ系、新譜担当…それぞれにバイヤーがいました。だからフロアの中にいくつもの個人店が軒を連ねているっていうイメージでしたね。

土橋:なるほど。ということは各バイヤーさんが言わばその個人店の主で、それぞれのバイヤーさんに付いているお客さんも多かったんじゃないですか？

石山:それはありましたね。当時の「クアトロWAVE」を象徴するバイヤーに荒木(陽路美)さんっていう方がおられたんですけど、荒木さんの下で働きたいっていう人はいっぱいいたと思います。それはお客さんの中にも。インディ・ポップ好きな方にとって荒木さんは憧れの店員さん、憧れのバイヤーだったと思いますよ。お客さんからの熱も半端なかった記憶があります。

土橋：荒木さんはその後、ご自分でレーベルを始められましたよね。

石山：Harmony label と Quince Records ですね。今も活躍されていて。

土橋：でもそういう名物バイヤーさんがおられるかどうかって、大きいですよね。

石山：それは大きかったと思います。荒木さんの他にも、例えばワールド・ミュージックの原田尊志さんとか、後に「bonjour records」などで活躍する小松竜子さんとか、元「イエローポップ」の店長だった方とか、面白い人がいっぱいいました（笑）。

土橋：「クアトロ WAVE」の至近距離には以前から「渋谷 WAVE」がありましたけど、ここことの差別化みたいな考え方はあったんですかね？

石山：当時の「渋谷 WAVE」は 12 インチの名物バイヤーがおられたので、クラブ系のイメージが強かったんですね。だから「クアトロ WAVE」は逆にもっと古いものを発掘して提案しようというのはあったと思います。「クアトロ WAVE」2 階のフロア・マネージャーだった中嶋（敏宏）さんは「六本木 WAVE」のオープニング・スタッフだった方で、「クアトロ WAVE」のプランナーをされたのも中嶋さんだったんです。中嶋さんのやりたいことが詰まっていたのが、2 階のフロアだったのかも知れませんね。例えば「クアトロ WAVE」2 階で私が担当していたソフト・ロックや 60's ポップスは、元々は中嶋さんがやりたかったことで、それを私が受け継いだ形だったんです。

土橋：あの品揃えは本当に他にないユニークなものでしたし、例えば UK ものにしてもソフト・ロックにしても徹底的に揃えていたでしょ。ああいうお店はありそうで無かったんですよね。CD の時代でしたけど、日本盤も輸入盤もしっかりあるし、再発もののアナログもあったし。

石山：色々な意味で、余裕があったからこそできた品揃えでしたね。

土橋：しかも 1 階のスペースシャワー TV のスタジオでは（萩原）健太さんが番組をやっていて。

石山：そうそう、確か最初の頃は神田うのさんがアシスタントをやっていて。すごく初々しくて。インストア・ライヴではトランポリンズとか、ロジャー・ニコルズさんも来ました。缶ジュースを差し入れたっけ（笑）。ユースケ・サンタマリアさんも番組をやっていましたね。それでよくワールド・コーナーにも来られていました。まだ BINGO BONGO の頃。

土橋：あれは健太さんのプロデュースでしたよね。当時のことでよく覚えているのは、「クアトロ WAVE」の 2 階に行くと、他のレコード会社のディレクターとか宣伝マンによく会ったことですね。もちろんたまたま。みんなあの店に市場調査も兼ねて見に行ってたんですよ。そこで情報交換をしたり。

石山：そう、色々な方が来られました。あの当時、土橋さんはテイチクさんの頃でしたっけ？

土橋：そう、テイチクからその傘下に出来たトライクルっていうレーベルに移って、販推と制

クアトロ WAVE 1 階にてインストア・イヴェントを行ったトランポリンズと、石山佐和子氏（1995 年撮影）

ムーグ・クックブックのディスプレイと石山佐和子氏（1996 年撮影）

クアトロ WAVE 2 階（1997 年 2 月 1 日撮影）

作ディレクターを掛け持ちしていた時期ですね。それで自分が担当していた作品のプロモーションで伺ったときに、初めて池（石山）さんと名刺交換したんだと思います。

石山：私は国内盤の洋楽も担当していたことがあったから、恐らくその時期ですね。その当時もまだカード管理していました。

●「クアトロ WAVE」の２階はワンダーランド！

土橋：その前から客として普通に通っていたんですけど、特に「クアトロ WAVE」の２階は大好きだったソフト・ロックとかオールディーズなんかの品揃えがすごく良かったのと、再発盤のアナログも置いていたんで、それを見に行くのが楽しみでした。そういう人がメーカー各社にいて、ここに集まって来ていたんですね。そういう場所があったっていうのは、幸せな時代でしたね。

石山：CD、アナログ問わず、再発もので面白そうなものはもれなく仕入れていたと思います。行けば何かがあるだろう、と楽しんでもらえたらいいなと。私もその頃 20 代半ばだったので、旧譜の中から面白いものを探して、自分自身が楽しんでいる感覚もありましたね。当時は、お客さんもパワフルでした。

土橋：その当時、通っていたお客さんの年齢層は、どの辺がメインでしたか？

石山：私が担当していたコーナーで言うと、元々オールディーズが好きな 30 代、40 代の方もいたし、いわゆる渋谷系のアーティストを聴いて、その元ネタを探しに来るような若いお客さんも多かったですね。２階には、ミュージシャンもたくさん来られました。小西（康陽）さん、小山田圭吾さん、カヒミ・カリィさん、片寄明人さん、中原昌也さん…。DJ や評論家さんもよくお見かけしました。中でも、大瀧詠一さんは印象深いですね。

土橋：そうそう、大瀧詠一さんが「クアトロ WAVE」に来られて「今日は（什器に並ぶ CD の）ここからここまで買っていく」って言って大量にお買い上げされたっていう話を聞いたことがあるんですが、それは本当ですか？

石山：本当です。２週間とか１ヶ月に一度、静かに来られて、オールディーズやソフト・ロックのコーナーに面出ししてある CD を上から下までじっくり見られて、それで大量に買って行かれました。その月にリリースされた物をまとめて買われていたんですね。だから大瀧さんが来られると、私の担当ジャンルの１日の予算はクリア出来ちゃう。本当に有り難かったし、嬉しかったですね。

土橋：一度、「クアトロ WAVE」に行ったら池さんがニコニコしていて、それで「どうしたの？」って訊いたら「さっき大瀧さんが来て、大量にまとめ買いされたんで今日はもう何もしなくてもいいんです！」って喜んでいたのを強烈に憶えてますよ（笑）。

石山：本当にそうだったんです！神様みたいな方でした（笑）。しかも敢えてレジが混んでいない時に来られて。そんなお気遣いが嬉しかったです。

土橋：でもそれだけ、大瀧さんが欲しいと思うものが並んでいたわけですよね。細野さんは来られていました？

石山：細野さんはあまりお見かけした記憶がないですね。

土橋：細野さんはよく「渋谷 WAVE」に来られていたのを見たことがありますから、クアトロよりは渋谷店だったんですね。

石山：そうかも知れないですね。それから「クラブクアトロ」でライヴをやるアーティストは、ほぼ来てくれましたね。

土橋：それで思い出したんですけど、カーディガンズの初来日公演が渋谷クアトロであって、見に行ったんですけど、開演前に階段のところに並んでいたらメンバーが２階に下りてきて「クアトロ WAVE」で買い物していましたね。

石山：あとレニングラード・カウボーイズがあの格好のまま、買い物をされてましたね（笑）。ボビー・ギレスピー（プライマル・スクリーム）が来た時は、他のスタッフと一緒に盛り上がりました。

土橋：でもそういう意味では特別なお店ですよね。

石山：そうですね。サーストン・ムーア（ソニック・ユース）も来てくれたっけ。すごく背が高かった（笑）。

土橋：「クアトロ WAVE」の２階で、当時一番売れたものや上手くいった展開は何でした？

石山：セールス面で言えばカーディガンズになると思うんですが、「これは上手くいった」という展開はバイヤー毎にそれぞれだったんじゃないかな。国内のレコード会社は全部直取引で国内盤担当が（オーダーの）数字を入れていたんですけど、輸入盤に関してはインポーターの選択はバイヤーにお任せで。売上げと仕入れのバランスさえ最終的に取れれば、あとは何をやってもいいよというような懐の深さがありましたから、バイヤーも色んな冒険ができたと思います。

土橋：「WAVE」は自前で海外から商品を輸入したりとか商品開発も「ディスクポート」の頃からやっていましたよね？

石山：そうですね。でも、私はそれに関わったりすることはなかったですね。

鷲尾：インポーターは何社かと同時に取引してる感じでした？

石山：はい。インポーターにもそれぞれ特色があったので使い分けていました。担当者も面白い方が多くて、そのうち仲良くなって飲みに行ったりしていましたね。

土橋：国内のメジャー・メーカー以外に、ディストリビューターやインポーターが何社もあるから、商品を管理するのも大変でしょうね。しかもカード管理じゃ。

石山：そうそう（笑）。どんどんアイテムが増えるので、本当に大変でした。

鷲尾：POS ならともかく、カード管理じゃ大変ですよね。

石山：だから当時は店頭に置く POP の裏に品番を書いたりしていました。いちいち（リストなどで品番を）確認するのが面倒くさくて。これが売れて無くなったらすぐこの POP の裏を見てオーダーしよう、って。

●カーディガンズの CD を世界で一番多く売った店

土橋：恐らく当時の「クアトロ WAVE」の２階を象徴するアイテムの１つがカーディガンズだと思うんですけど、カーディガンズの 1st と 2nd は、世界で一番多く売ったお店でしたよね。

石山：そうですね。担当バイヤーの荒木さんが日本でいち早く紹介したと思うんですけど、世間的には「HMV SHIBUYA」みたいになっていて…。

土橋：それは違うと思う。「クアトロ WAVE」の方がいち早く目を付けて展開してましたよ。証言しますよ。

石山：ですよね！荒木さんはカーディガンズ以外にも色々な北欧アーティストを発掘して、紹介してくれましたよね。荒木さんに挨拶に来る北欧のバンドも、当時はいたんじゃないかな。何しろ荒木さん宛で直接、北欧から FAX が届いてましたもん。

土橋：それは見たことあります。直接売り込みの FAX が来てましたよね。

石山：そうそう、売り込みの。

土橋：カーディガンズはどのぐらい売れたんですか？

石山：もうバカ売れですよ！４桁は余裕で超えていたはず。

土橋：そのほとんどが輸入盤でしたよね。

石山：そう、日本盤が出たのは後でしたから。

土橋：僕が持っているカーディガンズの 1st（『emmerdale』1994 年）と 2nd（『LIFE』1995 年）、それにそれぞれからシングル・カットされた『sick & tired』『Carnival』は、全部当時「クアトロ WAVE」で買いましたから。当時の「クアトロ WAVE」には何しろ輸入盤が大量に平積みされていて。日本盤が出たのは後で、一般的に広まったのは 2nd の『LIFE』から「Carnival」がラジオでかかりまくって大ヒットした時からですよね。

石山：そう、誰もカーディガンズなんか知らないときに、「クアトロ WAVE」2階の一番良い場所、レジ前に平積みで売ってましたよね。当時は他のバイヤーも「これは何？」みたいな感じだったと思いますよ。

土橋：だから僕がそこで買ったものは trampolene records 盤、つまりスウェーデン盤ですね。その後、UK 盤や日本盤も出てきますけど。『emmerdale』が「クアトロ WAVE」で大プッシュされていたこともあって、2nd の『LIFE』になると僕らの周辺ではちょっと話題になっていて、そんな時に J-WAVE で「Carnival」がパワー・プッシュされていたんです。レコード会社時代に事務所で J-WAVE をかけっぱなしにしていると、何度もこれが流れてくるんです。そこからみんな知るようになって、一気に大ヒットしたんだと思うんですけど。

石山：あの盛り上がり方はすごかったですよね。今も「Carnival」を聴くと当時のことが蘇りますよ。

鷲尾：僕はこの当時、西那須野（「すみや西那須野店」）にいたんですけど、栃木の県北の店でしたけど『LIFE』をオーダーする時は箱で取ってましたから。インポーターから輸入盤で。宇都宮から郡山の間って、輸入盤を扱っているお店がほとんど無いんだよね。だからうちみたいな普通のお店でも、輸入盤を置くと売れるんですよ。それでアルバイトでこういうのが好きな人がいて、彼は一般道で車を運転して東京のレコード屋さんを毎週のように見に行ってた（笑）。

石山：そうだったんですね！

鷲尾：日本のアーティストだとカヒミ・カリィとか、洋楽だとスウェーディッシュ・ポップとかが好きで、帰ってくると「こんなの売ってました」とかって教えてくれたのね。それを見てオーダーしてみたりもして。

土橋：ということは、その人は絶対に「クアトロ WAVE」にも行ってましたね（笑）。

鷲尾：それともう一人、これもアルバイトの女の子がいて、彼女も毎週のように東京に行くわけ。その子にも CD ショップへ行ってもらって、特に試聴機に何が入っていたかをチェックしてきてもらった。特に見たこと無いものをね。それを教えてもらってまずオーダーして聴いてみて、高尚なものはダメなんだけど分かりやすいものは売れるんですよ。西那須野であれぐらい売れたんだから、東京だったら本当にすごい数が売れたんだろうね。

土橋：『emmerdale』のスウェーデン盤しか出ていなかったときに、既に「クアトロ WAVE」では数百枚が平積み（※）されていましたからね。だから輸入盤だけでも数千枚をここだけで売ったはずですよね。

石山：そのくらい売ってましたね。「クアトロ WAVE」を振り返る上で、欠かせないアイテムの1つだと思います。

※平積み：レコードや CD などを、平台などの上に積み上げるディスプレイ方法。ある程度の枚数がないと出来ないため、イニシャルの多いヒットものや、店として力を入れてプッシュしている作品が平積みされるため、ユーザーからすればその店の目指す方向性を感じ取ることが出来る。

●店内BGMの重要性

土橋：そういう出来事が既に「クアトロWAVE」では起こっていたっていうことですよね。それから当時の「クアトロWAVE」では、例えばピチカート・ファイヴのルーツにあるようなソフト・ロックとか、映画音楽とかクラブ系も含めたものが大展開されていて、それを見に来た若い世代…1960年代の洋楽を再発で知ったり、クラブ・ミュージックの中の要素としてそこに辿り着いたような世代の人達が面白がって、見つけに来ていましたよね。再発もので一番売れたのは、ロジャー・ニコルズとかA&Mレーベル関係ですか？

石山：もちろんロジャニコやA&M関連はかなり売れましたが、何かが突出して売れたというよりは、再発ものは全部がそれなりに売れていたんですよね。いわゆるモンドというか色物的なものまで。お客さんもすごく熱心だったから、例えば店内のBGMでちょっと面白いものを流すと、速攻でそれをレジに持ってくるみたいなこともありましたし、「これ、何ですか？」っていう問い合わせも次々あって。反響がダイレクトですから、各バイヤーは自分の担当しているジャンルの音楽をかけたいじゃないですか。それで水面下の戦いがあって（笑）、それから喧嘩しないようにっていうことでBGMのタイム・テーブルが出来たんですよ。

土橋：それはすごい！店内BGMにタイム・テーブルがあったんだ！

石山：そうなんですよ。ある時までは適当にかけていたんですけど、そのうちにBGMの取り合いになっちゃいけないからっていうことで、マネージャーの中嶋さんがタイム・テーブルを作ってくれて。

土橋：でもそれだけの影響力があったということですよね。

石山：そう、本当に店内BGMは影響力がありました。かけると即座にレジに、みたいな雰囲気でしたから。

土橋：それだけお客さんも真剣に聴いてくれていたっていうことですよね。

石山：真剣でしたよね。中にはシュークリームとか差し入れを持って来て下さる方もいたりして。特に荒木さんには、仲良くなって色々と情報を教えて欲しいっていう方がいっぱい（笑）。

土橋：まさにバイヤーにお客さんが付いているっていう象徴的な出来事ですよね。

鷺尾：そうだね。僕らが高校生の頃、小さなお店の店員さんと仲良くなるっていうことがあったけど、それが違った形で拡大再生産されてみたいなことなのかも知れないね。本当なら東京のど真ん中で、そういうことが一番起きていないような渋谷で、そういうことが実は起きていたんだね。

石山：まさにそうだと思いますね。

鷺尾：今はそういうことをするのは難しくなったのかも知れないけど、でも今、そういうことが出来たら逆に面白いだろうね。

石山：そうですね。お店はお客様ありきっていうのは当然だとは思うんですけど、何て言うか、当時はちょっと違っていたような気がしますね。もしかしたら、最後の良い時代だったのかも知れません。

鷲尾：商品力があって発信力があれば、それが可能なんだよね。アパレルのお店なんかもそうだけど、僕らがそこへ行くときはお店の人から学ぶっていう感じだったんだよね。だからお店の人は先生。レコード屋の店員さんもそうだったんですよね。井上修一さんが「すみや」の横浜店や渋谷店にいたときもそうで、「学びに行く感」があるわけよ。学生の僕らからすれば。

石山：そうそう、それが言いたかった（笑）。

鷲尾：それが少しずつ段々と変わってきちゃってね。僕は今、静岡に住んでいるんですけど、静岡にアパレルで長くやっているセレクト・ショップがあって、そういうお店の店主さんって今でもそういう方みたいですよ。その店に来るお客さんっていうのは、決まった店員さんにコーディネートしてもらう、或いはその人がセレクトしてきたものを、季節の変わり目の時期に見に行くのが楽しみっていうか。

石山：ファッションの世界ではまだ、そうなんですね。カリスマ店員みたいな。

鷲尾：お店の規模がそう大きくならない限り、例えば（支店も）２～３店だったら感度も維持出来るから、そういうことが可能なんでしょうね。だから「クアトロ WAVE」も個人商店みたいにバイヤーさんがそれぞれ商品を並べているっていう感じが強かったから、感度が高かったんでしょうね。

石山：そうかも知れないですね。まさに個人商店の集まりのようでしたから。

鷲尾：同じ「WAVE」のグループでも、例えば「ディスクポート」とかの中型店になるとまた違ってきたんでしょうけど。

石山：「ディスクポート」ではちょっと難しかったでしょうね。だからこそ「クアトロ WAVE」で好きにやらせてくれたことに感謝していますし、ラッキーだったなと。

鷲尾：そこで働いてる人も楽しいし、買いに来てる人はもっと楽しいだろうし。

石山：周りに尊敬できる先輩バイヤーがいっぱいいたから、私も大きな影響を受けましたし、すごく勉強させてもらって幸せだったと今更ながらに思いますね。本当に面白かったですから。変な人ばかりで（笑）。

鷲尾：まあレコード屋さんの店員には、昔は変な人しかならなかったんだよ（笑）。それが変じゃない人がなるようになってから、つまらなくなっちゃった（笑）。

石山：1990 年代に『エンパイアレコード』っていうユニークな店員だらけのレコード屋を舞台にしたハチャメチャなアメリカ映画があったんですが、当時仲の良かったスタッフと「クアトロってエンパイアレコードみたいだよね」なんて笑ってました（笑）。

鷲尾：企業の中にそういうのを分かってくれている人が上にいれば、そういう人達の個性を野放しにしてくれて、それで帳尻だけは合わせなさいよっていうことでね。

石山：まさにその野放し！それだったのかも。最後さえ合ってれば、何やってもいい。面白ければいいよって。

鷲尾：帳尻を合わせることをいつも考える人と、好きにやる人とのバランスが取れていれば良いんですよね。どちらかだけでもダメでね。

土橋：「クアトロ WAVE」ってそのバランスが良いお店だったんですよね。

石山：まさにそうですね。

鷲尾：地元の人だけを相手にしているんじゃなくて、都内の一等地で渋谷っていう大商圏で、それこそお客さんは北海道からでも来るかも知れないっていうエリアだからこそ成立する、自由奔放な店作りが可能だったんだよね。

土橋：それこそ北欧からもお客さんが来る（笑）。それはあの渋谷っていう立地だからこそ出来た部分もありましたよね。ユニークで個性的なバイヤーさんが沢山いて、そういう意味では「WAVE」の中でもあのお店はちょっと違った立ち位置でしたね。

石山：「六本木 WAVE」よりはちょっと敷居が低くて、若いお客さんも来やすかったんじゃないかなって思います。

土橋：そうなったのは、勤めていたバイヤーさんの性格によるところが大きかったんですかね？

石山：それは多分、中嶋さんのキャラクターによるところが大きかったのかも知れませんね。今思えば。

鷲尾：そうですよね。一番上にいる人の色って強く出るから。小さな店ならもちろんそうですけど、大きなお店でもヘッドが代わると全然雰囲気が変わりますからね。好きなようにやっていい雰囲気と、そうではない場合とね。

石山：そうなんですよ。私、「WAVE」では上司に恵まれてて自由にさせてもらってたんですけど、それでも上に立つ人によって現場の空気はだいぶ変わるものなんですよね。「クアトロ WAVE」の 2 階の場合は中嶋さんのキャラクターもあって、ああいう店になったんだと思います。中嶋さんは「WAVE」の中でもかなりの有名人でしたけど、すごくフラットな考えの方で、タメ口で話せちゃう。逆にいじられキャラみたいなところもあったので（笑）、その雰囲気が良い形で作用していたのかも知れないですね。

土橋：やはり人ありきですよね。

石山：そう、人ですよね。

土橋：当時、僕は池袋店にも時々通っていたんですけど、同じ「WAVE」でも「池袋 WAVE」は全然違った雰囲気のお店でしたね。

石山：「池袋 WAVE」はお店の作りも面白かったですよね。ちょっとアミューズメント・パークみたいで。

土橋:東口の路面店だった頃は、面白い店でした。路面店最後の頃、入って左側にはアナログの、それもインディーズのコーナーがあって、ミント・サウンドのレコードが並んでいたり、下の階に下りるとぐるりと一周まわれたりして。

石山：そうそう。でもその後、西武百貨店の上の階（※）に移っちゃったんですよね。実は私はあまり「池袋 WAVE」のスタッフとは接点が無かったんですよね。何となく池袋派と六本木＆クアトロ派みたいな感じがあって。

土橋：ということは例えば六本木店やクアトロから池袋店に異動みたいなことはあまり無かったんですか？

石山：あ、でもクアトロに元池袋店のバイヤーもいたから、そんなこともなかったのかな。

土橋：「WAVE」は例えば高槻とか伊丹とか関西にもあったじゃないですか。その場合、スタッフは現地採用だったんですか？

石山：正社員は東京で採用で、アルバイト…当時は「メイト」と呼んでましたけど、「メイト」は現地採用が多かったと思います。そこから社員になった人もいました。新入社員の時に東京から地方に行って、その後東京に戻ってきたっていうパターンもありましたね。

土橋：当時の「WAVE」は各地にもありましたよね。

石山：あの頃は、札幌や梅田にもありましたね。

土橋：大体パルコや西武百貨店のあるところには「WAVE」が入ってましたよね。東京でも吉祥寺とか。

石山：そうですね。「ディスクポート」は浜松、宇都宮、大津なんかにもあって。

鷲尾：松本にもありましたよね。

石山：「松本 WAVE」！ありました。

※西武百貨店の上の階：1995 年 6 月 21 日に池袋 WAVE は、明治通り沿いの路面店から池袋西武百貨店 12 階へ移転した。

鷲尾：でもさっきから度々名前が出てくるマネージャーの中嶋さんは、やっていてきっと楽しく、それでいて良い意味で気分的に楽だったと思いますよ。それぞれのバイヤーが自由に考えて、自由に仕入れて、自由に売ってくれるわけじゃないですか。それを俯瞰して、そのトータルで帳尻を合わせるのは、めちゃめちゃ面白い作業だったと思いますよ。カテゴリー毎の担当者が、商品に対して前のめりでよく分かっている人が多いと、その上で数字の管理をしている人はすごく楽なんですよ。例えば今月は仕入れが多くて在庫が膨れそうだったら、ちょっとその部分だけ注意するだけで良いからね。そういう人は売る力があるから。例えば仕入れを少し抑えても、今あるものをきちんと売り切ることが出来るんで、ちょっと見ているとすぐ（在庫を）収めてくれるから楽なんだよね。

土橋：それは専門的な知識と売る力があるから出来ることですね。

鷲尾：そうそうそう。

石山：なるほど、そうですね。

鷲尾：だから何も商品について分からない人に数字のことを言い続けても、どうやって売ったら良いかが分からないから。「あなたの担当のカテゴリーの商品が多いから、少なくしなさい」って言っても、どうして良いか分からないんだよね。でも「WAVE」のバイヤーさんなら、その中身まで指示しなくて良いんだから、楽だよね。それでまずいところが出てきたら、ちょっと修正するだけでいい。

石山：確かに中嶋さんは、いつも楽しそうだった（笑）。話の分かる方だったし、めちゃめちゃ音楽愛が強い方でした。

鷲尾：レコード屋さんにはそれが無いとね。そうしないとお客さんとの共通項が無くなっちゃうから。

石山：あと、お洒落なものに対してのアンテナが高かった。音楽とは関係ないですけど、いつもグッチだったかプラダだったかの靴を履いていらっしゃったのを憶えています（笑）。

土橋：でもそういうものがそのまま「クアトロ WAVE」の色になっていたんですよね。

石山：そうですね。恐らく中嶋さんは最後まで商品にもっと関わっていたかったんじゃないかな。もちろんマネージャーとして忙しくなったから、私に振ってくれたんだと思いますけど（笑）。

土橋：当時「WAVE」の商品センターみたいな倉庫がありましたよね。西武線か東上線だったかの沿線に。「厚木 WAVE」がオープンするとき、僕はその（テイチクでの）担当だったんで、その倉庫に行って開店用の品揃えの準備をした憶えがあるんですよ。

石山：それっていつ頃ですか？

土橋：1992 年だと思います。

クアトロ WAVE 閉店セール前日の２階売場。これはオールディーズ・コーナー。エンジェルスやシャングリラスなどが見える（1997 年２月１日撮影）

これも閉店セール前日のオールディーズ・コーナー。ナンシー・シナトラ、ルル、ダスティ・スプリングフィールドなどのCDが見える（1997 年２月１日撮影）

石山：江古田にあったんでしたっけ？「クアトロ WAVE」のオープンの時は、私もそこで作業をした気がします。すごく寒かった憶えが（笑）。東戸塚店の開店準備は、大宮でしたね。「大宮 WAVE」の上の階だったかに倉庫があって。

土橋：「厚木 WAVE」オープンの時は、各メーカー毎にチェック・リストを見ながらオーダーする商品を、当時の大内（功）店長や担当と商談しながら一緒に決めて、それで商品を一旦その倉庫に入れて確認する、みたいな作業をしたと思います。それで何回か行きましたね。多分、西武系の物流倉庫だったんでしょうね。

石山：よくそういうことを憶えていますね（笑）。

土橋：話していて急に思い出しました（笑）。

●「クアトロ WAVE」独自のアナログな店作りと、QUATTRO 60's NIGHT の開催

土橋：そう、思い出したと言えば、「クアトロ WAVE」の２階にノートを置いてたでしょ。クアトロ・ノートみたいなものを。お客さんが買ったものの感想とか、こういうものを仕入れて欲しいとか、自由に書けるノートが。

石山：今振り返るとちょっと恥ずかしいかも（笑）。何だか交換日記みたいで。

土橋：普通に買いに来た人が「このアルバムが良かったから、このアーティストの旧譜も揃えておいて下さい」とか、「この CD を探してるんですけど」とか自由に書いていましたね。

石山：それ、私がやってたんだっけ？（笑）。中嶋さんがやっていたんじゃなかったのかな（笑）。

土橋：でもそれって面白いなって思いましたよ。

鷺尾：お客さんの中には、店員さんから認知してもらいたいっていう人がいるんですよね。

石山：そう、確かにいっぱいいました。

鷺尾：私のことを見て欲しいっていう人が意外といるんですよ。そういう人達にとって、そのノートは有効だっていうことなんでしょうね。

石山：当時は全てに手作り感がありましたよね。

土橋：ああいうスタイリッシュなお店の割には、って言っては失礼ですけど、実際にはすごく手作り感もあって。キャプション・カードなんかはその最たる例ですけど、バイヤーさんが手書きでコメントを書いて、それを商品と一緒に貼って並べるっていうのは「タワーレコード」でもどこでもやっていましたけど、買う側からすればそれを見て買うか買わないかを判断する大きな材料であり、このバイヤーさんがここまで推しているんだったら買ってみるか、っていうこともあったと思うんですよね。それで試聴して良ければ買っちゃうんです。カーディガン

ズなんかもまさにそうだったと思うんですが、それに反応してくれる人も多かったんですよね。

石山：そうですね。キャプションに反応してくれる人がいると嬉しかったな。数種類の色ペンを駆使して、頑張って書いてましたよ。

土橋：それと「クアトロ WAVE」でイヴェントもやっていましたよね。池さんの仕切りで。

石山：イヴェント！実は切っ掛けは、荒木さんがやっていたクラブ・イヴェントなんですよ。私の中ではクラブと言えばいわゆるクラブ・ミュージック的なものしか掛けちゃいけないんだろうっていうイメージがあったんですけど、荒木さんのイヴェントに遊びに行ったらネオ・アコやインディ・ポップでみんなが楽しく踊っていて、「こんなことも出来るんだ」って感激して。それで私が担当していた 60's ガール・ポップやソフト・ロックでイヴェントを作れたら良いな、面白いだろうなって思ったんです。確か 3 回ぐらいやりましたね。

土橋：その 1 回目に行ったんですけど。

石山：来て下さったんですよね！あの時は結構お客さんが入ってくれてビックリしました。

土橋：下北沢の BASEMENT BAR で朝まで。

石山：そう！よく憶えてますね！

土橋：入ってセンターの上の高いところに DJ ブースがあって、左側がカウンターで、フロアの後ろの方にはボックス席もあったりして。

石山：あのイヴェントには中嶋さんもすごく協力してくれました。お店主導ではなく個人的にだったんですけど、でも一応断りを入れないといけないと思ってお伺いを立てたら、良いよって快諾してくれて。それで中嶋さんも（配布するカセット・）テープをダビングしてくれたりしたんですよ。忙しいのに。

土橋：そのテープ、これですよね（と言いながら『QUATTRO 60's NIGHT! vol.1』と書かれたカセット・テープを手渡す）。

石山：すごい！（カセットの中に封入されている印刷物を見ながら）これ、私の字だ！このレタリング、懐かしい！今だったら大々的にこんなことは出来ないですけどね。封入も中嶋さんがやってくれたんですよ、上司なのに（笑）。今思えばとんでもなく失礼なことをしていました。

鷺尾：でもそれだけ上司と普通に接することが出来るっていうのは、良いことですね。なかなか話すことすら出来ないっていう関係の人も多いから。だからこういうのを見ても、結果的にスタッフを上手くコントロール出来ていたんだよね。さすがマネージャーさんですよね。

石山：人間的にも魅力のある、信頼できる上司でしたね。

鷲尾：でも土橋君は、本当に物持ちが良いんだよね。

石山：私もこれ、持ってないですから（笑）。

土橋：でもそのカセットに入っている曲を見れば、「クアトロ WAVE」２階がどんなお店だったのかが端的に分かりますよね。しかも当時、CD 化されていない曲ばかりですよ。

石山：このカセット、先着で配ったんですよね。50 本ぐらいだったかな？クラブで知っている曲がかかると楽しいじゃないですか。だから２回目の時はなるべくみんなが知っている曲をかけて盛り上がりたいなって思って、売り場にリクエスト・カードを置いていました。

土橋：ありましたね。

石山：それで聴きたい曲を書いて下さいって。それを基にして DJ をしていましたね。だから超手作りですよね。

土橋：でもみんなそういうものを欲していたし、すごく貪欲に探してましたね。この第１回のイヴェントで憶えているのは、当時 The Collectors のベーシストだった小里誠さんに会場で初めてお会いしたことですね。小里さんは DJ として参加されていて。

石山:そうそう、小里さんは直々にノー・ギャラでいいから DJ として参加させて欲しいって言って下さって、個人的に回してくれたんですよ。

土橋:それで夜中にドアーズの「ハートに火をつけて」をかけていたのを強烈に憶えていますね。でもミュージシャンもいて、普通のお客さんもいて、スタッフもいてっていう中で、それぞれ良い関係が築けていた時代でしたよね。

石山：そうですよね。みんなでシーンを盛り上げようっていう感じがありましたね。

土橋：また 1990 年代の前半から中盤にかけては、国内のレコード会社からもソフト・ロックや 60's なんかのリイシューが盛んに進められていた時期だったんで、お店に行くと毎回何かしら新しいものが並んでいましたよね。「こんなものが出てたのか！」とか「これ、遂に初 CD 化されたのか！」とか、そんなものがいっぱいあったから。

石山：「こんなものまで日本盤で！」って、毎月レコード会社の新譜注文書を見ながら驚いてました。

土橋：だからそういうリイシューも含めた音楽の流れとお店のやり方とがピッタリ合っていたんでしょうね。ここにある『SUBURBIA SUITE』（1993 年夏号）なんかも裏を見ると A&M のアナログ盤での再発の、レキシントンの広告が載っていて。

石山：懐かしい！まさにこのまま「クアトロ WAVE」の２階でフェイス（陳列）になっていたものばかりですね。そんな時代でしたね。

土橋：最近は雑誌やテレビ、ラジオなんかでもしきりに渋谷系再評価みたいなことが謳われていますけど、その表面的なところだけではなく、深いところにはこういった洋楽の、かつては知る人ぞ知る存在だったポップスやサントラ、ブリティッシュ・ビート、それに 1960 年代後半ぐらいのソフト・ロックやサイケとかがいっぱいあったんですよね。

石山：渋谷系と呼ばれるアーティストの元ネタがね。

土橋：その再発を長門芳郎さんとかがガンガンやっていた時期だったから、その CD を聴いてまた新しいファンが付いてくる、そういう人達が「WAVE」に行く、っていう構図でしたよね。

石山：そうでしたね。良いサイクルが出来ていたのかも知れないですね。

土橋：これは「クアトロ WAVE」が出来るちょっと前の 1991 年秋に発刊された『POP・IND'S』VOL.7 [No.8]（河出書房新社・刊）なんですけど、ピチカート・ファイヴの特集号で、ここに「PIZZICATO FIVE BEST 200 DISC」っていう記事があって、僕らよりもちょっと下の世代の人になると、これを見ながらここに掲載されているアルバムのオリジナル盤をレコード屋さんで探すっていうのが、ある意味ステータスだったっていう話を時々聞きますね。ここには高浪（慶太郎）さんと小西（康陽）さんが対談しながら挙げたタイトルが載っているんですけど。

石山：これ、すごいですね。どれもこれも一度は売った記憶があるタイトルばかりですね。

土橋：でも 1991 年ですとまだ CD 化されていないものもかなりありましたよね。

石山：そうですね。CD 化は何年か後ですよね。

土橋：この特集に並んでいるものは、まさに「クアトロ WAVE」の 2 階に並んでいたものですよね。

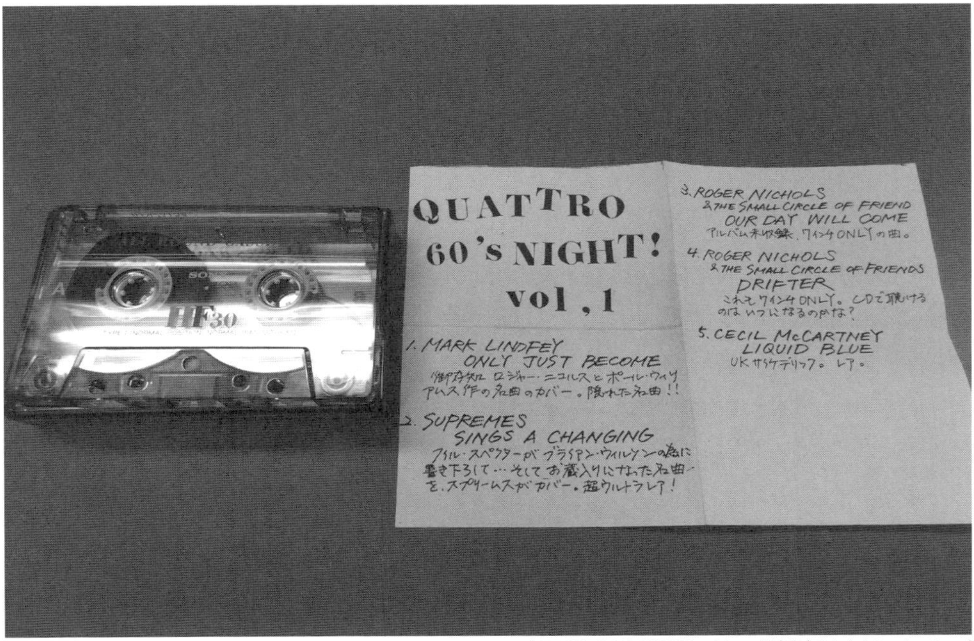

「QUATTRO 60's NIGHT! vol.1」で限定配布されたカセット・テープ

石山：まさにそうですね。

土橋：これはその前、1989年まで南青山で営業していた「パイドパイパーハウス」で扱っていたものとも共通するんです。ロジャニコもそうですけど、輸入のカット盤とかで。

石山：そういった流れの先に「クアトロWAVE」がオープンしたわけですね。

土橋：その「パイドパイパーハウス」で知識を得て、聴いていたのが小西さんや高浪さんたちで。その人達が今度は雑誌なんかの媒体で発表することによって、また下の世代に伝わっていく。そこで知ったまた新しい世代が今度は「クアトロWAVE」なんかに買いに行き、さらに調べて他のものへも広がっていくっていう、そういう幸せな連鎖の構図があったんだと思いますね。

石山：もう当時の若い子たちはみんな、本当に新しいものとして聴いていましたよね。新譜を買うような感覚で。

鷲尾：でもそれは、実は昔から繰り返されているパターンなんだけどね。

土橋：一時期に急に出たわけではなくて、全部前からの繋がりがあって、サイクルが出来て回っているんですね。

鷲尾：僕らの時代だと、最初に新譜を買って、ラジオを聴いてチャートを追いかけているでしょ。そのうちに何かの弾みで、オールディーズっていうものがあることに気づくんですよ。『ニューミュージック・マガジン』か何かを読んでいて。僕の場合、オールディーズっていうものを意識したのはジャン＆ディーンだったんですけど、彼らの音楽を初めて聴いた時にビックリしたわけ。なんて格好良いんだろうって思ったんだよね。そうなると、自分の先にある音楽だけじゃなくて、自分の後ろにも沢山の音楽の宝物があることが分かってきて、それで後ろを振り返って掘り始めると、際限が無くなるんだよね。それに気づいた人は、レコード屋さんにとって良いお客さんになってくれるんだよ。

土橋：そのうちにジャン＆ディーンとビーチ・ボーイズとか、横の繋がりが分かってくると尚更ですよね。

鷲尾：だから自分が今まで好きで聴いていた新しい音楽と似通ったものが、そういう古いものの中にもあるわけじゃない。そうなると面白くなるよね。この「PIZZICATO FIVE BEST 200 DISC」に載っているものは、ちょうど僕らが高校から大学時代に聴いていた音楽だね。ここに載っているマグワンプスで思い出したけど、昔、静岡に「マグワンプス」っていうレコード屋があったな。店内にはマグワンプスのアルバムが飾ってあった。

土橋：「パイドパイパーハウス」もそうだし「WAVE」もそうなんですけど、あまり細かくカテゴライズして聴かないっていう感じがありましたね。

石山：そうでしたね。自分の担当で言うと、スルーされちゃいがちな音楽の中に、若い子が面白がってくれるようなものはないかな？っていつも探してました。

土橋:お店の作りもそうだし、これだけっていうような狭い聴き方じゃなくて、「これが好きだったら、こんなものも聴いてみない？」っていうようなお店からの提案があったと思うんですよ。

石山：そうですね。それぞれのジャンルのイチ推しコーナーとは別に、全てのジャンルの中から選りすぐった商品を置いたレコメンド・コーナーもありました。それは中嶋さんがクアトロで一番やりたかったことだと思うんですよね。

土橋：その中にはソウルもあればソフト・ロックやボッサもあるみたいな。

石山:そうそう。全てがごちゃ混ぜで。良い音楽なら、ジャンルを超えてセレクトするみたいな。ごちゃ混ぜだけど、センスの良さは共通していて。

土橋：特にボッサとかは、本来ならワールドのコーナーなんでしょうけど、でもA&Mからも出ているし、ソフト・ロックとも繋がりが深いんで、そういうものが横に並んでいたりすると思わず手を伸ばして試聴したくなりますよね。

石山：思わぬものに出会えるワクワク感っていいですよね。

土橋：それにアナログのリイシュー盤も、アメリカのライノなんかから出ていましたし。

石山：アナログも相当売りましたね。特に若い子がすごく買っていきました。

土橋:1階にクラブ・ミュージックのアナログ・コーナーがあったし、近くには「マンハッタン・レコード」や「DMR（ダンス・ミュージック・レコード）」もありましたし、ちょうどアナログがクラブ・ユースを中心に若い人達にも広がっていた時期でしたよね。

石山：1990年代のクラブ・ブームと重なっていましたよね。当時、お店が終わってから、店のスタッフがDJをするからっていうんで、しょっちゅうクラブに行っていた憶えがありますね。それでフラフラになりながら、次の日の朝、出勤したりして。毎日がお祭りのようでした。話していて思い出しましたけど、渋谷の「CISCO」とか他のレコード屋のバイヤーさんとの飲み会なんかもありました。誰かが音頭を取って意識的にやっていたのか、自然発生的なものだったのかは分からないんですが。元「WAVE」の人が色々なレコード屋さんにいたから、その辺の繋がりだったのかな。

土橋：それから当時、例えば先ほどの『SUBURBIA SUITE』や『米国音楽』とかの音楽雑誌も置いていましたけど、こういう雑誌の存在も大きかったですよね。

石山：『SUBURBIA SUITE』は、古い音楽を新しく聴くっていう価値観や楽しみ方を広めましたよね。久しぶりに見ましたけど、『SUBURBIA SUITE』や『米国音楽』は、今見ると手作り感がありますね。当時はそれを意識したことは無かったんですけど。

土橋:それはまだ、パソコンを使ってレイアウトを組んでいないからですよ。版下に写植を貼っていた手作業の時代ですから。

石山：味わいがありますよね。

土橋：当時はカーディガンズと一緒に、例えばあまり他では売っていなかったトーレ・ヨハンソンがやっていたディヴァイン・デニスとか、ソープ・レコードのエッグストーンやワナダイズとか、『米国音楽』のような雑誌とかが並べられていて、ついつい一緒に買っちゃうんですよね。今、こういうお店があったらなって思うんですけどね。

●これからの音楽の聴き方と、パッケージ商品の未来

石山：どうなんでしょうね？今の若い世代は、ルーツとかを探って聴くのかな？

鷲尾：もう既にパッケージを買わない、知らない世代だから、逆にオルグしたら反応はあるかも知れないね。癖を付ければ、ものを持つことの楽しさは格別だっていうことに気づくかもね。

石山：何でも無料で聴けるのが当たり前、って思っている感じがありますよね。どこからお金が生み出されるのか、考えないのかな？

鷲尾：そういうことは考えないんですよ。ライヴに行くことだけは対価を払うっていう…。

土橋：そしてそこでグッズを買うのが唯一の、音楽にお金を使うことなんですよね。

鷲尾：だからパッケージにお金を使うっていう発想は、本当に希薄になっちゃったからね。娘の部屋にCDが積んであると、娘の友達なんかはビックリしていましたからね。マニアな人なのかっていう見方をされる。それが既に2005年とかの話だから。

土橋：だからパッケージなんか無くてもいい、ダウンロードさえ出来れば、っていう考えなんですよね。

鷲尾：それも違法ダウンロードが問題になるくらいなんだから…。

石山：そうなんですよ。

鷲尾：普通のお店じゃもう無理でしょう。少し視点が変わったお店じゃないと支持されないのかも。

土橋：ものを探しに行く楽しみってあるじゃないですか。先ほどの中嶋さんのレコメンド・コーナーもそうだし、「クアトロWAVE」の2階に行ったら思わぬものまで、それも良いものを見つけて買っちゃうみたいな。そういう楽しみ方って、今はほとんど出来なくなりましたよね。

石山：そう、出来ないですよね。でもこんなことを言ってますけど、私も結局はネットで探して買っちゃったりしますからね。

鷲尾：そう、近くにそういうお店があれば行きますけど、無かったらそうなりますよ。

土橋：でも僕らぐらいの世代だと、まだ昔のショップでの経験を通じてものの良さを分かっていて、その上でネットを使って目的のものを探して買うでしょ。でも若い人達はショップで探す知識も方法も身につけてはいないわけだから、そうすると目的のもの以外の色々な音楽と出会う可能性がかなり低くなると思うんですね。

石山：それはそうですよね。

土橋：出会わなければ買わないわけだから、だからどんどん音楽と出会う確率を下げている気がするんです。

鷲尾：それはそうだね。

土橋：そういうところが、端的に音楽が売れないというところに繋がっていると思うんですけどね。

石山：なるほど、そうかも知れませんね。

土橋：だから面白いアーティストがいたとしても、それを薦めてくるチャンネルとしてはお店からっていうのが極端に減っていて、その分を埋めるソースとして、ネット上のニュースだったりSNS発信の情報があるわけですけど、逆に情報過多で目に触れない可能性も高いですよね。

鷲尾：例えば誰かから「このバンドが良いよ」って聞いて、それで探してYouTubeとかにアップされているものを見るよね。そこで感じるのと、レコード屋さんの店頭に行って何だか分からないけれどそこで聴くのとでは、また何か違う気がするんですよね。

土橋：だからネット上の一方的な情報やお薦めを受けて聴くのではなくて、リアル店舗に通ってそこに並んでいるものの中から自分の勘や経験、知識を基にして選んで聴くっていう能力が段々と低下している気がするんですよ。その楽しさを知らない人がいっぱいいるんですよね。

石山：平成生まれの人達は、もう生まれたときから当たり前にネット環境のある世代ですからね。

土橋：だからこそ今、「クアトロWAVE」のようなお店があったら、すごく面白いと思うんだけど。ネット社会に育った若い人達にとっては、新鮮な発見の連続ですよ。20年前のあの店に、10代の音楽好きな子たちが今行ったら、どういう反応を示すんだろう？すごく興味がありますね。

石山：確かに(笑)。今はお店から発信するっていうことがほとんど無くなっちゃいましたからね。

鷲尾：今やCDプレイヤーを持っていない世代だからね。

石山：そうですよね。パソコンで聴く時代ですからね。

土橋：でもパソコンも最近はCDのドライブが付いていないから。だから家でCDが聴けないんです。

石山：そうだ。もうパソコンですら聴けない時代なんだ！

鷲尾：だからもう CD も、一昔前にアナログが聴けなくなってきた時代と同じようなものになっちゃったんですよね。21 世紀の始まり頃にはレコードを見たことがないっていう子がいてビックリしていたけど、もはやそれが CD になっちゃってるから。

石山：そこまで来たから、むしろアナログなんですよね、最近は。

鷲尾：ひと手間もふた手間もかけて音楽を聴くっていうのが面白いよ、っていうことを教えてあげたいよね。若い人達にとっては、アナログは未知なるパッケージなんだよね。それはそれで面白いよね。

土橋：ちょっと前ですけど、テレビ東京の「WBS ワールドビジネスサテライト」っていう経済番組で、最近のアナログ盤ブームが取り上げられていて、「HMV record shop 渋谷」で店員さんがお客さんにアナログの聴き方から教えているシーンが放送されていて、今やそういうところから教えないといけない時代なんだということに軽いショックを受けたんですね。それでそこでアナログを買った女性の自宅にまで取材に行っていたんですけど、意外とアナログ盤を多く持っていて。でも恐らく、聴くことが主眼っていうよりは、飾ったり持っていたいアイテムの 1 つという位置づけのような気もしますね。

石山：ファンだったら、アナログが出ていたらやっぱり欲しくなりますもんね。

土橋：まあ、アナログのおまけとして CD や、mp3 のダウンロード・キーが付いているっていうものもありますから。

石山：聴くのならダウンロードなのか…。

土橋：でもアナログまで買うっていうのは、本当に熱心なファンだからですよね。でも聴くことが主眼ではないのかも知れないですね。お店に行く楽しみとかに気づいて、お店から情報を得られる環境がもう少しあったら、みんなもっとショップに通うようになって、そうすれば音楽業界も変わるのかも知れないですけどね。だから「WAVE」が無くなったときは、本当にショックで。

石山：私もショックでしたよ。

●「クアトロ WAVE」の閉店と、「WAVE」の終焉

土橋：あれが音楽業界がどんどん落ち始めた時の象徴だった気がするんです。

石山：それは「WAVE」が自己破産した時（※）のことですか？

※「WAVE」が自己破産した時：2011 年 7 月 31 日をもって、WAVE は最後の店舗である大宮店を閉店させ、8 月 6 日には自己破産により倒産となった。

土橋：まず突然「クアトロ WAVE」が無くなった時。それから「六本木 WAVE」が再開発で消えて、「WAVE」が「タワーレコード」に吸収されて、最後は「タワーレコード」から「ノジマ」に売却されて最終的に自己破産したとき。あれを見ていて、本当に悲しかった。まあそれは西武・セゾン文化が縮小・分割されていったのとも関係あるのかも知れないですけどね。パルコも含めた西武・セゾングループの、堤清二さんの考えがどんどん解体されていく過程を見ていて、すごく悲しかった。

石山：本当に悲しかったですね。

鷲尾：それを見ながら、かつてそういうところで働いていた人達はどういう気分なんだろうっていつも思うんだよね。名前だけ残っていたりすると、余計に切ないよね。いっそのこと、名前も無くしてくれた方が良いよね。

石山：まさにおっしゃる通りで…。私は 2000 年に「WAVE」を辞めちゃったんですけど、最後の方のそういうニュースは見たくなくて、それならいっそ無くしてって思ってました。

土橋：ところで 1997 年 2 月 23 日に「クアトロ WAVE」が閉店してしまった、その直接的な原因は何だったんですか？売上げの問題だったのか？他に何か要因があったのか？

石山：あの時、突然聞かされたんですよね。みんなも「えっ！」っていう感じで驚いていました。1993 年 3 月から 1997 年 2 月までですから、4 年もたなかった。

鷲尾：最初出来た頃は右肩上がりだっただろうけど、そのうちに外資系の店とかが出店したり大きくなってきて、翳りが出てきたっていうことですかね？

石山：急激な売り上げの落ち込みはなかったんですが、翳りは出ていたと思いますね。1996 年あたりから。あの店はピークが 1995 年ぐらいで、そこから徐々に…。

鷲尾：渋谷は特に激戦区だからね。

石山：「タワーレコード」さんも（1995 年 3 月 10 日に）移転して大きくなって、「HMV SHIBUYA」もリニューアルしたりして。

鷲尾：例えば僕がその当時にいた「すみや」の郊外店だと、ひと月の売上げが大体 3 千万円ぐらいなんですよ。それでそのうちの 7 割ぐらいがヒットものの売上げなんです。それで残りの 3 割ぐらいが旧譜の売上げ。だからその（ヒットものの売上げである）7 割の部分が、競合店が出てくるとバサッと持って行かれるじゃないですか。まあ 2 割ぐらいまでは売上げが下がっても持ちこたえられるけど、それ以上に下がるともう厳しいってなってくるんです。「クアトロ WAVE」の場合は、もちろんカーディガンズのように独自に売っていたものもあるでしょうけど、いわゆるヒットものもそれなりに売上げはあったんですか？

石山：いや、例えばマライア・キャリーの新譜より、60 年代のリイシューの方が売れていたんですよ。2 階の場合は。だからそう考えると、何で徐々に売上げが落ちてきたんでしょうね？

店のパワーが落ちてきたからかな。それからいわゆる渋谷系が一段落したっていうのもあったのかも知れないですね。もしかしたら旧譜ブームが一気に盛り上がり過ぎたのかも。そこからずっと買い続けてくれる人もいれば、ブームが去ると共に離れちゃった人もいて…。でも閉店まで、2階では(ヒットものの)新譜よりも旧譜の方が売れてましたね。完全に逆転していました。

土橋：まあ元々、そういうお店の造りでしたよね。

鷲尾：それで成立していたのがすごいよね。

石山：成立していましたね。むしろヒットものは「渋谷 WAVE」にお任せっていう感じだったのかも知れないですね。

土橋：それは渋谷に「WAVE」が2店舗あったから、それぞれに色分けが出来ていたとも言えますよね。でも資料を見てみると、「渋谷 WAVE」がロフトの1階から6階に移転するっていうことが1995年9月7日に起こっているんですね。

石山：そういえばこの頃、マネージャー陣の異動も目立ちました。この辺りから状況が変わっていったのかも。

土橋：それにこの直前の1995年7月29日にカジヒデキ君のいたブリッジが解散していて。

石山：1995年って言うと、日本全体を見ても色々なことがありましたよね。オウム真理教の地下鉄サリン事件とか、阪神・淡路大震災とか。社会の変動している時期ですよね。今思えば（広い意味で）そういう影響もあったのかな。

土橋：同じ年の6月21日には「池袋 WAVE」も路面から西武百貨店の12階へ移転しているんです。だからこの年が「WAVE」にとっての大きな転換期だったんですよね。

石山：そうですね。間違いなく転機の年でしたね。

土橋：だから1995年に「池袋 WAVE」が移転して、「渋谷 WAVE」が移転して、1996年の2月22日には「吉祥寺 WAVE」がオープンしていますけど、1997年2月23日には「クアトロ WAVE」が閉店するっていう激動の時期ですね。

石山：私は「クアトロ WAVE」が閉まって、その後「吉祥寺 WAVE」に移ったんです。この1995年から1997年頃って、社会的にも不安感が漂い始めた時期でしたよね。

土橋:それで「タワーレコード渋谷店」が今の場所に移ってきたのも1995年3月10日ですね。この辺りから「タワーレコード渋谷店」も、洋楽だけじゃなくて邦楽の売上げをアップさせるために力をかなり入れ始めて、そういう変化がたくさんあった時期でしたね。

石山：そうでしたね。でもこんなにそういうことがこの時期に重なっていたとは思わなかった。当時は何で「クアトロ WAVE」が潰れなくちゃいけないんだって、憤っていました。

土橋：外から見ていて、あの店が無くなるっていうイメージはありませんでしたから。

石山：でも今思えば、もうあの頃が賞味期限だったのかも知れないですね。

鷲尾：でもその頃はまだヒットものの売上げが堅調で、宇多田ヒカルが大ヒットするのはさらにその後だからね。そう考えると、ヒットものが確実に売れているお店の方が確実に回収は出来ると判断したのかな。そんな時に渋谷に2店あると、どちらかに絞るっていうことになってくるよね。そうするとヒットものを売って売上げを伸ばしている方を残すという判断だったのかな。閉店するとき、「クアトロ WAVE」のマインドを、例えば「渋谷 WAVE」とか他のお店に引き継ぐっていうことは無かったんですか？人も含めて。

石山：それは全く無かったと思いますね。バイヤーも「クアトロ WAVE」が無くなったときに、ほとんど辞めちゃいましたから。ワールド・ミュージックの原田尊志さんとか、荒木さんも。USインディを担当していた小松竜子さんも潰れるちょっと前に辞めちゃってたし。「WAVE」に残った人は、少なかった。だからその精神を引き継ごう、みたいなものは無かったですね。「WAVE」にとっても「クアトロ WAVE」の閉店は大きかったかも知れないですね。

土橋：恐らくお店毎の個性が成立していたから、敢えてそれを変えようとかいうことにはならなかったのかも知れませんね。

石山：しかも「六本木 WAVE」も閉店が決まっていましたしね。1999年の再開発で。だから2000年に入る前には、多分終わりが見えていたんですね。

土橋：あと一般的な経済から言えば、1990年代はバブルが弾けた後ですから、土地や物件の問題もあったんだと思いますね。

石山：暗い時代に入って来ましたよね。

土橋：でもそんな中、音楽業界だけはまだまだメガ・ヒットが出ていて、あまりそういうことを感じていない人も多かったと思うんですよね。でも一般的に見れば、社会も経済も逼迫しつつあった時代でした。

石山：1990年代後半ですと、まだまだミリオン・ヒットが出ていましたよね。

鷲尾：「すみや」でパッケージ・ソフトに翳りが見えたのは、21世紀に入ってからでしたから。1990年代末はまだ新規に出店していましたからね。地方のロード・サイドのお店はまだまだ支持されていましたよね。

土橋：まさに「すみや」はそういう戦略で、大きめの郊外店で、みんな車で買いに行くっていう店を出店したり、リニューアルして増床したりしてましたね。渋谷の場合はヒットものではないものも含めての激戦区だったし、輸入盤と洋楽しかなかった「タワーレコード」がある日突然、邦楽も扱い始めて…。

鷲尾：親会社の大人の事情もあったんだろうね。

土橋：そう「WAVE」は、西武系の動きの影響もあったのかも知れないですね。

鷲尾：全く単体で動いているなら違ったんでしょうけど。

石山：そうでしょうね。「クアトロ WAVE」が無くなって、渋谷の「タワーレコード」に移ったスタッフもいました。

鷲尾：特に外資系には流れましたよね。

石山：そう、元「WAVE」っていう人がいっぱいいましたね。

鷲尾：外資系自体が、そういう人達で成り立っていたから、特に邦楽とかをやり始めた時期には、色々なところから人を集めていましたよね。1993年頃に、僕の後輩が「HMV」に転職したんです。その時に言っていたのは、担当者毎に元「WAVE」とか元「ディスクユニオン」とかの出自があるじゃない。すると「HMV」に入ってもその元いた会社のやり方でやっているって。だからインポーターとの付き合いも、前の店にいたときの関係が生きていて、同じ商品を取るにしても担当者によってインポーターが違ったりするんだって。だからすごく非効率なことをやってますよって。

石山：えっ！それは意外ですね。

土橋：インポーターが違うと、同じものでも仕入れ値が違ったりしますよね。

石山：「HMV」の場合はもっとシステマチックにやっているのかと思ってたんですけど。

鷲尾：もう一人行った人がいて、彼が面接の時に交差比率（※）の話をしたら感激されたらしい（笑）。バイヤーになろうという人達は意外とマニアックな人が多くて、そういう在庫とか数字の管理とかにあまり詳しくなくて。だからたまたま、面接の時に回転率とか交差比率とかの話になって、それで採用されたんじゃないかって言ってたね（笑）。

土橋：特に外資系が伸びてきたときにありがちなのは、会社の枠組みが先に出来てしまって、人は当然後から集めてくるんで、例えば海外の親会社のやり方を日本でも実践するんじゃなくて、しかも開店日が決まっていて間に合わないってなると、当然即戦力になる人を各ディーラー経験者から集めてくるから、そういうことになるんですよね。

鷲尾：当然、徐々に是正されてくるんでしょうけど。

土橋：そう考えると、従来からある「WAVE」や「新星堂」「山野楽器」「すみや」なんかからスタッフを集めてきた方が、社員教育も、それに接客もきっちり出来るし、早かったんでしょうね。

石山：そうでしょうね。

※交差比率：商品（この場合はレコードやCDなど）を販売する場合における効率性を示す指標。どれほどの粗利を上げ、また商品が回転しているかを把握する1つの手段として用いられる。一般的には、交差比率＝粗利益率×商品回転率で計算される。

クアトロ WAVE 閉店セール前日のソフト・ロック・コーナー。この売り場を象徴するリイシュー盤 CD が並ぶ（1997 年 2 月 1 日撮影）

鷲尾：だからうちの会社にいて、ストレスを溜めていた人なんかは、外資系に行ってはつらつと仕事をしていた時期があったね。

石山：それはもっと自由に、自分のやりたい仕事が出来るから？

鷲尾：例えばうちの会社にいて「ソフト・ロックが大好きです」って言っても、極端な話をすれば、死ぬほど avex の商品を売らなきゃならないとか。自分が先頭に立って何でもやらなきゃならないから、あるところに集中して自分の持っているスキルを投下するっていうのがなかなかし辛いんだよね。でも外資系だと容れ物が大きくて、しかも担当が細かく分けられているから、やりたいことを出来るっていうのはあっただろうね。しかも好きなものを上手く仕掛ければ、目に見える形で売れていくし。前の会社だったら引きのない商品が売れたりね。

石山：私もそれで「WAVE」を辞めちゃったんですよね。「クアトロ WAVE」から吉祥寺店、そしてその後にリニューアル・オープンのために川崎店に戻って、最後は 2000 年に東戸塚店だったんですけど、その頃はもう息苦しくなっていて…。「WAVE」という名前はあれども普通のレコード屋さんで、既に本部がハンドリングしている形になっていたから、これはもう潮時だなって思って辞めちゃったんです。まだ体制は変わっていなかったですけど、先ほどの話のようなやり方もスピリットも無くなっていて。でもそれは、本部は本部として生き残り方を探していたからなんですよね。

土橋：その後に「タワーレコード」に売却され、そこから「ノジマ」にさらに売却ですから、本当に大変だったんですよね。

石山：最後の方はキャンドルとか、別の事業にも手を出していましたからね。外から見ていて淋しかったですね。それならいっそのこと潰してくれた方が、なんて無責任に思っていました。

土橋：そうなると、かつての自由にものを売れっていう感じは無いですよね。

石山：そんなことを言える雰囲気でもなかったでしょうしね。

●「クアトロ WAVE」があった時代、そしてこれから

土橋：でも今考えると、「クアトロ WAVE」があった 4 年間っていうのは、音楽ファンにとっても幸せな時代だったと思いますよね。

石山：そうですね。私もそこに関わることが出来たのは、幸せでした。そこで土橋さんと会うことも出来ましたし、色々な出会いがあって、すごく勉強させてもらったと思います。楽しい 4 年間でした。

土橋：だからもう一度、あんな店が欲しいって思っちゃうんですよね。

石山：欲しいですよね。ヴァーチャルでも良いから出来ないかな？ネット上でもいいから。

鷲尾：「パイドパイパーハウス」の岩永（正敏）さんや長門（芳郎）さんとも、まさに同じようなことを話していたんですよ。

土橋：各バイヤーさんがネット上に集まって、それぞれお薦めのものをセレクトして売る店の集合体。そこをみんなが行き来できたら面白いだろうなって。

鷲尾：例えば「Amazon」で買う時って、これが出たっていう情報を得て、決め打ちで買いますよね。でもそれって予定調和というか、あまり面白くない。だから（ヴァーチャルな）店を覗きに行って「何かあるかな？面白そうだな」って思いながら買える環境っていうのがあれば良いかなって思うんですよね。ちゃんとお店の体裁をしていて、今ならCGとかでしっかり作り込んでね。

石山：ちゃんとフロアに分かれててね。

鷲尾：それで店員と会話が出来てね。コミュニケーションが取れるのが良いな。

土橋：あと小さくても良いんで、リアル・ショップも欲しいですね。

石山：そう、元「クアトロWAVE」のバイヤーでレコード屋さんをやっている人が何人かいますよ。やっぱりお店は良いですね。もう一回、店員になりたいな。

鷲尾：店員といえば、昔、1990年代にお店で「スタッフ募集」っていう張り紙を出したりするでしょ。でも僕はそれを剥がして「レコード店員募集」に書き直した（笑）。

石山：確かにその方が良い！

鷲尾：ショップ・スタッフとか言うなって（笑）。俺たちはレコード店員だって。店員っていう響きが僕は好きだった。「スタッフ募集」って言うと美容室とかを思い出すから（笑）。

石山：あくまでレコード屋さんの店員が良いんですよ。

土橋：でもそういう意識の問題ですよね。

鷲尾：いかにも知ってるぞっていう感じの店員よりも、訊けばフラットで淀みなく色々なことが出てきて教えてくれる店員っていうのが堪らなく良いんだよ。僕は横浜なんですけど、「すみや横浜店」に学生の頃に行くと、そこに20代前半ぐらいの店員のお姉さんが何人かいて、訊くと淀みなく色んな情報が出てくる。それがすごいなって思ってたね。

土橋：まさに専門職ですよね。

鷲尾：それで名前が分からないから、「昨日、いかり肩のお姉さんにこれを教えてもらった」とか学校で友達に言ったりして。

土橋：でもそのコミュニケーションが楽しいんですよね。

石山：そうなんです。お客さんから教わることも結構多かったですし。

鷲尾：それが楽しいんですよ。一番上手くお店が回っている時って、店員からお客さんへの一方的な商品のプレゼンテーションじゃなくて、お客さんからも情報が得られる。そうすると新しい商売の種が見つかる。それが大きいんだよね。お客さんの方が詳しい場合もあるから、そのうちに仲良くなると新譜の注文書を一緒に見ながら、お客さんが「これは３枚入れた方がいい。そのうち１枚は僕が買うから」みたいなことになってね。それでそのうち、そのお客さんは「ちゃんと売れたかな？」ってわざわざ見に来たりね（笑）。

石山：まさに参加型ですね（笑）。でもそれって店員さんの醍醐味ですよね。

土橋：お客さんがすごくお店のことを思ってくれてますよね。

石山：そうですね。お店を育ててあげようっていう雰囲気がありましたよね。

鷲尾：沢山のお客さんの中で、自分はこの店にとって選ばれたお客だって思わせるのが大事かも知れないですね。

石山：そう、特別感がね。

鷲尾：お客さんにも色々いて、こちらは認知しているんだけど匿名性を持っていたいっていう人もいますね。こちらからも向こうからも声を掛けたりはしないんだけど、でも定期的に来て必ず買っていってくれる人もいますよね。レジでも普通に接客していて、お互いに顔は知っているんだけど、全然喋らない。でもその人とは何となく噛み合っている感じがあってね。

石山：あと台風の日にわざわざ来て下さる方とかね。どうやって来たんだろう？って心配になっちゃうんですけど、そういう時に来てくれると妙な連帯感が生まれたりして（笑）。

土橋：敢えて雨の日に行くと、お客さんが少ないからゆっくり見られるとか、店員さんと話が出来るとか、そういうことを考える人もいるかも知れない。でも以前は、そういう双方向の良い関係が店頭にはありましたよね。

石山：ありましたね。

土橋：ただ売るんじゃなくて、そのコミュニケーションも含めて、っていう部分がね。

鷲尾：でも21世紀になってレコード屋さんが傾いて来ちゃった時に、これからはいっそのことNPO法人でも作って、レコード屋が儲けるんじゃなくて、文化を育むっていう考え方でやっていかなくちゃダメになるんだよ、っていう話をしたことがある。

石山：そうですね、商売じゃなくてね。でも昔は、どこどこのお店で何を買ったっていうのが重要でしたよね。

土橋:そう、このレコードは「パイド」で買ったとか、この CD は「クアトロ WAVE」で買ったとかって、不思議と憶えていましたよね。その買ったときの風景とか雰囲気も一緒にね。それってネット通販ではあり得ないですよね。買っていたのを忘れていて同じものを２回買っちゃうぐらいですから（笑）。

石山：そうでした。それに高校生の頃とか「WAVE」のグレー地に黒のロゴが入った袋とか、持ちたかったですから（笑）！私にとっては東京の象徴でしたもん。

土橋：ちょっと前の世代になると、「タワーレコード」のあの黄色地に赤文字の袋ですよね。輸入盤を買うのに憧れましたからね。そういうものも含めて、今のネット社会ではコミュニケーションが希薄になっているから、当然ものに対する拘りとか愛情もどんどん薄れてくるし…。

石山：でも今の時代は例えばファッションでも、若い子はユニクロで済ませちゃう。ファスト・ファッションもいいけど、本当に良いものを着ることが出来たら、気づいてくれるのかも知れないなって思っちゃうんですよね。

鷲尾：それは環境ですね。環境によってそういう良いものに触れる機会があれば、多少無理してでもそういうものを求めて行くと思うんですよ。

石山：そうですね。だから一概に若い子達が分かっていないとも言いたくないし。

鷲尾：それは何百年も前からずっと言われていることだし、僕らの若い頃にも言われていたから…。

土橋：そういう価値観が段々と無くなって来ちゃったんでしょうね。僕らの頃は無理してでも DC ブランドの服とか、買ってましたからね。前身黒ずくめの（笑）。

石山：懐かしい（笑）。でもそれが重要だったんですよね。

鷲尾：でもそれは完全に死に絶えているわけじゃないから、そういう人達が音楽に関してももう一回出てくればね。去年、会津に行ったんですけど、お城の近くにあまり大きくない洒落た洋服屋さんがあって、面白そうなんで覗いてみたら、店内で面白い曲がかかっていて、気になって店員の男の子に訊いたら、自分が選んでかけてるんだって。それで何でそんなものばかりかけてるの？って訊いたら、お父さんがそういうものを好きで聴いていたからって言うんで。それで気に入って、そこでトート・バッグを買って来たんですけどね（笑）。そうしたらその人が『ジャケガイノススメ』の本を買ってくれていて、だから土橋君のことも知ってたよ。そういう人がいるんだよ。その彼はたまたまアパレルの方だけど、それを音楽にシフトしてくれれば、そういう人がいないわけでは無いと思うよ。

土橋：『ジャケガイノススメ』を出したときに意外と反響があったのは、例えば地方都市でお洒落な感じのカフェを経営している人とかからなんです。お店に置いておきたいっていうことで買ってくれたんですけど、もちろんカフェですから店内の音楽ともリンクするわけでね。そういう需要が意外とあったみたいですね。

鷲尾：よく地方で町おこしとかやっていますけど、地方から東京へ行ってしまう若い人に話を聞くと、その理由は「地元がつまらないから」なんだよね。田舎だから出て行くんじゃないんだ。「住んでいる街が嫌い」じゃなくて、「つまらないから面白いところへ行きたい」んだって。それなら「住んでいるところを面白くすればいい」っていう話だから、その切っ掛けにレコード屋さんとかがなってくれれば良いなって思うんだよね。同時に、そういうことをやりたいっていう若い人が出て来るのを期待しているんだけど。でも「クアトロ WAVE」的な発想であれば、むしろ立地もさることながら吸引力とか中身が大事で、そこそこ地価が落ち着いている中心よりちょっと外れたところでなら、意外といけるかも知れないなっていうのはあるよね。小さくても良いから、せめて人口 30 万人ぐらいの街に 1 店ずつぐらいでもあれば、だいぶ違うんだけどね。そうするとその周りに色々とくっ付いてくると思うし。それにそういうところへ通う感度の良い子は、感度の良い友達も多いだろうし。

石山：お洒落で感度の良い女の子がサラッと来られるようなレコード屋が今あったら、きっと面白いですね。

鷲尾：最近の若い子は、意外と年寄りにも優しいし（笑）。

土橋：そう考えると、意外と世代間のギャップって無いのかも知れないですね。

鷲尾：若い人も年寄りも趣味さえ合えばあまり歳は関係無いんだよね。20 代が聴いている先鋭的な音楽を、僕らが聴けないかって言ったら、そんなことはなくて、波長さえ合えば聴けるわけだし。若い人に教えてもらって聴いたら良かったっていうこともあるし、その逆のこともある。音楽はあまり年齢を問わない。だからバリア・フリーにした方が良いよね。

土橋：だから若い人も年配の方も、一緒に交流できる場があれば、っていうことですよね。

石山：それがあれば良いんですよね。最近は交流って言ってもネット上のヴァーチャルな世界で、っていうのが多いですよね。会う場所が減ってしまって、どこに行ったらいいのか分からないですからね。

土橋：昔はレコード屋さんでよく会う人っていうのがいましたよね。「Hi-Fi Record Store」に行くと小西（康陽）さんに会うとか、「HMV SHIBUYA」に行くと鈴木惣一朗さんがいるとか、「イケベ楽器」で青山陽一さんに会うとか（笑）。だから「WAVE」が無くなった時はショックだったんですよ。最後の「WAVE」になった大宮店も、うちの近くだから時々行っていて…。

石山：最後は閉店セールですよね。あれは悲しい。「クアトロ WAVE」の時も、1 ヶ月ぐらい前から閉店セールが始まって、もちろん仕入れはストップするから、明らかに日に日に在庫が減っていって。中には段ボールを持ってまとめ買いに来る人もいて、どう見ても同業者だろうとか（笑）。それを見ているのが切なくて。自分が良いなと思って仕入れた商品が 50% 引きじゃ。それで最後は什器がガラガラになって。それぞれのバイヤーが抱えてた商品も全部放出したから、中には珍しいものもありましたよね。

土橋：「六本木 WAVE」閉店の時も、セール３日目に行ったら既に棚はガラガラで、欲しいものはほとんどなくてジョー・ミークの２枚組だけ買って来ましたよ。

石山：閉店って本当に悲しい。

土橋:でも当時の「クアトロ WAVE」や「六本木 WAVE」のようなコンセプトをもう一度見直して、今の時代に合った形の店が出てきたら嬉しいんですけどね。

鷲尾：でも音楽を嫌いだっていう人に僕は会ったことないですから、良い音楽を良い形で普通の人に提供できたら、意外と面白いのかも知れないね。郡上八幡へ行った時に、若い人が潰れた寿司屋を居抜きで使ってカフェをやっててね。僕が行ったときはボサ・ノヴァとか割と洒落たものがかかっていたんだけど、朝７時から営業していて、７時から９時ぐらいまでは地元のおばあちゃん達がいっぱい来て、みんなで珈琲を飲んでいるんだって。それで２階には、昔宴会をやっていたような８畳ぐらいの部屋があって、そこは若い人達のためのちょっとしたイヴェントとかライヴに貸し出しているとか。そういう老若男女を問わず、っていう場所があると良いよね。だからレコード屋さん単体ではダメだったら、そういうものと連携してやれば良いじゃないですか。そういうものを欲しがっている人はきっといますよ。

土橋：いますよ。それに「パイド」とか「クアトロ WAVE」の時代に間に合わなかったっていう僕らよりも下の世代の人達がいて、彼らはきっと行ってみたいって思うはずですよ。その世代にこれからどうやってアピールしていくのかがポイントだと思うんですよね。

石山：なるほど、間に合わなかった世代に向けて。

鷲尾：行政がもう少し、箱物とかを作るんじゃなくて文化に対して思い入れがあったら、面白くなるんだけどね。東京の場合は民間がそれなりに動くからまだ何とかなるんですけど、地方だと行政がちゃんと動いて、例えば傾斜家賃（※）とかの制度にして、若い人が面白がってやれるようなことに対して助成するとかね。東京へ新幹線通学する子のその定期代を補助するとか、そんなんじゃなくてね。きちんと若い人を繋ぎ止めるためのことをやらないと、どんどんつまらなくなっちゃうんですね。魅力のある街作りをすることが先ですよね。

土橋:僕の地元の大宮も、さいたま新都心が出来てそっちにショッピングの流れが移ってしまって、元々の繁華街は寂れてきているんですよ。でも家賃が高いから、若い人がお店を出したくても敷居が高い。それでどうするかって言うと、大宮よりも相場の安い川越にどんどん移っていってしまうんです。川越は「小江戸」って呼ばれる観光都市で、市なんかのバックアップ体制も比較的整っているから、川越の方が個人店だと面白いお店が増えつつありますね。

鷲尾：イヴェントだけをやっていてもダメで、リアルなものを一緒にやらないとね。イヴェントは一過性だから。どこかの地方の街で、空き店舗ばかりになっちゃったからイヴェントをやって盛り上げようとしていたらしいんですけど、ある時それを止めて空き店舗を壊して芝生の広場にしたら、その方がお母さん達が子供を連れて集まって来たんですって。でも今の音楽の話

※傾斜家賃：家賃の設定方法のひとつ。当初の入居時期から一定期間は家賃を低く設定し、居住年などその後の状況に応じて段階的に家賃をアップして行く制度。これにより初期費用が抑えられることが、新規開店を目指す人たちにとって大きなメリットとなる。

をすれば、一時期のヒットものを死ぬほど売らなきゃならないっていう足枷から解き放たれて、「クアトロ WAVE」みたいな本当に良いものだけを薦めて売るっていう店が必要なんだと思うんだよね。ファスト・ファッションがあって、一方でセレクト・ショップがあるんだから、音楽でもそういうレコード屋さんがあったら面白いんだけどね。

石山：先ほどの話にもあったように、レコード屋さん単体じゃ難しいのなら、カフェや本屋さんを絡めてね。あの店であれを買って良かったっていう記憶に残る店が良いですね。

鷲尾：1970 年 12 月 16 日にザ・バンドの『ステージ・フライト』を買ったんだよ。弓道部の試合の帰りに関内の「アトムレコード」で。その日のことは鮮明に覚えてる（笑）。

石山：すごい！そこまで憶えているんですね。

土橋：「クアトロ WAVE」の記憶を持っている人もいっぱいいるはずですから。

石山：でもこうやって考えると、1990 年代も面白い、良い時代でしたね。

土橋：本当にそうでしたね。決して単に「過去は良かった」って言うのではなくて、もう一度あの当時のワクワク感を何らかの形でみんなで共有したいですね。そうすればそこからきっと、今の時代の閉塞感を打ち破る鍵が見えて来る、そんな気もするんです。

クアトロ WAVE 閉店後の 2 階、ワールド・ミュージック・コーナー。壁一面のコラージュを担当者が剥がしている（1997 年 2 月 26 日撮影）

第6章

輸入盤と中古盤を扱うメガ・ショップと、独自のセンスで運営する個人店それぞれの考え方

対談
土田義周（downtown records 店主）
＋
保木哲也（レコファン 商品センター マネージャー）
＋
鷲尾 剛
＋
土橋一夫
2016年7月30日@東陽町／downtown records にて

●神保町のレコード店とラジオのこと

土橋：土田さん、お生まれは何年ですか？

土田：1969年、昭和44年です。生まれも育ちもこの辺り（東京都江東区東陽町）なんですけど、中学生の頃は神保町の学校へ通っていました。

土橋：何かこの辺りとの違いはありました？

土田：神保町は文化度が高いと言うか…例えば周りに普通に古本屋さんとかレコード屋さんがある街なんで、そういうものが溢れていて、だから本当はいけないんですけど、中学生の頃からそういうところに出入りしていて影響を受けましたね。でも当時はまだ中古盤の市場がしっかり出来ていなくて、輸入盤は「ヴィクトリア」のレコード・センターっていうのが、すずらん通りの突き当たりにあって、そこでよく買っていましたね。多分「CISCO」から卸してもらっていた店だと思いますけど。そこは国内盤と輸入盤のお店でした。あとは「石丸電気」のレコード・センターでもよく買っていました。

保木：あの辺りの人たちは、みんな「石丸電気」に行くんですよね。

土田：一番大きいのは「石丸電気」でしたね。

土橋：あと神保町と言えば、その昔に大瀧詠一さんが通われていたんで有名な「ササキレコード」とかもありますよね。

土田：そうですね。「ササキレコード」にもよく行きましたけど、買わないで帰るのがちょっと怖くてね…（笑）。ナイアガラ・トライアングルのサインとか飾ってありましたよね。

土橋：昔のラジ関（ラジオ関東／現ラジオ日本）時代の『ゴー！ゴー！ナイアガラ』の放送（※）を聞くと、リスナーから「中古レコードはどこへ買いに行ったらいいんですか？」っていう質問のはがきが来ていて、それに対して大瀧さんが神保町の「ササキレコード」とか、新宿の「トガワ」とかって名前を挙げているんです。でも自分の足で回って見つけたレコードは一生ものだから、人を頼らないで自分で歩いて探しなさい、っていうようなことを発言しているんですよね。

土田：そうですよね。でも中学生の頃は、あまり中古盤は買えなかったですね。それで高校生になると数寄屋橋の「ハンター」とかを知るようになって、そこからは中古盤を買うようになるんです。

土橋：神保町は古書街ですから、本屋さんに併設してレコードを置いてあるところも多少あったり、あとは「レコード社」とか「TONY」とか歴史のある中古盤屋さんもありますよね。

土田：ただ当時としては、安売りの街ではないんで、比較的値付けの価格が高いと言うか、だからそんなに安くものが買えるっていうメリットはなかったですね。まあ今から見れば勿論、

※『ゴー！ゴー！ナイアガラ』の放送：ラジオ関東で1975年12月29日に放送された『ゴー！ゴー！ナイアガラ』第29回「年忘れリクエスト大会」では、廃盤になってしまったレコードやオールディーズのレコードを手に入れるにはどうしたらよいか？というリスナーからのはがきに対して、大瀧詠一氏は中古盤屋の例としてハンターや、新宿のトガワ、お茶の水のレコード社、ササキなどの名前を挙げている。

安いものもいっぱいあったんでしょうけど。

土橋：それと置いてあるものの多くが日本盤でしたよね。それほど輸入盤の多い街っていうイメージは無いですね。

土田：そうですね。1990 年代になってからですね、輸入盤がかなり入ってくるようになったのは。僕は映画も好きだったんで、映画と連動して音楽を聴くようになりました。その入り口は『アメリカン・グラフィティ』で、古いロックン・ロールに触れて、そこからぐっと世界が開けて行きました。飯田橋の「佳作座」っていうところで中学２年生ぐらいの頃にその映画を見て、すごく感動して打ちのめされて、それですぐに「石丸電気」のレコード・センターに行ってサントラを買ってそれを繰り返し聴いて、そこに出てくる音楽をまた色々と探してっていうことをしましたね。

土橋：確かに映画にはまると、音楽の世界も一気に広がりますよね。

土田：そうですね。映画は情報量が多いですし、特に『アメリカン・グラフィティ』には詰め込めるだけ音楽が詰め込んであったんで、音楽の資料としてもすごく役立ちましたね。

土橋：映画以外に、当時の音楽に関する情報源は何かありましたか？

土田：やはりラジオですね。『ゴー！ゴー！ナイアガラ』は本当に最後の方にちょっとだけ聞けたぐらいだったんですけど…。

土橋：それはラジ関じゃなくて、TBS ラジオに移ってからの時代ですね。

土田：そうですね。それから僕らの世代だと、NHK FM の『サウンドストリート』っていう番組が月～金の帯で放送されていて、あれを一生懸命聞いていました。特に月曜日と木曜日はエア・チェックしてカセット・テープに録って…。

土橋：月曜が佐野（元春）さん、木曜が（山下）達郎さんだ。

土田：そうですね。

土橋：あとその当時は他の曜日は、坂本教授（龍一）とか、甲斐よしひろさんとか、渋谷陽一さんとか…。あの番組は本当に面白かったですね。

土田:すごく勉強にもなりましたね。あとはちょっとだけ格好付けて FEN の『ジム・ピューター・ショー』を聞いてそういうアメリカンな気分に浸ったり（笑）。

土橋：ラジオがすごく楽しかった時代ですよね。

土田：もうラジオが全てというか、大きな情報源でしたね。

土橋：深夜放送とかは聞かなかったんですか？

土田：深夜放送も聞いていましたけど、でも僕らの頃は音楽がメインの深夜放送っていうのはあまりなくて、例えば『ビートたけしのオールナイトニッポン』とか、そういうものは聞いていましたけど。既に糸居五郎さんの番組は無かったですね。

土橋：僕の世代が恐らく糸居五郎さんの『オールナイトニッポン』に間に合った最後の方の世代だと思いますね。月曜２部で、中島みゆきさんの後。1981 年まで放送されていました。確かに 1980 年代に入ると、特に AM はどんどん娯楽性の強い番組が増えて…。

土田：トーク中心の番組ばかりでしたね。

土橋：それこそ TBS の林美雄さんの『パックインミュージック』も 1980 年に終わりましたし、特に AM はお笑いとかエンターテインメント性の強い番組が増えていきましたね。

土田：それこそ女子大生が DJ をする番組とか…。

土橋：文化放送の『ミス DJ リクエストパレード』ですね。その頃に NHK FM で『サウンドストリート』みたいな番組が出来たのは、やはり NHK だったからっていうのもあると思うんですけど、あと AM と FM の色分けというか棲み分けがハッキリしていましたよね。

土田：そうですね。佐野元春さんなんかはニューヨークに渡ってからも現地からテープを送ってきて放送を続けたり、そういうこともしていましたよね。

土橋：そう、確か住んでいたニューヨークのアパートのクローゼットで録音したり。

土田：あと動物園の山羊にインタヴューしたり。自由な番組でしたよね（笑）。

土橋：それと現地のライヴハウスに行って、そこで気になったバンドを紹介したりとか。あれで初めて知った、現地の最先端の情報もありましたね。僕は土田さんの３つ上ですが、ほぼ同世代なんで同じような経験をしていて、特に例えばパブ・ロックとかパンクとか、それまで聴いていなかったものをこの番組を通じて、佐野さんの影響で聴くようになりましたね。エルヴィス・コステロとか、ニック・ロウとか、イアン・デューリーとか、デイヴ・エドモンズとか、イアン・ゴムとか。そういう視野を広げてくれたという功績は、この番組は大きかったですね。

土田：そうですよね。兄貴や姉貴がいる友達は、そういう上の世代からの影響でレコードや音楽に関する情報をいっぱい持っているんですけど、僕は長男なんでそういう蓄積は何もない。だからラジオが兄貴や姉貴的な存在だったんですね。あとは友達と情報交換をしたり。

土橋：1980 年代と言えばやはりまだアナログの時代でしたよね。

土田：そうですね。でも僕は、1980 年代後半から末にかけてどんどん CD が出てきて、アナログが生産されなくなった最後の頃まで、アナログを買っていましたけどね。その時からあまり

CD にはなぜか興味が無くて、この先もずっとアナログを出してくれればいいのにって思っていました。

土橋：CD は、どのタイミングで買い始めました？

土田：アナログが出なくなったタイミングで仕方がないと思って、それからですね。

土橋:1988 年から 89 年ぐらいになると、ほとんどの新譜が CD だけでリリースされるようになって、それでほぼアナログの生産を大手のメジャーレコード会社が止めてしまうのが 1991 年〜92 年頃だったと思いますけど。

土田：まあその後も、いわゆるクラブ系と呼ばれるものだけは細々とアナログが作られていましたけどね。

土橋：そうですね。その頃からは国内のプレス会社が東洋化成だけになりましたから、あとは海外のニューヨークとか、ドイツとか、チェコとかにプレスを発注していましたね。だから 1990 年代からの 20 年間ぐらいはアナログが冷遇された時代でしたね。まあ今はまた復活してきましたけど。

土田：でも東洋化成が残っていて良かったですよね。あの会社が残っていなかったら、今ほどアナログ・ブームも盛り上がらなかったのかも知れませんよね。

土橋:さてリスナーとして音楽好きで、そういう動きをされていたということですけど、その後、音楽に関する仕事に就こうと思った切っ掛けはどんなことだったんですか？

土田：20 歳ぐらいの時に初めてニューヨークに行って、現地の中古レコード屋さんや蚤の市なんかを覗くと、例えば都内のレコード屋さんでは壁に飾ってあるような高額盤が、何分の一かの値段で売られているんです。あまりにも日本とは値段が違うのにビックリしたのと、もし（アメリカでの価格と日本での価格を比べて）そんなに粗利があるのなら、面白そうだから自分でお店をやってみたいなって思ったんですね。商売的に成り立つのではと。

土橋：日本盤の場合はメーカーの定価設定があって、それはもちろん再販制度があって返品制度があるからっていう背景があって、値崩れしないシステムが構築されているんですけど、それでは小売りの側で自由な価格設定は出来ないし、店側からすれば決められた価格で売って、25%ぐらいの利益を得て、その中から経費を差し引いていくとなると、薄利多売でやっていくしかない。だからレコード店を経営していくのは厳しいんですけど、海外はそういうものが無いから価格も粗利も自由ですよね。

土田：そうですね。僕はレコードが好きだったし、粗利が確保できるのならやってみたいなってその時に思いましたね。

土橋：その辺りの考えは、日本にいると意外と思いつかないのかも知れませんね。

土田：そうですね。日本にいたらそういうアイディアは浮かばなかったのかも知れません。僕は 1969 年生まれですけど、でも僕らと同じ世代で意外と神保町なんかでレコード屋さんを個人で経営している人もいるんですよね。「EAST RECORD」さんとか、「ラバーガード・レコード」さん、あと面識はないですけど「TONY」の何代目かの店長さんも多分同い年ですね。だから僕らの世代はそういう中古レコードが商売になるとか、そういうことに影響を受けた最後の世代だったのかも知れません。個人でレコード屋を開くような最後の世代。まあ後になって新しい世代は出てくるんですけど。一旦、その時期に終わっちゃうのかなと。

土橋：まさにレコードの新譜がタイムリーに出ていた時代に色々な影響を受けた、一番最後の世代ですよね。その状況も見ていて、しかも輸入盤や中古盤のことも知っていてっていう。

土田：そうですね。だからそういう方と話してみると、結構同世代の方が多いですね。

土橋：でも今改めて考えると、その世代感覚って大きいと思いませんか？もし 5 歳下だったらまた違っていた気がするんですよ。

土田：そうですね。こういうお店はやっていないかも知れませんね。

土橋：僕も例えば同じ世代のミュージシャンや音楽制作をしている人と話したりすると、「あの時にあんなことがあったよね」っていう共有できる経験があると一気に同世代感覚が広がって、そこから仕事も上手くいくことがあるんですけど、そういう感覚がレコード屋さんにおいても色々と作用するような気がするんですよね。

●「レコファン」への入社

土橋：さてその後は、実際にどういう行動に移されたんですか？

土田：学校を卒業して「レコファン」に入ることになるんです。

保木：新卒だったんだよね？

土田：そうですね。1993 年入社です。最初は色々な仕事をやって、その後は国内盤の仕入れの仕事をするようになったんです。

保木：最初から社員で入ったんだっけ？

土田：最初はアルバイトで入って、それから社員になりました。

土橋：その当時の「レコファン」さんは大人数で一括採用だったんですか？

保木：その当時はかなり新たな出店をしていた時期で、もちろん音楽業界自体が売れていた時期でしたから、割と定期的に採用をしていました。でも同時に一般的には就職難と言われる氷河期がスタートしていた頃でしたので、うちあたりの規模でも例えば 4 大卒で募集すると応募頂ける様な状態でもあったんです。だったらチャンスでもあろう、ということで割と新卒の人を何年か継続して採用していた時期でした。だから 1993 年はアルバイトも含めて何人も採用していましたね。あの頃は輸入盤をかなり仕入れていた時期で、特に新品には力を入れて展開していましたから…。

土田：あの頃は円高に振れてレートがかなり下がってきていましたから、それもあって輸入盤に力を入れていましたね。

保木：そういうこともあって、本部のバイヤーを増員しようという中の一人でした。

土橋：ということは最初から店舗ではなくて、本部で…。

土田：そうですね。だからあまりお店には出ていないんですよ。

土橋：ちなみに「レコファン」さんの 1 号店は下北沢ですよね？あれは何年の出店ですか？

保木：元々、創業時はレンタル・レコード店だったんですよ。その頃は流石に私も知らないですけど、会社としてスタートしたのが 1981 年で、それで下北沢に店を出して…。

土橋：あの下北沢北口を出て進んだところの右側の 2 階にあったお店ですよね？

保木：そうです。ジャズ店とロック店のあった、あの店です。その頃になるとレンタル・レコードも色々な規制が出てきて、それもあってレコードを売った方が良いんじゃないかということになって、中古レコードの販売を始めました。新品を扱うようになったのは随分後ですね。

土橋：僕もその下北沢北口にあった本店には学生時代から通い詰めたんですが、特に新品を扱うようになってからは、輸入盤の新譜が安いっていうイメージが強くて、だから洋楽の新譜が出たっていう情報が入るとまず「レコファン」さんに行く、っていうのは実は今でも変わらないんですけど。そういう方も多かったんじゃないかなと。当時、買い付けはどのような形で行っていたんですか？

保木：私は 1987 年に入社したんですけど、ちょうどその頃から輸入盤の仕入れを拡大しようということで輸入部を作って始めていた頃だったんです。そんな時期だったということもあって入社出来たんだと思うんですけど、その前は僕は「WAVE」にいたんです。「WAVE」の黎明期に 2 年間ほど。普通だったら日本のインポーターを使って輸入盤を揃えるんですけど、「レコファン」では当時はまだ新品のノウハウがあまり無かったんですね。でも僕は「WAVE」でインポーターとの繋がりがありましたから、それを使って輸入盤を入れましょう、って言ったら、「それでは商売にならない。もっと安く商品を引いてくる方法は無いの？」って言われて。経営者もそのあたりはすごくシビアに仕事をしていたので、それで色々と探っているうちに、それなら直接海外と取引した方が良いだろうっていうことになって、それで向こうの業者に直接当たってルートを作ってっていうのをその頃に始めたんですね。それが軌道に乗っていって、かなりの量を仕入れるようになって。ですから価格もかなり安く設定出来るようになって。まあインポーターと同じ仕事ですよね。

土橋：まさにインポーターが直営店を持っていて、自分たちで仕入れた輸入盤を売っているっていう形ですね。

保木：そうですね。でも核になっていたのは中古盤の商売だったんで、大雑把に言えば中古盤である程度の粗利も取れるし、輸入盤はセンセーショナルな値段で出して、半分は宣伝費っていうような考えでした。だからどこよりも安く出そうと。そうすればお客さんが来るでしょう、そこで一緒に中古盤を買ってもらえればいいでしょう、っていう割り切り方をしていました。だからその辺りから安い輸入盤っていうイメージが、だいぶ皆さんに定着しているのかなって思いますね。

土橋：そうですね。それは今でも同じで、あと特に輸入盤は入ってくるのが早いですね。

保木：最初は色々と苦労しましたけどね。ちょっと時間はかかりましたけど、ノウハウも出来てきて、だから彼が入って来た頃にはだいぶその辺りも軌道に乗ってきていてね。

土田：そうですね。まさに入荷したら（売り場に）すぐ出す、みたいなね。

土橋：そのスピード感が、買う側からすればすごく嬉しかったんです。あと、かつて渋谷の東急ハンズの北側に２フロアであったお店も印象深いですね。

保木：あの店ですか。私はあそこにいましたけどね（笑）。

土橋：学生時代、あの店にはよく通っていました。1980年代の後半ですよね。

保木：あそこは２番目の店舗なんですよ。下北沢、渋谷、そして吉祥寺。

土橋：あの頃の渋谷にはさらに色々なレコード屋さんが出店していて、あの近くですと「ディスクユニオン」「タワーレコード」そして「WAVE」「ZEST」、後になって「HMV」とかが出店して宇田川町界隈はレコード店だらけになりますよね。そして駅の反対側には「すみや」があって。でも今考えると、店毎の色分けが出来ていて、例えば「すみや渋谷店」はサウンドトラックの専門店ですし、「WAVE」と言えばワールドものとかクラブ系、「タワーレコード」はオーソドックスな輸入盤店。みんな輸入盤に力を入れていて売上げの中心だったり、例えば「WAVE」には日本盤もありましたけどちょっと尖ったと言うか、インディーズとか他ではあまり見かけないものを扱っていたり。普通とは違う品揃えのお店が多かったですよね。そんな中で「レコファン」さんを見ていると、オーソドックスな品揃えなんですけど、輸入盤はとにかく安くて早く入ってくるし、中古盤も豊富にある。だから学生からするとすごく魅力的なお店だったんですよね。

●「レコファン」独自の視点と海外買い付け

保木：元々、敷居の高い中古盤屋さんや輸入盤屋さんじゃないものをやろう、っていうところからスタートしていますんで、まずレコード袋を綺麗にして、店員にも若い女の子のスタッフを採用して、値段も安くして、マニアックな分類をしないで分かりやすくして、とにかく敷居を低くしよう、だけどものはいっぱい置いてマニアの人が来ても面白い店にしよう、っていう考えがありました。それは今に続く基本的な考え方ですね。

土橋：そういうコンセプトって、実はありそうで無かった気もするんですよね。もちろん下北沢とか渋谷には学生が多いっていう地域特性もありますし、そういうユーザー層とのマッチングも良かったんだと思うんですけど。本部での仕事は、どんなことがメインだったんですか？

土田：僕は国内盤の部門に配属されたんで、その仕入れと、ものが入って来た時の出荷業務、あと時々海外での買い付けの話があると、別部隊に買い付けの隊長がいて、その下に付いてアメリカに行くっていう、そんな感じでした。行き先は色々で、まず最初に本部と現地で下交渉が出来ていて、どこどこのレコード屋さんの倉庫から何万枚持ってくる、とかいう話なんですよ。そういう交渉は先に出来ているんで、僕らは現地に行って、その交渉した時の値段に見合うレコードを抜いてくるっていう感じですね。それから空き時間にその近辺のレコード屋さんに行って、良いものがあれば買い付けてくる場合もあります。

土橋：それは以前からインポーターとしての下地が「レコファン」さんの中に出来ていたからこそ、そういう買い付け場所のノウハウや情報もあったわけですよね？いきなりアメリカに行って、それから交渉するんじゃどれぐらいの買い付けが出来るかなんて予め分かりませんよね。

土田：まあ、そうですよね。

保木：それは本当にケース・バイ・ケースで、向こうが（販売の）広告を出している場合もありますし、こちらからアプローチする場合もありますね。個人のレコード・オーナーがリタイアするから売りたいっていうこともありますし。

土田：どこだったかサウンドトラックの専門店をやっているお爺さんがいて、その方がリタイアされるっていうことで、その在庫を丸ごと買い取ってそれでセールをしたこともありましたね。

保木：あの時はすごい内容だったでしょ。

土田：そうですね。何しろ長年やってきたサウンドトラック専門店の在庫だったんで。値付けしていて、すごく楽しかったですよ。

保木：あれは…サンタバーバラの老夫婦で、すごいコレクターの方がいて、家と別に納屋があって、天井までビッシリとレコードがあるんです。これを全部売りたいっていうことで、それでお宅に伺って買い付けてきたことがありました。それは後にモンドものということで人気が出るようなもので、確か楽器が好きで楽器毎に色々と集めておられて、そういうストレンジなものやムードものがいっぱいありました。あれは面白かったですね。全部で４万枚ぐらいあったんじゃないかな。

土田：昔はそういうところがかなりありましたよね。個人のコレクターの倉庫とか。あとコレクターだけじゃなくて、お店もストックとしてかなりの量を持っていて。トレーラーハウスみたいなお店なんですけど、別棟にある倉庫に行くといくらでもあるんですよ。ニュージャージーの店とか。そこに行ったのは1999年頃ですね。

土橋：まだその時期には、そういうところがあったんですね。僕は仕事で1993年にニューヨークとロサンゼルスに行ったことがあるんですけど、その時はレコード屋さんをかなりたくさん見て回ったんですね。でも街中のお店は、在庫が全然無いんです。まだニューヨークには、例えば「House Of Oldies」なんかをはじめとする専門店には、そこそこ高いですけど良いものがあるんですけど、特にロサンゼルスはほとんど無くて。セカンド・ハンズ的なお店はあるんですが、例えば1970年代後半に出たフィル・スペクター・インターナショナルの編集盤があったとすると70ドルとかそこそこの値段が付いているんです。だからこれだったら日本の方がよっぽどものはあるなって思って帰ってきたものです。

●シングル盤3万枚がある日、店頭に！

土田：まあアメリカも広いですからね。ある所にはありますよ。それからある時、シアトルで安いシングル盤をいっぱい買い付けてきたことがあって…。

土橋：それって、あのシングル盤3万枚の放出セールの時ですよね？

土田：そうです。上司には文句を言われましたけど（笑）、あれは良い思い出ですね。もう使われていないようなまるで廃墟のような倉庫があって、そこに大量のシングル盤が眠っていたんで。そのオーナーはレコード屋さんを何店か営んでいて、もうリタイアするから買ってくれないかっていうことで。店ではLPがメインで、シングル盤はあまり出していなかったみたいで、それでデッド・ストックがずっと大量にあったんですね。

土橋：あの時はある日突然、「レコファン渋谷BEAM店」の店頭に輸入盤の7インチ・シングルが大量に並んでいて！あれはいつ頃でしたっけ？

土田：2000年の秋だと思います。

土橋：あれを見つけて、狂喜乱舞したんですよ！ある日突然、渋谷店の奥のコーナーに大量の段ボール箱と、7インチのシングル盤が3万枚ですよ！

土田：結構面白いシングルばかりでしたね。しかも向こうの倉庫に積んであったシングルをタダ同然で大量に仕入れてきたんで。

鷲尾：あの時は、土橋君から電話がかかってきたのを覚えてるよ。

土橋：色々な人に電話しまくりましたよ。何しろ1枚50円から150円が中心で、高いものでも250円か300円でしたから。

土田：あの時はとにかくジャンル分けとかしないで店に出しちゃったから…。

土橋：何があるか探してみないと分からないんで、片っ端からチェックしましたけどなかなか終わらない。でもそれが楽しいんですよね。久しぶりに興奮しましたよ。その昔、はっぴいえんど時代の大滝さんが晴海埠頭で10円レコード市に出会って大量に買ったっていう有名な話がありますけど、多分こんな感じだったんだろうなって想像しました。僕もこの時に500枚ぐらい買いましたよ。まず店の開店時間に行くと、そこで知り合いに何人も会うんです。音楽雑誌の編集者とか、ライターとかに。僕も黒沢秀樹君とか、ARCHの中村大ちゃんとか、色々な人に電話して知らせたんですけど、ある日店に行ったら青山陽一さんがいたり、とにかくレコード好きな知り合いにいっぱい会いました。一番驚いたのは、佐々木雄三さんっていうエレキ・インストのコレクターの方がいて、佐々木さんがここのことを聞きつけてきて、ある日大量にシングルを買っているところでお会いしたんです。それでこんなにたくさん、どうしたのかお訊きすると、オリジナル・スリーヴが欲しくて買っていると。さすが、コレクターの中のコレクターですね（笑）。

鷲尾：その話、聞いたことあるよ。それはすごいね。

土橋：あの中には、時々かなりのレア盤も混じっていましたね。これが100円でいいんですか？っていうものも。僕はボブ・クルーが手がけた「Dusty」っていうラグ・ドールズのシングルとか、イノック・ライトが手がけたProject 3のものとか、あとはボビー・チャールズの「Small Town Talk」のシングルも100円で！

土田：そうですか。それは僕が値付けしたんじゃないな。僕だったら100円にはしないですよ(笑)。

土橋：そうですよね。あのボビー・チャールズのシングルはアルバム収録のものとは違うヴァージョンだっていうことを知っていたんで。しかもあるお店では壁に飾ってあって6000円してましたから。

土田：それはラッキーでしたね。

土橋：Project 3のインストものなんかは誰も買わないと思ってとりあえず何枚か買って来て、翌日また行ったらその部分がかなり無くなっていたんですよ。それで後で聞いたら、ノアルイズ・マーロン・タイツの武末亮君も同じことを考えていて、そこで買っていたみたいでした。僕の周りでもかなりの人達があのコーナーでシングルを大量に買っていましたから、ファンにはかなり貢献したと思いますよ。でもああいうシングル盤セールって、昔からよくあったんですか？

鷲尾：あったよ。「すみや」に入って最初にやった仕事は、海外から買い付けてきたシングル盤をビニール袋に入れることだったし。横浜店で朝から晩まで誰とも口をきかないで3日間ぐらいずっと(笑)。10坪ぐらいのセール・コーナーに並べるものだったから、かなりの枚数だったね。目の前に欲しいものがあっても、さすがに社員がその場で買うことは出来ないから、それも辛かったね（笑）。

土橋：でも今は、そういう話はほとんど聞かなくなりましたね。特に輸入盤のオリジナルが大量にあるっていうことは。

保木：そうですね。あったとしてもある程度の高い値段ですからね。

土田：今はまたシングル盤がブームですからね。シングルの方が売れるスピードも速いですし。

土橋：でもその買い付けてきたシアトルの倉庫は、お話を伺うだけでもすごそうですね。まさに宝の山ですよね。

土田：でもその時はむしろシングル盤はサーヴィスみたいなもので、買い取りしたものの価格にはあまり入っていなかった気がしますね。他に LP とか買いましたし、向こうとしては持って行ってくれてありがとう、っていう感じだったんでしょうね。

土橋：だからあの値段で店頭に出せたんですね。

土田：そうですね。ラッキーでしたね。

土橋：海外の買い付け以外に、例えば国内買い付けとかはあるんですか？

保木：個人の方からの中古盤の買い取りはあります。また同業者の方からの処分でっていうものもありますね。中古盤を長く扱っていると、時々ビックリするようなものが入って来ますね。よくお店の壁に飾ってあるようなものとかが。意外とそういうことがあるんで、驚きはしませんけど（笑）。特に日本盤の古いもので帯付きで、みたいなものは、売る側の本人は当時買ってそのまま綺麗な状態で持っていただけなんで、意外とすごさを分かっていないこともあるんですよね（笑）。

土田：あと女性のコレクターの方が持っておられたものは、意外と帯付きで綺麗なものが多いっていう気がしますけどね。

保木：そうかな？僕の印象は逆ですけどね。女の人の方が拘りがないというか。

土田：男性はみんな、帯を切って捨てちゃうんですよ。買った時にすぐ。

鷲尾：僕らの時代は帯は切るものでしたけどね。

土田：ただうちの店では、女性の方が帯付きで綺麗な状態で持っているものが、多い気がしますね。

鷲尾：帯よりも、盤の扱いとかは女性の方が荒かったりしませんか？

保木：そうですね、荒っぽいですよ。

土田：そうですかね？

鷲尾：だから僕は学生の頃に女の子にレコードを貸すのは、ちょっと躊躇しましたよ（笑）。

土田義周氏（2016 年 7 月 30 日撮影）

保木哲也氏（2016 年 7 月 30 日撮影）

downtown records 店内。左側のソファのあるスペースで、レコードの試聴が自由に出来る（2016 年 7 月 30 日撮影）

保木:男性のようにレコードを丁寧に扱う、っていう感覚がちょっと違うのかも知れないですね。

鷲尾：もしかしたら女性の中でも極限られたコレクター気質の方は、丁寧に扱うのかも知れないですけどね。

土田：キッチリしている方はいらっしゃいますよ。

土橋：まあレコードを見ると、性格が分かりますよね。

土田：そうですね。帯付き率は女性の方が高いですけどね。

鷲尾：確かに長いことレコード屋さんをやっていると、色々なことがありますよ。静岡の「サウンド・キッチン」で買い取りをすると、時々ファクトリーのかかった、封を開けていないレコードを売りに来られる人がいるそうなんです。当時大量に買っていた方で、それを聴かずにずっと今日まで来ちゃったんだろうね。

土田:うちの店は委託コーナーがあるんですけど、70歳過ぎの近所に住んでいるお爺さんがオーディオ・マニアでジャズがお好きなんですけど、家に来た人にオーディオ・セットで聴かせるんですって。多分1990年代からだと思うんですけど、「石丸電気」のレコード・センターで、当時出た新譜の中でめぼしいものはほとんど買っていて、それでジャズ以外はもう聴かないからっていうことで、今はうちの店で委託盤で出しているんですけど、そこにはほとんど聴いていないシールドのものがいっぱいありますよ。

鷲尾：そういう方、いますよね。まさに何十年も前のレコード屋に入荷したばかりみたいなレコードが今、並ぶわけだから。特にソニーの、上に帯が掛かっているレコードなんかは、あのキャップ帯自体を無くしてしまう人が多いから、それが新品に近い状態で並んでいると壮観だよね。つい最近もアル・クーパーの『赤心の歌』のダブル・ジャケットで、ファクトリーがかかった新品の状態のものが買取りであって。まるで1970年代の初めみたいだよね。

土橋：あとよくコレクターで、同じタイトルを2枚買う人がいますよね。1枚は聴くため、もう1枚は保存盤としてね。

土田：そういうものが、これからどんどん（市場に）出てくると思いますよ。

鷲尾：団塊の世代の方がリタイアしたり亡くなったりすると、そういうものも売りに出されますからね。

土橋：家族の方がそのレコードの価値を知らずに処分しちゃうこともあるでしょうから。

保木：それはもう、始まっている感じですね。何回か今後、きっとそういう波があるんですよ。団塊の世代、そしてその次は僕たちの世代ですけど、レコードをいっぱい持っている人が多いんですよね。団塊の世代よりも一世代下の方が、多分レコードが市場に多く出回っていて、買っている人も多くて。それにその下の世代にもまだまだレコードを購入してきた人達はいるから、アナログはこれからも循環していくんじゃないかと、前から言っているんですけどね。ただ段々とレコードを体験してきた人が少なくなってきた時に、どうなるんだろう？とは思いますけど。

土田：あとは供給量の問題があって、新譜としてアナログがどんどん出ていないと市場に流通する量が先細りになってしまうんでね。だから新譜の供給量がこれから増えればいいなと常々思いますね。

土橋：でもそれには、特に国内のレコード・プレスの環境がもっと揃わないとって思いますね。今は東洋化成の 1 社体制ですから。

土田：あとは新譜のレコードの値段が高すぎて、若い人が買えないっていうのが一番の問題ですね。

土橋：そうですね。プレス工場が増えないことには、価格も独占状態になりますから。でも今のアナログ・ブームって国内のことだけではなくて、例えばロンドンに行っても大物からインディーズのアーティストまで盛んにアナログで新譜を出していますし、それを若い人が買っているみたいですね。

土田：うちの店でも去年ぐらいから、中学生ぐらいの子達が出入りするようになってきていて、まあ僕らが中学生だった頃のようなレコードしか無いっていう状態には戻りませんけど、音楽を聴く選択肢の中にレコードがあるっていう人達がどんどん増えているような気がしますね。

土橋：でも逆にその分、CD が落ち込んでいますね。聴くのは配信で、ダウンロードして聴くっていう。

保木：ものとしての魅力が中途半端ですよね。

土橋：アナログを手に取ってしまうと、ものとして持っておきたいっていう魅力はアナログの方が上ですからね。

土田：高額盤だけじゃなくて、中古なら 50 円とか 100 円とかで買えるものもあるんでね。プレイヤーがないと楽しめないですけど、子供のお小遣いで買って楽しめるものですから。僕らの頃は情報が少なかったんで、それこそジャケ買いとか、雑誌のレヴューを見てとか、それを基にして買うしかなかったんですけど、今はインターネットで試聴する方法があるんで、最近は例えば YouTube で試聴して気に入ったものを探して買うっていう若い子も多いみたいですね。

土橋：YouTube が試聴機代わりなんですね。

土田：まあ、それでも良いのかなって思いますね。

鷲尾：そういう買い方も面白いですよね。

土橋:昔は例えばレコード年鑑的なものか、あとは『ミュージック・マガジン』とか『CDジャーナル』ぐらいしか情報が網羅されたものは無かったですよね。

土田：でも今は興味さえあればネットで検索して、色々なものを試聴できますからね。そうすれば本当に欲しいものが手に入りますから。

土橋：あとはそれをきちんと聴ける環境が家にあるかどうかですね。

土田：そうですよね。昨日もあったんですけど、この店では時々、レコードの買い取りと同時に要らなくなったオーディオを下取りすることがあって、そういうものを10代の若い人限定で無料でプレゼントしたりとか、そういうこともやっているんです。

鷲尾：いいですね、そういう草の根運動は。

土橋：何しろ今は、レコードの針を落としたことがないっていう人がいっぱいいますから。だからそういう活動が広がっていけば良いですね。

土田：うちの店は割と子供が来るんで。

土橋：子供にレコードが回っているのを見せると、興味を持つでしょ。

土田：そうなんです。クルクル回るのものに興味を示すんで、針を落としてみる？とかやって見せるんです。

土橋：それは良いですね。今やアナログどころか、CDプレイヤーが家に無いっていう人も多いですから。パソコンですら、CDドライブが付いていないものも多いんで。それにスマートフォンかタブレットが家では主流みたいですから、家でCDは聴けないから買わないっていう人が激増しているんです。

鷲尾：ところで「レコファン」さんでは、今はアナログとCDの売上げの構成比はどのくらいなんですか？

保木：意外にもCDの方が圧倒的に多いですね。状況としてはCDが落ちてきてアナログが盛り上がってきていると思うんですけど、うちだとまだCDが売れているんですよね。減ったと言ってもまだかなりの数の新譜のCDが出ていますし、だからCDの売上げが激減していると言われる割に、意外と動いているところでは動いているのかなと。

土田：あそこに行けば何でもあるっていう部分で、ユーザーが集まっているんじゃないですかね？

鷲尾：「レコファン」さんに集約されているんでしょうね。大商圏で商売をしていると、小さい店や郊外店はどんどん無くなっていますし、だからそういうお店に集まって来るんでしょうね。客数的にも圧倒的にCDの方が多いですか？買い上げ単価とかは中古のアナログの方が安いですし、CDの方が高いから、グロスとしてはCDの方が売上げが上がると思うんですけど、人数的にはやはりCDを買う方が多いですか？

保木：そうですね。数量的にはCDを買われる方のほうが多いですね。海外ではアナログ・ブームっていうことが何年か前から言われてきていて、ちょっと遅れて日本にもここ数年で来た感じがありますけど、うちの店ではその前からずっとアナログを買われているお客さんがいらっしゃいますね。渋谷には特に沢山のレコード屋さんがあって、それが時代と共に少しずつ減ってきて、その頃に「最後は「ディスクユニオン」さんとうちが残っていれば、アナログを求めるお客さんは来てくれるんじゃないか」って言っていたんです。ところが本当にレコード屋さんが激減してしまって、他にあまり売っているところがないから、来て下さるんじゃないかなって思う部分はありますね。そうこうしているうちに再びアナログ・ブームになって。だからアナログのお客さんは徐々に増え始めていますけど、その一方でCDではデラックス・エディションとかボックスとか色々と出ていますよね。そういうものを毎回必ず買って下さるお客さんが結構な数、いらっしゃいますね。

土橋:それもさっきの価格の話じゃないですけど、特に輸入盤のボックスなんかは「レコファン」さんが一番安いんですよ。だから未だに僕もそうですけど、リリース情報を掴んだら真っ先に「レコファン」さんで探すんですよね。もちろんどこのディストリビューターから仕入れているかによって価格が変わるんで、昔例えばイギリスのアーティストのものだったら、（イギリスが本拠地の）「ヴァージンメガストア」や「HMV」で探すと安いとか、アメリカものなら「タワーレコード」とか、そういうのがありましたけど。最近はあまりそういう価格差は感じなくなりましたけど、それでもまだ「レコファン」さんは安いっていうイメージが強いですね。それと入荷が早い。上手くいけば現地とほぼ同じタイミングで商品が入荷しているっていうのが、「レコファン」さんのすごいところですね。

保木：それこそ「Amazon」で買うっていう手もあるわけですけど、特にボックスとかは現物を見て、買って、ちょっと話をして、それを持って帰るっていうのを皆さんやりたいみたいなんですね（笑）。

鷲尾：まさにそうですね。安いものならともかく、金額の高いものはやはりリアル・ショップで現物を確認してから買いたくなるんですよね。

保木:そうみたいですね。だから有り難いことに、店舗に来て頂いて、予約されるお客様もいらっしゃいますね。

土橋：現物を確かめてから買いたい、っていう気持ちは分かりますね。

鷲尾：最終的には先ほどのお話のように、「レコファン」と「ディスクユニオン」のような、中古と新品の両方を扱っているお店じゃないと、支えきれないかも知れないですね。それなりの立地で、しかも家賃や人件費を考えた時に、やはり粗利が上がらないと。一般的な新品だけだと25%ぐらいしか利益は出ないから。よほどメーカーからの拡売リベートとかで上乗せがあれば別ですけど、新品だけだと厳しいですよね。だから中古との併売が必要ですね。新品は薄利多売して、それで中古で粗利を取る、っていう構図が明解ですよね。それはお客さんにとっても1店で新品と中古の両方から探せるっていうメリットがあるし、売りたい時にもそこで売ることが出来る。僕の友人で、音楽業界に長くいる人間がいるのですが、彼がいつも言っていたのは「そういう店（＝中古・新品併売レコード・CD店）しか残らないんじゃないか」って。

土橋：そうですね。確かに国内盤だけで、しかも新品だけで商売していたら75掛ですからせいぜい利益は25%、その中で色々な経費とかを回していくっていうのは、いくら返品制度があったとしても厳しいですよね。

鷲尾：特に規模の大きい店がひたすら在庫持って新品だけで商売していたら、かなり厳しいと思う。小さいお店は、セレクト・ショップみたいな感覚があるから、それなりにやりようがあるけどね。

土橋：そうじゃなくて、例えばこの店に行かないと買えないものがあるとか、そのためにわざわざ行きたくなるお店、そういうものの方が今の時代には合っているんですよね。

保木：うちは今は横浜と渋谷の2店舗なんですけど、以前はスーパーに出店してみたり、小さなお店や色々な形態のお店があったんです。でも最終的にはわざわざお客さんに来て頂くためには、在庫がいっぱいあって、行けば何か見つかるっていうお店にしよう、っていうことで大型店に集約しました。

土橋：渋谷店の在庫はどれぐらいあるんですか？

保木：アナログだけで、ストックも含めて10万枚以上、CDや他の商品と併せて30万点近いですね。

土田：1日かけても見きれない量ですからね。

土橋：棚卸しは大変そうですね。

保木:そうですね(笑)。かなり大変ですね。渋谷店が入っているビルはちょっと変わった構造で、うちの店が出来る前はそれこそここでラッセンの絵なんかを売っていたんですよ（笑）。それでそのフロアが空いているっていうことで入居したんですけど、フロアが変な形なんですよ。だから什器を並べるのにすごく困るんですね。スクエアなフロアじゃないんで。それで当時、渋谷に3店舗あったのをここに纏めようということになって、各店舗にあった什器を持ってくることになったんですけど、その変形フロアにバラバラな什器を置いて埋めていく、しかもものすごく広いっていうことで本当に色々と試行錯誤して、何年もかけて売り場を作りました。しかも他の店を閉めたりすると、そこで使っていた什器が持ち込まれたりするんで、バラバラな棚を組み合わせて置いていくうちに、まるでジャングルみたいな、ある意味「ドン・キホーテ」みたいな店になりましたね。それが結果的に「どこに何があるか分からない。何かあるかも？」っていう探す面白さを生んだのかも知れませんね。

鷲尾：でもレコード屋さんだけは、不思議と迷わないよね。初めて行った店でも。大体どこに何があるか分かる。スーパーとかドラッグ・ストアだとどこに何があるのか分からなくて探すんだけど。

土橋：そうですね。不思議ですよね。僕もそうです。

鷲尾：僕はよく地方に行くんですけど、その街に着いて初めての場所だったりすると、地図を見て番地を探しながら行きますけど、でも何故かレコード屋さんの場所は何となく分かって辿り着けるんですよね。

土橋：何か不思議な感覚が備わっているのかも知れませんね。

鷲尾：これから「レコファン」もロサンゼルスの「アメーバ・ミュージック」みたいになると良いですね。大商圏の中心部にそういう楽しいお店があって、またこの「downtown records」みたいなそことはまたちょっと違ったコンセプトのお店がその周辺にあって、っていうのが日本にも出来たらね。そういう意味じゃ、地方は全然難しいですからね。

土橋：地方都市のレコード屋さんはここ数年でかなりの数が閉まりましたからね。

土田：ある程度の人の出入りがないと、なかなか難しいですよね。ずっと円安だったんで、うちの店は最近はずっと買い付けに行っていなくて、お客さんなんかからの国内買い付けがほとんどだったんですけど、これが地方だったら出来なかったなと思いますね。

土橋:そうですよね。個人商店の場合、どうやって自分の店の在庫を充実させるかって考えたら、仕入れルートの確保は真っ先に考えなければいけないことですし。

土田:まあ仲間内なんですけど、レコードを売ってくれる人は非常に多くて、(買い取りを) 待ってもらっている感じですけどね。

土橋：そういう体制が出来ていると、一番良いですよね。あと先ほどの団塊の世代の方のお話ですけど、ある年齢まで東京に住んで、リタイアして湘南や山の方に引っ越そうっていう人もいますから、するとそのタイミングでレコードを大量に処分しちゃったり、っていうことが現実的にありますよね。しかも意外な人が意外なところに意外なものを持っておられたりするんですよね。当時買って、今となっては知らない間に激レア盤になっていたものとかね。

鷲尾：あとご本人が亡くなられて、ご遺族が処分するっていうこともありますよね。

保木：そういうこともかなり増えましたよね。

土橋：アメリカの映画にジョン・キューザック主演の『ハイ・フィデリティ』っていうのがありましたけど、あの中でも個人のコレクターの家へレコードの買い付けに行くシーンが出てきますよね。まさにあの世界観ですよね。

●「downtown records」オープン！

土橋：土田さんはいつまで「レコファン」に勤められていたんですか？

土田：1993 年に入社して、2004 年までですね。だから 11 年間ですね。そして翌年にこの「downtown records」をオープンしたんです。

土橋：この東陽町にご自身のお店を構えたいと思ったのは何故ですか？

土田：最初は渋谷でも物件を探してみたんですけど、家賃のことを考えるとマンションの中の一室とかワンルームの物件しか無くて、それに実家も建て替えるタイミングだったんで、だったら地元で店を開こうかなと。昔から地元にレコード屋があるのは良いなと思っていて…。

保木：元々「レコファン」に入社した頃から、将来的には独立して店を開きたいんだって言っていたんですよ。

土田：そうですね。それで少しずつ資金を貯めていたんです。それにちょうど開店したのが 35 歳の時だったんですけど、その辺りの歳が独立するリミットかなって思っていて。それでやってみようと決心しました。

土橋：実際に開店準備期間はどのくらいかかったんですか？

土田：「レコファン」を辞める何年か前から独立しようと思って少しずつ準備はしていましたけど、本格的な開店準備期間は約 1 年ですね。立ち上げの商品に関しては買い付けにも行きましたし、あとは手持ちの在庫も少し出しました。最初はスカスカだったんですけど、オープンしてからは買い取りの持ち込みも徐々に増えてきて、何とか形にはなりましたね。でも店の構成としては、あまり（什器を）ギチギチにはしたくなかったんで、余裕をもって見られるような店にして、それで在庫も定期的に入れ替えてっていうのをやっています。

土橋：店内のディスプレイ、そして什器も空間も余裕があって見やすいですし、まさに理想的な感じがしますね。

土田：楽しく見られる店にしたいなと思って…。

土橋：開店するにあたって、他のお店は見て回りましたか？

土田：そうですね、見て回りましたよ。この店の什器も手作りなんで、だから色々なお店を見て、高さを測ってどれぐらいの高さが良いのか考えたり。もちろん、その場でメジャー出して測らないですけどね（笑）。大体の目星を付けてね。

土橋：この店の什器は全部オリジナルなんですね。

土田：そうですね。

土橋：お店としてどういうものを目指したんですか？

土田：出来れば昔あった街のレコード屋というか、クラシックを除くオール・ジャンルで、あるものだけに特化しないで、買い取りで何が入って来ても対応できるようにしようと。しかも少しだけマニアックな感じの店作りをやっていきたいなと思いました。特定のジャンルだけだと、多分僕も飽きちゃうと思いますし、お客さんも一回りしちゃうと、客入りも売上げも停滞してしまうと感じたんで。どこか風通しの良い店にしたかったんです。

土橋：こういう個人店ですと、逆のパターンもありますよね。極論を言えばマニアの溜まり場みたいなお店とか。

土田：そういう店にはしたくなかった。そうすると例えば子供も来ないですし、老若男女みんなが来て欲しい、そんな店にしたかったんです。最近はお年寄りの方も「演歌のレコード無い？」って来られるんで、まさにそういう方から中学生、小学生、そしてマニアックなおじさんまで大歓迎ですね。まあ、東陽町自体はそれほどアナログ人口は多くないと思うんで、色々な人を呼び込まないとやっていけないですから。でも住んでいる人は多いんで、買い取りも多いですよ。

土橋：在庫は、基本的に中古盤が中心ですよね。それで100%アナログ盤ですよね。

土田：そうですね。新譜は今はほとんど置いてないです。しかもアナログばかりです。

土橋：やはり地元密着のお店を目指すのであれば、地元の方が来やすい環境の店作りが大事ですよね。

土田：そうですね。あとどこで誰と誰とが繋がるか分からないので。一度来られた方が、次のお客さんを連れて来られることもありますし。だからそういう地元の縁は大事にしていますね。

土橋：そうですよね。ちなみにこの近辺には、昔からのレコード屋さんって他にあるんですか？

土田：「ミュージックトーヨー」っていう、僕が子供の頃に行っていたお店は、永代通り沿いの木場寄りにあったんですけど。あとは西友に「ディスクポート」が入っていましたね。でも僕はほとんど、神保町や秋葉原でレコードを買っていたんで、あまりその辺で買った記憶はないですね。

土橋：東京の下町の場合、例えば駅の近くには「新星堂」のようなチェーン店もありましたけど、特に商店街なんかには個人経営のレコード店が多くありましたよね。演歌の専門店ですと浅草の「ヨーロー堂」さんや「宮田レコード」さん、十条の「ダン」さん、小岩の「音曲堂」さん、上野の「リズム」さんみたいなところは健在ですけどね。

保木：そうですね。うちの地元なんかでも普通の個人経営のお店があって、そこの店員さんにはすごく音楽好きがいて、細々とシンガー・ソングライターなんかのレコードを仕入れていたりして、そこへちょっと生意気な中学生が行ってティン・パン・アレーなんかのものを買うと、

「君、こういうもの好きなの？」って話しかけてくれるっていう、そんな風景がありましたよね。

鷲尾：ありましたね。

土橋：でもそういうお店が地元にないと、その後大きくなってさらにレコード屋さんに通う、その切っ掛けが出来ないのかも知れませんね。

保木：1970 年代ですと、あまりそういうものが一般的じゃない時代に、そのお店に行くと一角にちゃんとはっぴいえんどのレコードとかが置いてあるんですよ。そしてムーンライダーズがニュー・アルバムを出すと、ちゃんと入荷している。そんなお店に発売日に買いに行くと、店員さんも覚えてくれて、また次のアルバムも入れてくれる。そういう細々とした繋がりも大事ですよね。

鷲尾：そうですね。ネットの情報は基本的に自分から求めて探しに行くじゃないですか。でもアナログな時代の人間は、そういう点じゃなくて面で音楽を教えてくれると言うか…。そしてそれがパズルが組み合わされるようにどんどんと自分の中の知識として積み重なっていってね。だからお客さん側も、お店に育てられる感じがありましたよね。

土橋：まさに教えてもらって、そこから入って来た生の情報が自分の中で知識の蓄積になるっていう構図ですよね。

土田：それは売る側も同じで、お客さんから教えてもらう情報が多くて、対面販売の店をやっているとそれが楽しいんですよね。

土橋：まさに双方向で情報のやり取りがあってこそ、ですよね。

土田：そう、店側からだけ与えるものではないですからね。

保木：しかもお客さんは詳しいですからね。商売をしているとどうしても広く浅くみたいになりがちですけど、でも 1 つのジャンルを極めているお客さんには敵わないですからね。だからそういうときには教えてもらっちゃうんです。

鷲尾：そう、お客さんに育てられますよね。

土橋：またお客さん側からすると、情報の得られるお店には集まって来るんですよね。今の時代はネットが発達していて情報が氾濫しているんで、いくらでも検索をかければ情報は得られるんですけど、ただ情報が多すぎて流されてしまうとか見逃してしまうっていうこともあって、しかも中には間違った情報も平気で流されているし。そうなると、信頼の出来る方に直接会って話を聞いた方がいいなと思うんです。その辺りのコミュニケーション手段も、アナログの復活と共にもう一度見直されてくると良いですよね。あまりにもみんながネットの社会に浸りすぎているんで、その反動もあってリアルなコミュニケーションを求めている人も増えている感じがありますね。

downtown records のディスプレイ。店外からもガラス越しに、飾られているレコードが見えるようになっている（2016 年 7 月 30 日撮影）

downtown records の什器は、レコードを探す際に見やすい高さなどを考慮して作られたオリジナル。
しかもユーザーが探しやすいようにレコードをいっぱいに詰めず、敢えて余裕を持たせて置いている（2016 年 7 月 30 日撮影）

土田：うちの店でもアナログのワークショップと言うか、特定のジャンルに詳しい人を呼んで、語りながらレコードをかけてもらったり、そういうトーク・ショー的なものを定期的にやってはいるんです。そうするとそういう音楽が好きな人達が集まって、また新たな刺激になりますけどね。せっかくこういう場があるんで、これからもそんな催しはやっていきたいと思っています。

土橋：今回、この本の取材で色々な方にお話を伺っているんですが、皆さんが共通して言われるのが「集まれる場が欲しい」っていうことなんですね。昔はそういう音楽好きが集まって来るレコード屋さんが色々なところにあったんですけど、最近はかなり減ってしまって、もちろん個人ではネットを使って情報は持っているんですけど、それをまた他の方と共有できるリアルなコミュニティが無いと言われるんです。だから集まれる場所さえあれば、みんながまた戻ってくるんだけどな、っていう話がよく出てくるんですよね。そういう意味でも、色々なところにこのお店のようなところがあれば良いなと。

土田：そうですね。僕もそういうつもりでやっていますね。

●これからのお店作り

土橋：実際にお店を運営されていて、大変なこと、楽しいことを挙げるとすれば…？

土田：大変なことは特にありませんね。楽しいことは、例えば聴いたことのないものや興味のないジャンルのレコードが入って来て、それでレコードに付けるコメントを書くために１枚１枚聴くんですけど、今まで興味が無かったものが良いレコードだったりすると、得した楽しい気分になりますね。結局レコードが好きなんで、飽きることは無いんですよ。だから日々楽しく過ごしてます（笑）。

鷲尾：それは精神衛生上、一番良い状況ですね。

土田：まあ大きく儲かるわけじゃないんで、何とか暮らしていければ（笑）。

土橋：でもそれが良いんですよ。一番羨ましい環境かも知れないですね。

鷲尾：お店の人がそういう感じだと、ここへ来る人もきっと楽しいだろうな。僕が以前お店にいたときも、CD の売上げに陰りが見えてくると、どんどん現場はきつくなってくるじゃないですか。上からは売上げを確保しろって数字のことばかりを言われて、そうは言っても現場で頑張っても売上げはそうそう簡単には上がらないですよね。そうこうして、気がつくとお店の人は暗い顔になっている。そうなるとさらにダメになってくる。

土橋：売上げをまずあげて、店舗を運営しなくちゃいけない部分はもちろんあるんですけど、ただレコードを売るっていうことはそれだけじゃないですよね。人との繋がりだったり、集まりだったり、コミュニティとしての店の機能もありますから。そのバランスをどうやって上手く取っていくか、ですよね。ところでこのお店の在庫って、どのぐらいありますか？

土田：店頭は 3000 枚ぐらいだと思います。在庫は 1 万枚以上ありますけど。

土橋：一番売れるジャンルはどの辺ですか？

土田：最近は和モノは良いものが入るとすぐに売れちゃいますね。だけどあまりそっちの方に乗っからないようにしていて、少しずつ店頭に出したりしていますよ。

土橋：最近は和モノ AOR とかは人気ですからね。

鷺尾：その辺は本当によく売れていますね。（元「すみや」の）後輩が静岡で「サウンド・キッチン」っていう中古盤屋をやっているんです。僕も時々手伝っているんですけどね。

土橋：それで査定に困った商品は、鷺尾さんのところに連絡が来て、鷺尾さんが値付けしているんです（笑）。

鷺尾：そういう事もあります。その店は最近、再開発で移転したんですけど、そこでも和モノは大人気でよく売れますね。最近は一時ほどロックは売れなくて、和モノと JAZZ、それもピアノ・トリオが強いようです。

土橋：その和モノを買われる客層は、最近の再評価で知った若い人達なんですか？

鷺尾：いや、幅広いようです。若い人から年配の人まで。

土橋：最近は 1970 年代や 80 年代の、和モノの名盤のリイシューも進んで、またガイド・ブックのようなものも出てますから、そういうもので見たり聴いたりした若い人達が今度はオリジナル盤を求めてくる、っていうパターンかと思っていましたけど。

土田：それもありますね。あとうちの店では、土橋さんの本（『Beautiful Covers ／ジャケガイノススメ [リマスター]』）の影響もあって、出来るだけ綺麗なジャケットのものを面出しして並べて売っていますよ（笑）。

土橋：それはありがとうございます（笑）。

土田：色々なものをまんべんなく売りたいなと思っていて、そうすると色々なお客さんが集まって来てくれますし。

土橋：何でもあるっていうのがまずあって、そこへ行けば何か面白いものが見つかりそうだって思って頂ければ、お客さんも来てくれますよね。

土田：売り場が 10 坪ぐらいと小さいんで、店頭に並んでいるものはある程度厳選したものになりますから、その中で個性のあるものを並べられたらと思うんです。

土橋：特にこのお店は、都心のお店よりもゆっくりレコードを見られる感じがあって、それが良いんですよね。

土田：それは意識的にそうしている部分があって、試聴も自由にソファに座って出来ますし、枚数の限定もありませんので、本当にお時間があればいくらでも。たまに試聴しながら寝ている人もいますよ（笑)。

土橋：テレビの取材も受けられていますよね。地井武男さんの『ちい散歩』(テレビ朝日）にも出ましたよね。でもすごくゆっくりレコードを見られるのが良いですよね。他に普段から心がけておられることってありますか？

土田：日頃から心がけているのは、1枚1枚を丁寧に売りたいな、っていうことですね。自分でまずは試聴して、1枚ずつコメント・カードを書いて、綺麗な状態に盤をクリーニングして、丁寧に店に並べるっていうことですね。あとはここまで来る電車賃ぐらいの分を安く値付けして、っていうことですかね。

土橋：そう、ここは都内の下北沢や渋谷や新宿よりも、全体的に安めの価格設定なんですよ。それはやはり嬉しいですよね。それから他ではあまりお目にかかれないオリジナル盤のサントラとかもありますから。輸入盤は最近も買い付けに行かれているんですか？

土田:最近は国内のコレクターの知り合いで処分したい人がいて、そういうところから買い取ったりするのがメインで、海外にはほとんど行っていないですね。中にはうちの店のお得意さんだった方も多いんで、だから場合によっては昔お売りしたものがまた戻ってくるっていうことも（笑)。それから国内の方が、状態の良い盤が残っている感じもありますね。

土橋:それとも関係ありますが、今、海外から日本に旅行客がかなり押し寄せて来ていますけど、その中には海外のレコード・コレクターの方も相当おられるそうで、そういう方が大量にレコードを買って行かれるんです。それで海外よりも日本には良いものがあるって言うんですよね。

土田：ということは、僕らが海外で仕入れてきたものを、今度は彼らが…（笑)。

保木：まさに1990年代の1ドルが70～80円の時代に、ありとあらゆる日本のバイヤーがアメリカやヨーロッパに行って、すごい数のレコードを買い付けていましたからね。その当時は向こうでも「また日本人が買い付けに来たよ」って言われていたんでしょうけどね。

土橋：有名なレコード屋さんやその倉庫では、日本の買い付け隊がニアミスしたっていう話を当時よく聞きましたよ。

土田:どこかのコンベンションに行けば、まず「ディスクユニオン」の人達には会いますからね。

保木：だから当時、すごい数のレコードがアメリカやヨーロッパから日本へ移動していたんですね。

土田：それがまた今、世界へ散らばって行ってる感じですね。

鷲尾：僕が定期的に通っている浜松の中古レコード屋さんでさえ、ロシア人が買いに来るって聞きました。僕も「サウンド・キッチン」をやっていた7〜8年前に定期的にやってくるロシア人がいて、新潟に倉庫を持っているんですって。それで静岡から新潟の倉庫へ宅急便で送って、新潟からは船で持ち帰るらしい。すごく音楽に詳しい人で、これから値付けする商品をカウンターの後ろに置いておくと、背の部分が見えただけで「そのレコードは何ですか？」って質問してきたり。ジョージ・ハリスンの『オール・シングス・マスト・パス』の赤盤で帯付きがちょうど入って来たら、まだ値段を付けていなかったのに売って欲しいってしつこく言われて、参った（笑）。その人は何箱分も買って行きましたね。

土橋：それだけロシア国内にも、そういうものの需要があるっていうことですよね。

保木：元々共産圏だったから、ロシアにはそういうもののストックが無いんですよね。それで自由化されて欲しくなった人達は、海外に行って買うしかないっていうことでね。

鷲尾：僕が1970年代初めに横浜の輸入盤屋でバイトしていた時に、全然レコードに興味の無さそうな普通の日本人の女の子がメモを持ってレコードを買いに来るわけ。でもその探しているものが微妙に時代よりも遅れていて、日本でアメリカのウェスト・コーストのシンガー・ソングライター系が人気の時に、シカゴとかグランド・ファンクとか、そういうものを買いに来る。その後も何回も来るから、何でそういうものを探しているのかって訊いたら、その娘はロシア人と文通していて、その人のところへ送るんだって。その娘が頼まれて買っていたのは、レコードとリーバイスのジーンズ。

土橋：まだソ連時代で西側の商品を手に入れにくい頃ですから、でもそういうアメリカ文化に憧れている若い人はきっと多かったんでしょうね。僕も以前、A&Mレーベルの50周年記念で紙ジャケの再発を監修させてもらった時に、出来るだけステレオとモノラルの両ヴァージョンを入れようっていうことで作業を進めていて、あるアーティストのボーナス・トラックのリサーチをしていたらアルバム・ヴァージョンとミックス違いのモノラル・ヴァージョンがあることが分かって、それでアメリカのA&Mに問い合わせたらそのモノラル・マスターは無いって言うんですよ。それでモノラル・ヴァージョンの収録許諾は出すから、音源はそちらで探して下さい、つまり板起こし（※）して良いですよ、って言われたんです。それで状態の良さそうなアナログ盤を探したんですけど、なかなか知り合いのレコード店には在庫が無くて、それでネットで探して海外から個人的に買って何枚か取り寄せたんです。そのうちの1枚が、ロシアから来てビックリしましたよ（笑）。

鷲尾：このお店にもロシアの方とか来られるんですか？

土田：以前は時々来られていましたね。昔、レコード屋をやっていた方が今はディーラーをしていて、その方が海外からお客さんが来ると、うちの店とか個人経営の店なんかを色々と案内して回っているみたいです。

土橋：そうすると、昔から日本人が海外で買い付けてきたものが、今は逆に海外へ輸出されているっていう構図ですね。ネットも発達しましたし、ワールドワイドになりましたね。

※板起こし：一般的にはアナログ盤をマスター・テープの代わりとして使用すること。マスター・テープが何らかの理由で現存しない場合や、経年劣化などによって使用できない場合、通常は原盤元の許諾を取った上でアナログ盤を実際に再生し、その音をマスターとして使用することをこう呼ぶ。当然、ヒス・ノイズやスクラッチ・ノイズなどが含まれるため、後でコンピューター・ソフトを使ってそのあたりの修正が必要となるが、劣化したオリジナル・マスター・テープを使うよりもいい音になる場合もあり、現代のリイシュー盤においては板起こしが用いられることも少なくない。ただし一部では、著作隣接権切れのカタログを原盤元の許諾を得ずに板起こし（この場合、アナログのみならずCDをマスターに使うこともある）して販売する者もおり、法律とモラルの関係も度々問われている。

土田：本なんかは母国語じゃないと読めないですけど、レコードは世界中どの国でも聴けるっていうのが大きいと思いますね。レコードは世界共通ですから。そう考えるとすごいメディアだなと。

鷲尾：言葉が分からなくても楽しめるものですからね。

土橋：あと再発の仕事をしていると、例えば昔はアメリカではあまりメジャーではなかった一部のファンしか聴いていなかったようなレコードが、それが最初に日本で再評価が進んで初CD化されて、例えばロジャー・ニコルズのように、その影響を取り入れた新しい音楽を日本人が発表するようになると、今度はそれが海外でオリジナル盤も含めて再評価されるようになってきて、そうすると日本盤を欲しがる人が出てくるんですよ。だから海外から来られた方が、わざわざ日本盤のCDを買って行くっていうことがあるみたいですね。そこから影響を受けた人が今度は海外でレーベルを始めて、日本でも受けそうな音楽をリリースしていたりしますから、面白いものですよね。例えばスペインのELEFANTっていうレーベルなんか、わざわざ渋谷で撮影した映像をカメラ・オブスキューラっていうバンドの「Lloyd, I'm Ready To Be Heartbroken」という曲のPVに採用したり、LA CASA AZULっていうユニットの曲の中には日本語のナレーションを散りばめたものもあったりしますから。そういうところにも例えばピチカート・ファイヴとか、その原点にあるA&Mレーベルとかの影響が生きているんですよね。

土田：1990年代の渋谷や新宿は、まさに世界一のレコード・タウンでしたからね。もしかしたら世界に先駆けていた分、早すぎたのかも知れませんね。

土橋：それが今、海外では再評価されていてっていう感じもありますね。ただ現在の日本ではレコード屋さんがどんどん減ってきていて、特にメガ・ショップとか総合店の経営が段々と厳しくなってきて、そうなってくると中古盤や輸入盤を扱っているお店や、もっとコアなものを扱う専門店なんかに集約されてくると思うんですね。その一方でネット・ショップがあって、海外からも買えてっていう状況はもちろんあるんですけど、ノン・パッケージの音楽がどんどん増えてきている中で、パッケージの中でも最たるものであるアナログ盤、それが若い人達に再評価されて売れてきているっていうのは、次の時代に繋がる糸口のようにも思えるんです。物として持っておきたいという価値観だったり、音質も含めて。あとはレコード屋さんのように、他のユーザーと共有できる場の存在も大切ですよね。自分にとって大切なレコードは、いつどこのお店で買ったかっていうその状況も含めて覚えていますよね。そういう感覚はネット通販の場合にはどうしても欠如してしまいますから、そういう付加価値も含めたアナログ盤の楽しさに気づいた人達がお店を回り始めたりとか、アナログ・ブームの一翼を担っているんじゃないかと思うんですね。先日、渋谷の「タワーレコード」の5階に復活した「パイドパイパーハウス」に行って、長門芳郎さんに訊いてみたら、ここを訪ねてくるお客さんの半分以上は若い人だって言うんですよね。当然昔の「パイド」を知っていて懐かしがって来られる方も多いんですけど、意外にも初めて「パイド」に触れるような若い世代の人の方が多いと。「パイド」のことは聞いて知っていたんですけど、昔の南青山の店舗の時代には間に合わなかった、そんな人達が多いんです。もちろん「タワーレコード」ですから、たまたま洋楽フロアに来たら面白そうなコーナーがあるんで見て、っていう流れで来たお客さんも多いとは思いますけど、でも「パイド」でCDやアナログを見ていると欲しくなって買って行かれるんですって。あと意外なところでは、若い女の子がはちみつぱいのレコードの再発盤を買って行ったりとか (笑)。先日ここでインストア・イヴェントをやったTWEEDEESの清浦夏実さんなんかも、彼女はレコードを買ったことがなくて、それで先日初めて「パイド」でアナログを買ったんですよ。長門さんはそれを何も言わずに見守っていたんですけど、彼女が選んだのは何とフィル・スペクターのクリスマス・アルバムのリイシューされた重量盤。あれをジャケ買いしたんですね。それで長門さんやTWEEDEESの沖井礼二君からも「ナイス・セレクト！」って言われていました。そういうデザインとか感覚で選ぶっていうのも、アナログを買う上での醍醐味ですよね。

土田：そういうの、良いですね。僕は昔の「パイドパイパーハウス」では、専ら奥のオールディーズ・コーナーに通っていました。

土橋：だから当時を知る人も知らない若い人も、一緒に楽しめる場としての「パイド」のようなお店があって、若い人は新鮮なものとして過去の作品を捉えて、そこからまた新たな世界が広がっていくっていうのは理想ですよね。それに長門さんらしいのは、そういう昔の名盤やアーティストのDNAを受け継いだ、新しい世代のインディーズ盤を一緒に展開していることですよね。そうすると年配の方がそのコーナーで試聴して、若い世代のCDを買って行くっていう反対の構図も起こるんです。

土田：それは一番良い形かも知れないですね。

土橋：あの様子を見ていると、まだまだ日本のレコード屋さんのシーンも捨てたもんじゃないなって思いますよ。何しろお客さんが楽しそうに見ているんです。

鷲尾：だから小さな単位で、出来ることをやっていけば良いと思うんですよね。そういう活動のベースになるようなところが、例えば「パイド」だったり「downtown records」だったりすれば良いなと。地方都市でも、それなりの大きさの20～30万人の住む街に1軒でも2軒でもそういうお店があったら、それなりに音楽の下支えをやっていけるだろうし、イヴェントなんかもそういう場所を中核として、大きく儲けるんじゃなくてみんながそれなりに食べて行けるぐらいの規模でね。それで食べて行ければ、次に繋がるから。そういうことを継続してやって行けたら良いですよね。

土田：あとはひとつの世代だけじゃなくて、色々な世代の人が混ざり合う感じで店が成り立っていると、それが一番強いと思いますね。

鷲尾：最初に保木さんが「レコファン」さんのことで言っていた、敷居の低い店っていうのが良いんですよね。

土田：専門店だとハードルが上がっちゃうんでね。

土橋：昔は、それこそ店主に怒られる店もありましたよね。

保木：ありましたね。まあそういう店もあっても良いんですけどね（笑）。

土田：中学生の頃、あるお店に行って、見るだけ見て帰ろうとすると「何か買う物はないの？」って言われたりね（笑）。

土橋：「お前のような若造に売るような物はない！」とか言われたり（笑）。まあ修行のようなものですね（笑）。

鷲尾：それは道場だね（笑）。

●地元密着型レコード店の未来と、地域貢献

土橋：ただ新しい人達がレコードを買いたいって思える環境を作っていかないと、音楽業界自体がどんどんダメになってしまいますし、この「downtown records」さんなんかはまさにそうだと思うんですけど､地元で店を運営すること自体がある意味､地域貢献だと。その地域にとって必要な文化の一端を提供しているわけですし、レコード屋さんとか本屋さんとかは、地域文化を下支えする大切な要素として絶対に必要なんです。それが今はどんどん蔑ろになって、潰れて無くなる、残った店も都心の一部に集中しているっていう状況になってきているんで、もう一度見直して復活できるようなことを考えないと…。

土田：最近、東京の東部は土地代が安いこともあって、若い人達が例えば清澄白河とか森下とかで古本屋なんかを始めたっていう話も聞くんです。それこそ30代の若い人達が個人で開業したんですよね。東京の東側はそういう状況になりつつありますね。若い人達が増えてきている感じはします。

土橋：若い人達の中には、自分でお店を開きたいっていう願望を持っている人も多いと思いますし、これからまた新たな形でそういうものが実現出来る環境が整ったらいいですね。清澄白河はコーヒーの街として若い人に大人気ですし、それは行政も含めて、環境作りを後押ししてくれたら良いですよね。さてこの先、このお店はどういう風にして行きたいですか？

土田：現状維持というか､僕はここでずっとレコード屋を､死ぬまでやって行けたら良いなと思っています。歳をとればとるほど知識も増えて､良い仕事が出来ると思うんですよね。だからずっと続けようと思っています。ですから特に大きな目標は無いんです（笑）。

土橋：でも続けるのが一番大変なんですよ。

保木：もう10年以上続けてきましたからね。僕らの会社からすると、最も理想的な独立のケースかと（笑）。

土田：そんなことは無いですよ（笑）。

保木：最初に彼がうちの会社に入ってきた時のことで覚えているのは､新しい世代の若い人って､僕なんかよりもその入って来た時点で既に音楽に関して詳しいっていうことなんですよ。それまでは僕もそれなりに詳しいつもりでいたし､この商売を10年ぐらいやってきていて､「WAVE」にいた時なんかも先輩にはものすごく詳しい人達もいたんです。だからそれなりの経験もあって、彼らを若い子達っていう感じで見ていたのが、でもこんなに詳しくて、やる気があって、

しかもレコード屋をやりたいっていう（目的意識を持った）人が出てきて…。それを見て新しい世代が出てきたなって感心したんです。それに音楽の世界でも、例えばキリンジとか、自分たちよりも下の世代なのに格好いいサウンドのアーティストが出てきて、それをちょうど聴き始めた時代だったので、当時「こういう世代の人達が出てきたんだな」っていうのを強烈に感じたんですよね。それで彼もそのまま一生懸命仕事をしてくれて、その後に理想的なこの店を出してね。だから次へのバトンは渡したつもりです（笑）。

土田：少しでも次の世代に繋げられれば良いな、って。レコードはこの先もずっと続く素晴らしいメディアだと思うので、次の世代に上手くバトンタッチ出来るように、なるべく良い状態で残していきたいなと思いますね。

土橋：きっとこのお店に小さい頃から通っていて、レコードに接して、それが原点になって例えば音楽を始めるとか、さらに聴き続けるっていう人がいっぱいいるはずですから。

鷲尾：開店して 11 年ということは、その頃中学生だった子が大人になる歳ですから。

土田：近くに深川高校っていうのがあるんですが、当時高校生でよく通っていた生徒が今はサラリーマンになって、給料日になると買いに来てくれるっていう人もいますから。家では宅録もやっているみたいですけどね。

鷲尾：僕らも街のレコード屋さんに中学から高校の頃に通っていて、そのまま大人になってまたそこへ顔を出したりとか、そういうのは嬉しいですよね、通う方も。ずっとお店を続けていられれば、そういうことがありますね。僕が通っていたそのお店はもう無くなりましたけど。

土橋：そういう繋がり、嬉しいですね。でも通っていたお店がある日無くなってしまうのは、寂しいですね。とにかくお店を長く続けて頂ければ、そこから何か生まれると思いますし、そこから思わぬ才能が羽ばたく可能性もありますから。

鷲尾：僕はもしかしたら、音楽が好きって言うよりもレコードが好きなのかも知れないな。

土田：僕もそうです。まあこの仕事は定年が無いんで、レコードの箱を持てる体力がある限りは続けますよ（笑）。

downtown records 店内奥からの全景。入り口横はガラス張りで、開放感と明るさが印象的（2016 年 7 月 30 日撮影）

downtown records の試聴スペース（2012 年 7 月 4 日撮影）

付録

「夢街 POP DAYS」的 レコード店関連年表

作成：土橋一夫

この年表に記載したレコード店、企業に関する情報は、本編の発言の中に登場する店舗や関連企業などのものを中心にセレクトし、またオープンや閉店などについては、正確な時期が各企業のオフィシャルな情報や、関連書籍、当時の広告などから特定出来るものをメインに掲載しました。よって主要ショップや関連会社の全てが網羅されているわけではございません。さらに東京や関東などを中心とした情報となっておりますことを予めご了承下さい。

1915.3.20　合資会社山野楽器店設立

1947　銀座山野楽器本店、新店舗完成

1949　マリユス、オープン（横浜・野毛大通り）

1954.11.15　山野楽器渋谷東横店オープン

1956　すみや清水店オープン（すみや初の支店）

1958.11.23　すみや新本店オープン（静岡）

1960　米カリフォルニア州サクラメントでタワーレコードが創業

1963　タイム（高田馬場）オープン

1966.11.12　ヤマハ渋谷店オープン（渋谷・道玄坂）

1967　山野楽器渋谷東急店オープン（渋谷東急本店内）

1967　ユニオンレコード店（ディスクユニオンの前身）オープン

1967.11　銀座山野楽器本店ビル竣工

1969　B.Y.G オープン（渋谷・百軒店／地下フロアはライヴ・スペースとしても機能（1973 年まで）、1F ～ 3F はロック喫茶／バーとして営業）

1969　ブラック・ホーク、オープン（渋谷・百軒店）

1969.11　山野楽器池袋パルコ店オープン

1970　新宿レコードオープン

1970.4　すみや向ヶ丘店オープン

1970.5　すみや藤沢店オープン

1970.10　すみや鎌倉店オープン

1970.10　CISCO オープン（渋谷）

1970.11　すみや上大岡店、横須賀店オープン

1970.12　すみや鶴見店オープン

1971.9　すみや溝の口店オープン

1972.3　すみや横浜店オープン（横浜おかだや（現横浜モアーズ）7 階）

1972　ディスクロード新宿店オープン

1973　ディスクユニオン新宿店オープン

1973.6　すみや東京事務所を渋谷に設立

1974	ON STAGE YAMANO オープン（池袋パルコ 6 階）
1974.9	すみや青山店、すみや東京事務所内にオープン
1974.12	L.A.（輸入盤専門店）オープン（横浜ダイヤモンド地下街）
1975.4.20	すみや厚木店オープン
1975.6.28	ホンキー・トンク、オープン（渋谷）
1975.11.15	パイドパイパーハウス、オープン（南青山）
1975.12.3	ディスクユニオン渋谷店オープン
1976.4.2	マリユスII世（輸入盤専門店）横浜ダイヤモンド地下街にオープン
1976.7.20	ディスクロードお茶の水店オープン
1976.10.28	パイドパイパーハウス、VAN99 ホールでオープン 1 周年記念バーゲンを開催
1976	ディスクユニオン千葉店オープン
1976	ミュージックパレス帝都無線オープン（新宿）
1977.3	ディスクポート西武設立
1977.4	CISCO 新宿店オープン
1977.4.22	フライング・ソーサー、オープン（横浜元町）
1977.5.26	すみや渋谷店オープン
1977.8.25	ディスクロード渋谷店オープン
1977.10.1	すみや玉川店オープン（玉川高島屋内）
1977.12	パイドパイパーハウスに長門芳郎氏が正式にスタッフとして加わる
1977	タワーレコード五番街オープン（札幌）
1978.12	すみや静岡南店オープン（すみや初の郊外型店舗）
1978.6.30	すみや新宿店オープン
1979.10.10	ディスクユニオン新宿店、4 階に中古盤フロアをオープン
1979.11.2	ディスクポート池袋店オープン（西武百貨店 10 階）
1979.11.21	ディスクユニオン柏店オープン
1979.12.15	カリフォルニア・ミュージック、オープン（下北沢）
1980.4	タワーレコード札幌店オープン（正式な日本第 1 号店）

1980.4.7	マンハッタンレコード、オープン（渋谷）
1980.9.20	すみや大岡山店オープン
1981.3	タワーレコード渋谷店オープン
1981.4.22	ペット・サウンズ・レコード、オープン（武蔵小山）
1981.12.1	レコファン創業（下北沢店オープン）
1981.12	タワーレコード横浜元町店オープン
1982.4	タワーレコードがフリー・ペーパー「WESTCOAST MUSIC SCENE」創刊（後に「THE TOWER NEWS」→「VINYL」→「bounce」と改称）
1982	Hi-Fi Record Store オープン（渋谷・ファイヤー通り）
1983	レコファン渋谷店オープン
1983.11.18	六本木WAVE オープン
1985.9.30	山野楽器横浜そごう店オープン
1985.11.29	渋谷 CSV オープン（ダイエー資本）
1986.7.31	ZEST 渋谷店オープン
1988.1.17	渋谷 CSV 閉店
1988.6.28	渋谷 CLUB QUATTRO オープン
1988.11	ダンス・ミュージック・レコード高円寺店オープン
1988.11.20	渋谷 WAVE オープン
1989.4.12	山野楽器福岡イムズ店オープン
1989.6.29	パイドパイパーハウス閉店
1989.4	タワーレコード池袋店オープン
1990.9.22	ヴァージンメガストア新宿店オープン（国内 1 号店）
1990.11.16	HMV 日本第 1 号店（渋谷／ ONE-OH-NINE 内）、第 2 号店（横浜 VIVRE）オープン
1991.3	山野楽器銀座新本店ビル竣工
1991.5.31	CISCO 心斎橋店オープン
1991.9	ダンス・ミュージック・レコード（DMR）渋谷店オープン
1991.10.5	HMV 仙台オープン

1992.6.10　HMV 池袋店オープン

1992.7.18　ヴァージンメガストア京都店オープン（国内 2 店目）

1992.9.18　ヴァージンメガストア横浜店オープン（国内 3 店目）

1992.10.16　六本木 WAVE リニューアル・オープン

1992.11.10　タワーレコード新宿ルミネ店オープン

1993.3.20　クアトロ WAVE オープン（渋谷）

1993.3　この頃から HMV 渋谷が J-POPS に力を入れ始める

1993.3.4　心斎橋 WAVE オープン

1993.4.23　タワーレコード渋谷店、J-POPS 売り場を独立・拡大（3 階）

1993.5.1　HMV 銀座オープン

1993.10.19　ON STAGE YAMANO 移転オープン（池袋パルコ 5 階→ 7 階へ）

1994.3.10　タワーレコード池袋店移転オープン（明治通り沿い→ P' パルコへ）

1994.6.15　HMV 新宿オープン

1994.10.12　HMV 栄オープン

1994.11.19　HMV 心斎橋オープン

1994.11.23　レコファン、渋谷での店舗を移転・統合し、渋谷 BEAM 店オープン

1995.3.10　タワーレコード渋谷店移転オープン

1995.3.17　ヴァージンメガストア札幌店オープン

1995.6.21　池袋 WAVE 移転オープン（明治通り沿い→西武百貨店 12 階へ）

1995.9.7　渋谷 WAVE 移転リニューアル・オープン（渋谷ロフト 1 階→ 6 階、のち 4 階に）

1996.2.22　吉祥寺 WAVE オープン

1996　WAVE ／ CLUB QUATTRO のフリー・ペーパーとして「FLYER」創刊

1996.10.4　HMV 新宿 SOUTH オープン

1997.2.23　クアトロ WAVE 閉店

1998.7.1　HMV 渋谷、移転

1999.10.25　すみやフリー・マガジン「Groovin'」創刊

1999.12.17　SHIBUYA TSUTAYA オープン

1999.12.25	六本木 WAVE 閉店
2000.4.25	渋谷ジァン・ジァン閉店
2001.4.21	ヴァージンメガストア新宿店、移転しリニューアル・オープン
2001.8	Hi-Fi Record Store が明治通り沿いに移転
2002.6.21	HMV 渋谷リニューアル・オープン
2003.12.31	ON STAGE YAMANO 閉店（池袋）
2004.1.12	ヴァージンメガストア新宿店閉店
2005.1.11	downtown records オープン（江東区東陽町）
2005.3.31	ヴァージンメガストアがカルチュア・コンビニエンス・クラブ（TSUTAYA）傘下に入る
2005.6.1	マニュアル・オブ・エラーズ SONOTA オープン（渋谷）
2005.8.10	渋谷 WAVE 閉店
2005.11.7	タワーレコードが NTT ドコモとの業務提携を目的とした資本提携契約を締結
2005.12.3	ペット・サウンズ・レコード、武蔵小山駅前の再開発で仮店舗に移転
2006.2.6	WAVE がノジマの子会社となる
2006.3.22	新星堂が TSUTAYA と資本・業務提携し、TSUTAYA 傘下に入る
2006.7.14	すみやが TSUTAYA と資本・業務提携し、TSUTAYA 傘下に入る
2006.12	米タワーレコード廃業
2007.3.15	ペット・サウンズ・レコード、武蔵小山駅前に新店舗をオープン
2007.12.10	CISCO 渋谷本店閉店
2008.1.31	すみや渋谷店閉店
2008.8.31	WAVE がメディアマーケティングシステム（TOPWAVE を展開）に買収される
2008.10.31	CISCO 自己破産により廃業
2009.1.12	池袋 WAVE 閉店
2009.1.31	ヴァージンメガストア、TSUTAYA に吸収され消滅し、全店閉鎖
2009.5.6	石丸電気 SOFT 1 閉店
2010.1.6	HMV 新宿タカシマヤタイムズスクエア（旧 HMV 新宿 SOUTH）閉店
2010.3.2	セブン＆アイ・ホールディングスがタワーレコードへの資本参加を決定

2010.8.22　HMV 渋谷閉店

2010.11.19　すみやが全事業をカルチュア・コンビニエンス・クラブへ譲渡し解散

2010.12.1　HMV JAPAN がローソンの完全子会社となる

2010.12.26　ヤマハ渋谷店閉店

2011.1.30　タハラ本店閉店（本厚木）

2011.3.27　ishimaru SOFT 本店（旧石丸電気 SOFT 1 と SOFT 2 の統合店）閉店

2011.7.31　WAVE 最後の店舗である大宮店が閉店（8/6 倒産）

2011.8.28　ミュージック・テイト紀伊國屋店閉店（新宿）

2011.9.1　ローソンエンターメディアと HMV ジャパンが統合

2011.12.5　代官山 T-SITE（蔦屋書店）オープン

2012.6.11　NTT ドコモがタワーレコードを子会社化することを発表

2012.12.20　ワンダーコーポレーションが新星堂を連結子会社化することを発表

2013.11.23　ディスクユニオン昭和歌謡館オープン（新宿）

2014.5.31　ダンス・ミュージック・レコード（DMR）渋谷店閉店

2014.8.2　HMV record shop 渋谷オープン（アナログレコードと CD の中古専門店）

2015.8.1　横浜・赤レンガ倉庫で行われた「70's バイブレーション！」にて
パイドパイパーハウスが期間限定で復活（～ 9/13）

2015.11.16　ディスクユニオン大阪店オープン

2015.11.19　HMV & BOOKS TOKYO オープン（旧マルイシティ渋谷）

2016.1.31　タイム（高田馬場）閉店

2016.2.23　新星堂がワンダーコーポレーションに吸収合併される

2016.4.21　HMV & BOOKS HAKATA オープン

2016.7.15　タワーレコード渋谷店 5 階にパイドパイパーハウスが期間限定で復活

2016.10.1　HMV record shop 新宿 ALTA オープン

あとがき

レコード店が大好きだ。
だから、時間のある時は、いや、時間が無くともレコード店をのぞく。必ず何かを見つけ大満足する。いや、見つからなくともかなり気分が良い。映画『幕末太陽傳』で知られる監督・川島雄三は「さよならだけが人生さ」と言ったけれど、それをなぞって「レコード（店）だけが人生さ」とでも言おうか。

私事ではあるが、長きにわたったレコード店員人生に別れを告げることになった際には随分と気が滅入った。売場やお客さんから離れるのはつらいことだった。ところが、うれしい誤算と言うべきか、気がつけば、10代の時のようにレコードに向き合う時間が大量に確保できる生活が新たに始まったのだ。そうなると、根が貧乏性なものだから、これも大好きな城下町散歩と組み合わせ「ながら」で各地のレコード店を訪れるようになり、自身の「音楽自由時間」は過去最大規模となっていた。

そんな時、土橋一夫君から本書の企画を知らされ、アシスト＝ウィズ・ア・リトル・ヘルプ＝を、させて頂く機会に恵まれた。結果、レコード店に関わる方々にお話を伺い、レコード店には欠かせない、いくつかの事を再確認出来た。それは、人生をかけうるレコード店には３つの要件があるということ。

その１：店舗がキレイであること。
つまりは清潔感。それが中古盤をあつかう店であっても、だ。カオスな状態が好きな方もいるかもしれないが、不潔な混沌はレコード店にとっては百害あって一利なし。なぜなら店もお客さんも不幸な機会ロスをするだけだから。汚い店はお客さんを選ぶことはあっても、お客さんに選ばれることは無い。少なくともオススメはしない。

その２：品揃えが良いこと。
大量の在庫を抱えるだけなら誰でも（資金さえあれば）出来る。品揃えとは、並んでいるレコードに、何らかの意味が感ぜられることだ。たとえば“ ラヴィン・スプーンフル ”のジャケットのフェイシング至近に“ ソッピーズ・キャメル ”が見えたりする感じだ。これ (歴史本で言えば) 土佐の“ 坂本龍馬関連書籍 ”の隣に上田の“ 赤松小三郎 ”の本が並んでいる風情。

その３：店員の質が高いこと。
大声での「いらっしゃいませぇ⤴」のコールなど決して無く、この気になる店内BGMは何だ！と、思わせる雰囲気。この人（店員）の選曲か？と気になった時に、「すいません、今かかっているのは何ですか？」と躊躇せず尋ねられる敷居の低さ。何よりもお客さんに寄り添い、適確な答えを出せる幅広い商品知識と一般常識の持ち主。

本書で、お話を伺うことの出来た方々・お店には、その３要件がきちんと備わっており、それゆえに、皆さんの音楽に対する思いの深さ、幅広い商品知識、そして、何よりも個々のお客さんに「良質な音楽」をきちんと伝えていきたいという、責任感にも似た気分の持ちようが伝わってきた。

音楽配信の一般化などで、音楽の聴き方はこの10年余で様変わりしたが、一方で絶滅危惧種であった国内のアナログ・レコードの生産量は上昇傾向が続き、2015年には66万枚、５年間で６倍以上の成長を見せているという。実際、レコード店に行くとアナログ・ファンが増えてきているのが見て取れる。30cm四方のジャケット・アートを含め、音楽をゆったりと楽しめる雰囲気が支持されているのだろうか。価格も新品アナログ・レコードの5,000円近いものから、中古盤の100円まで、幅広く、意外と選択肢が多いことも幸いしているのかもしれない。

さて本書に収録されたレコード屋とそこに関わる人のあれこれは、記録するため、記憶するために、どうしても「振り返り」な内容の比重が高くなっているが、それはOLDな世代が、昔は良かった、と懐かしんでいるのを知らしめたい訳ではない。

むしろ、レコードが、一部好事家のものではなく、現在進行形のパッケージであり、音楽配信やCDと並走しつつ、再度、音楽を伝える主役に躍り出る可能性が高いということをふまえて、レコード店＝リアル店舗の楽しさを伝えたかったのだ。

正直、リアルな店舗に足を運ぶのは、時間はかかるし、面倒かもしれない。しかし、人間は所詮アナログな生き物。店を訪れることで、新旧問わず未知の素敵な音楽に出会える確率は格段に高まるはずだし、音楽への衝動はレコード店から生まれると信じている。だからこそ、いくらかの金と時間を作り、行きつけの洋服屋さんや、喫茶店に加えて、お気に入りのレコード店（店員）を持って欲しい。もちろん、そこに至るまでの試行錯誤はけっこうなものがあるだろうが、それを含めて、いや、それこそがレコード店探しの妙味とも言える。

最後に、本書を最後までお読みいただいた方たちにお礼を申し上げつつ、今日も、何にも用が無いけどレコード店に行こう、と思う。

2016年9月25日　鷲尾 剛

謝辞

本書は次に記す皆様のご協力や、受けた影響なしには、刊行することは出来ませんでした。
ここで改めて心から御礼を申し上げます。どうもありがとうございました。

安部 徹／石川茂樹（Live Cafe Again）／石山佐和子／石原修一郎／井上修一／illy
岩永正敏（クロスフィット）／大瀧詠一／片岡知子／亀渕昭信／菅 大祐／カンケ／木﨑義二
黒沢秀樹／小林万左志（山野楽器）／サウンド・キッチン／佐伯 馨／サエキけんぞう
坂口 修（ナイアガラ・エンタープライズ）／佐藤輝夫（インディーズ・ハウス）／佐野元春／杉 真理／鈴木慶一
鈴木 茂／高瀬康一／高橋健朗（シャ・ラ・ラ・カンパニー）／高橋 満／田中千彬（シャ・ラ・ラ・カンパニー）
玉城ちはる／土田義周（downtown records）／寺村 純（ヴィヴィド・サウンド・コーポレーション）
TWEEDEES／永井良昌（「人と音楽」研究所）／長門芳郎（ビリーヴ・イン・マジック）／ナチュラルコスメ
西山靖人（スペースシャワーネットワーク）／野々口敏之（星光堂）／平井重夫（名豊ミュージック）／福井 透
保木哲也（レコファン）／細野晴臣／細谷一郎／前田祥丈（エンサイクロメディア）／牧村憲一／松本 隆
MIKKO／村田和人／森 勉（ペット・サウンズ・レコード）／森 陽馬（ペット・サウンズ・レコード）／山下達郎
ワタナベ カズエ（chainus/strange.girls）

（五十音順／敬称略）

そして本書の刊行を具体的に推し進めて頂きました、株式会社ラトルズの吉田俊一さんに改めて御礼を申し上げます。

土橋一夫／鷲尾 剛

夢街 POP DAYS

Rutles Pop Culture Series Vol.1
音楽とショップのカタチ

「記録屋」プロジェクト No.1

2016年10月31日　初版第1刷発行

著者・編者：土橋一夫／鷲尾 剛

企画・編集・装幀・写真・デザイン・DTP：土橋一夫（Surf's Up Design）

校正：土橋一夫／鷲尾 剛／吉田俊一

制作進行：吉田俊一（株式会社ラトルズ）

写真提供：石山佐和子／井上修一／岩永正敏／株式会社山野楽器／長門芳郎／
ペット・サウンズ・レコード

資料提供：井上修一／岩永正敏／永井良昌

制作協力：株式会社山野楽器／佐伯 馨／サウンド・キッチン

発行人：黒田庸夫

発行所：株式会社ラトルズ
〒115-0055 東京都北区赤羽西4丁目52番6号
TEL : 03-5901-0220（代表）
FAX : 03-5901-0221
http://www.rutles.net/

印刷：株式会社ルナテック

ISBN978-4-89977-452-5